世界の教科書シリーズ㊳

デンマーク中学校歴史教科書

デンマークの歴史教科書

古代から現代の国際社会まで

イェンス・オーイェ・ポールセン 著
銭本隆行 訳

明石書店

DET HISTORISKE OVERBLIK by Jens Aage Poulsen
Copyright © Original edition, Copyright Copenhagen
2010 by Gyldendal A/S
Japanese translation published by arrangement with
Gyldendal A/S through The English Agency (Japan) Ltd.

●目次●

第1章 最初の人類 紀元前500万—2万5000年 5

第2章 狩猟民 紀元前1万5000—4000年 11

第3章 農耕民 紀元前1万1000—1000年 21

第4章 青銅器時代 —地中海から北ノルウェーまで— 紀元前2000—150年 33

第5章 ローマ人とゲルマン人 紀元前800—紀元500年 47

第6章 ヨーロッパのはじまり 中世前期 500—1000年 61

第7章 ヨーロッパの成長 中世盛期 1000—1350年 75

第8章 中世後期 1350—1500年 89

第9章 発 見 1450—1650年 105

第10章 ルネッサンスと宗教改革 1300—1650年 117

第11章 王へ全権 1650—1750年 137

第12章 啓蒙と革命 1700—1800年 153

第13章 民主主義への道 1790—1920年 169

第14章 近 代 1850—1940年 193

第15章 世界の中のヨーロッパ 1870—1914年 205

第16章 2つの世界大戦と1つの休憩 1914—1945年 211

第17章 冷 戦 1945—1989年 233

第18章 世界の中のデンマーク 1989年以降 257

訳者あとがき 268

索 引 270

写真リスト 274

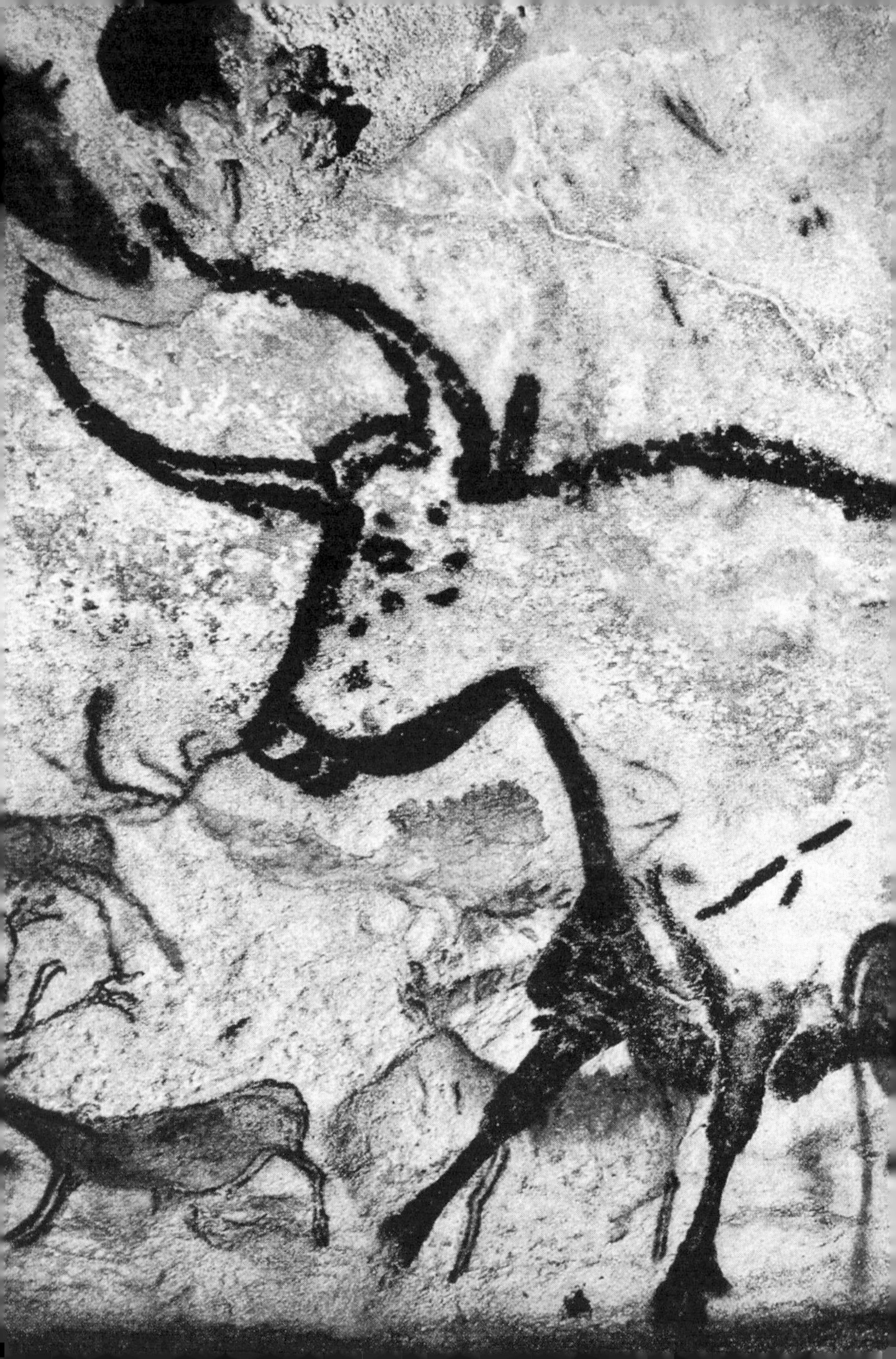

第1章
最初の人類
紀元前 500 万—2 万 5000 年

●●● 起　源

　歴史とは、社会の中の人類の生活と、そして社会がどのように、なぜ変わっていったのかを扱う。だから問題となるのは、いつ人類と呼ばれる存在が生まれ、いつ社会が出現したかである。

　ホモは人類を示すラテン語。学者は現代の人類の祖先をホミニデと呼ぶ。現在のエチオピアで、450 万年前のホミニデ種の化石と骨格の一部が発見された。この種は両手を持ち、直立二足歩行し、現在の人類の 3 分の 1 の大きさの脳を持っていた。アフリカでは、続く数百万年の間に発展してきたホミニデの別の種類の痕跡も発見されている。

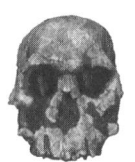

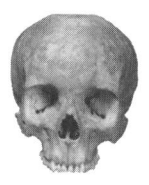

（頭蓋骨）
頭蓋骨は人類の脳がどのように進化していったかを示している。
左から右へ

- アウストラロピテクス・アフリカヌスは 300—400 万年前に生存していた。脳の大きさは現在の人類のおよそ 3 分の 1。
- ホモハビリスは 150—200 万年前に生存し、現在の人類のおよそ半分の大きさの脳を持っていた。
- ホモエレクトゥスは 50—150 万年前に生存し、現在の人類のおよそ 3 分の 2 の大きさの脳を持っていた。
- ホモハイデルベルゲニスは約 50 万年前に生存し、現在の人類のおよそ 3 分の 2 の大きさの脳を持っていた。
- ネアンデルタール人は 20—30 万年前に生存し、現在の人類と同じ脳の大きさを持っていた。
- 現在の人類

（ルーシー）
　1974 年にエチオピアで、300 万年以上前の女性のホミニデの骨格が発見された。彼女は 300—400 万年前に生存した**アウストラロピテクス・アファレンシス**種に属し、ルーシーと名付けられた。骨格の測定からこのモデルが作られた。生存中、ルーシーは身長わずか 120 cm で、体重は 25—50kg の間だった。

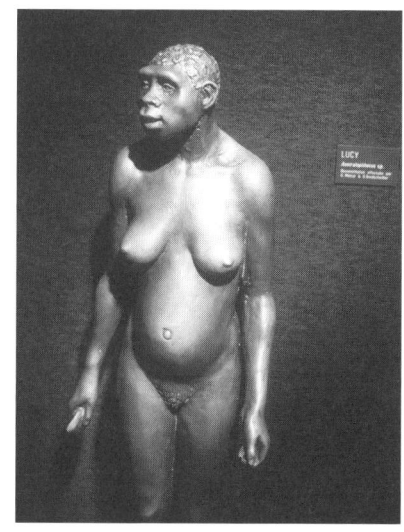

第1章 最初の人類

　DNA解析によれば、15万年から20万年前の間に最初、ホモサピエンス、つまり本当の人類が出現し、約10万年前にアフリカから世界の他の地域へと拡がっていた。

　その他の人類に似た種も存在した。ひとつは、ホモサピエンス・ネアンデルターレンシス、または単にネアンデルタール人と呼ばれる。ネアンデルタール人は約20万年から3万年前まで中央ヨーロッパに暮らしていた。社会の中で暮らし、バイソンや他の大型動物を狩り、死者を葬っていた。学者はまた、彼らは言語を有していたと言う。しかし、ネアンデルタール人と他の種類はおよそ3万年前に絶滅した。彼らは明らかに適応能力が劣っていた。ホモサピエンスだけが残り、次第に全世界に移り住んでいった。

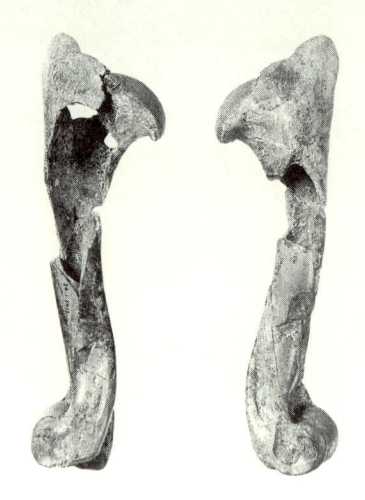

もしかしたらデンマークにネアンデルタール人がいたかもしれない。ラナスの近くで、約12万5000年前のダマジカの骨がみつかった。しっかり骨髄を手に入れるために骨を人類が砕いたのがわかる。

10万年前からの人類の彷徨（ほうこう）

➡彷徨ルート　年代付（紀元前）
■ネアンデルタール人の生存地域のおおよその拡がり
●ホモサピエンスの重要な考古学的発見地

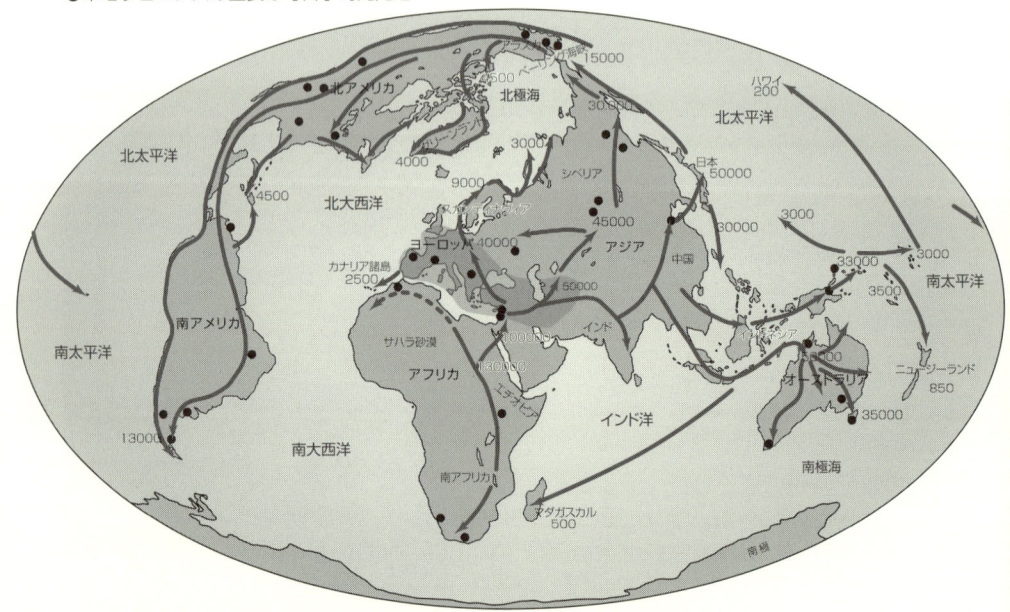

約10万年前からホモサピエンス、本当の人類、はアフリカから世界の他地域へ拡がっていった。学者は発見に基づいて最も重要な彷徨の道を図で示している。数字は紀元前の年代。

●●● 氷、陸、人類

　ひとつの地域の気候は、どれだけ夏が暖かく、冬が寒いかによって決まる。デンマークでは、7月が、平均気温17—18度のもっとも暑い月だ。しかし常にそうであったわけではない。ある時期にはより暖かく、別の時期にはより涼しかった。時代の経過とともに、氷河期は大きな気候変動をもたらした。最近の100万年の間に、8回の氷河期と間氷期があった。現在の我々もまた間氷期に生きている。学者は、次の大きな氷河期は6万年後に最盛期に達するだろうとしている。しかしもしかしたら、石油や石炭の燃焼による人類が生み出した温室効果が地球の気候に多大な影響を与え、氷河期は来ないかもしれない。

　最後の氷河期、ヴァイヒセル氷河期、は10万年以上前に始まり、約2万年前に最盛期に達した。それまでの氷河期は現在のデンマーク全土を氷で覆っていた。ヴァイヒセル氷河期では、ユトランド半島の南西部は氷で覆われなかった。氷河期は気候だけを変えたのではなく、陸地も変えた。氷河期には、大量の水が氷となった。これは海面が100—150mまで下がることを意味し、そのため、多くの地域が陸地となった。

　ホモサピエンスは、氷河が最も拡がる前の約3万5000年前に西ヨーロッパにやって

　中央・南ヨーロッパは氷河に覆われていなかった。ここで社会と文化が発展していった。フランスとスペインでは、それらを教えてくれる洞窟画がある。モチーフはしばしば鹿、馬、オーロックス、バイソン、マンモスといった狩猟動物。

第1章　最初の人類

きた。彼らは、1868年に骨格の一部がみつかったフランス南西部の地名から、**クロマニヨン人**とも呼ばれる。この地域とスペイン北部では、クロマニヨン人と彼らの社会の多くの痕跡が見つかっている。彼らは洞窟の壁や天井に動物や猟の場面の絵を刻んだり、描いたりした。なぜ絵が描かれたのかは分からないが、彼らは当時、絵を描くと、神や精霊が猟の幸運をもたらしてくれると思ったのかもしれない。もしかしたら、それは彼らが狩った動物についての物語を描写するためだったのかもしれない。

1908年にオーストリアの町、ヴィレンドルフで、高さ11cmの石の彫像がみつかった。**ヴィレンドルフのヴィーナス**、と即座に名付けられた。彫像は約2万5000年前に作られた。もしその彫像が当時の女性の理想であれば、現在とは程遠い。当時は生存条件が厳しく、しばしば食糧が欠乏した。妊娠の時期を生き抜き、生存能力がある子供を産むためには、女性が身体に肉を持つことは不可欠だったのかもしれない。

いつだった？

紀元前500万年：最初の人類に似た種、アーディピテクス・
　　　　　　　　ラミドゥスが類人猿から分かれた。

紀元前400万年：**アウストラロピテクス・アファレンシス**

紀元前300万年：**ルーシー**

紀元前250万年：**ホモ**

紀元前150万年：**ホモエレクトゥス**

紀元前100万年：ホモエレクトゥスがヨーロッパへ移住

紀元前20万年：**ホモサピエンス**

紀元前3―2万年：ネアンデルタール人の最盛期

紀元前12万5000年：デンマークでの人類の最古の痕跡

紀元前10万年：ヴァイヒセル氷河期始まる

紀元前3万5000―3万年：本当の人類（ホモサピエンス）が
　　　　　　　　　　　世界中で支配的となり、数千年に
　　　　　　　　　　　わたって拡がっていった。

紀元前2万5000年：ヴィレンドルフのヴィーナス

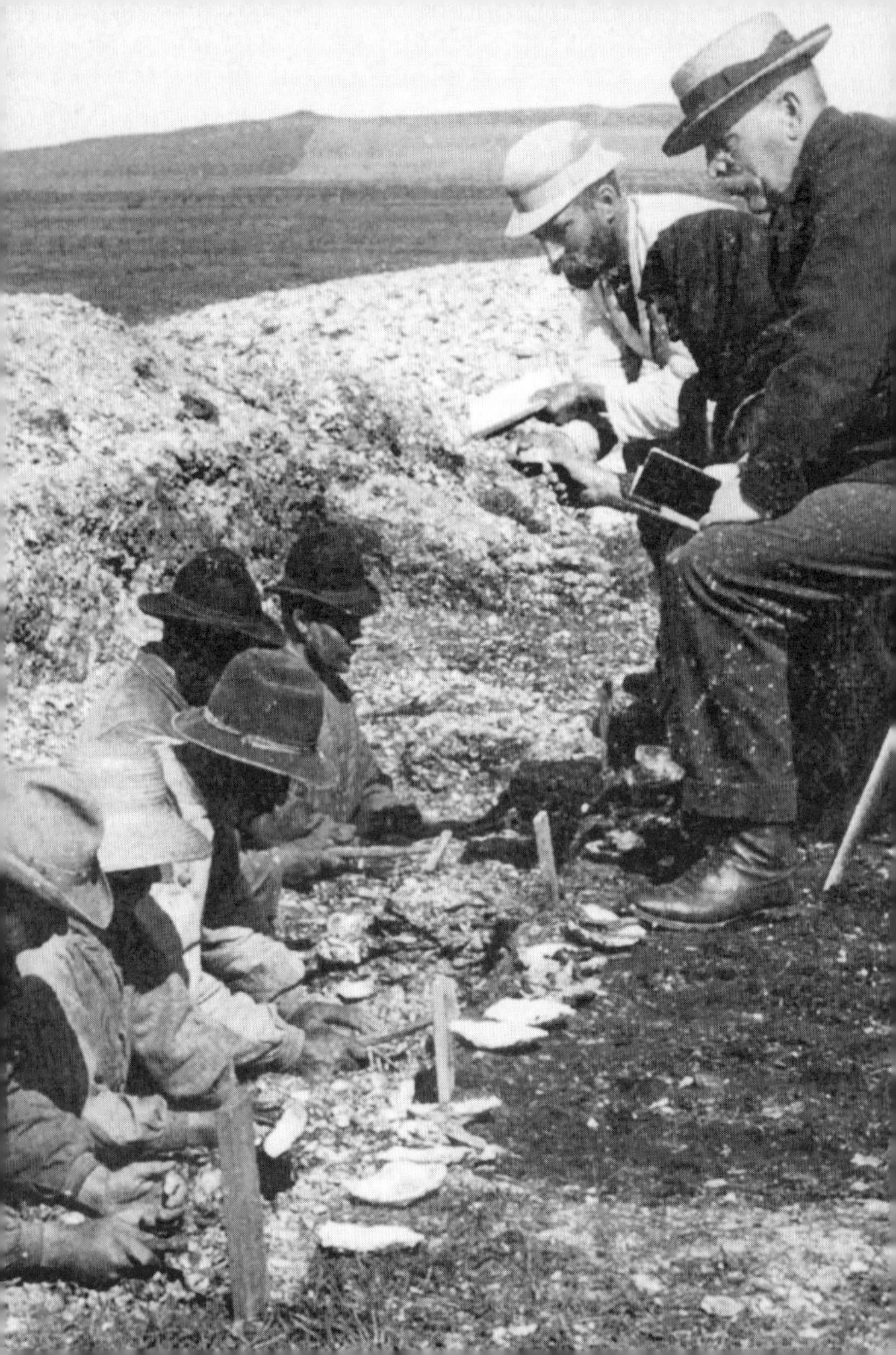

第2章
狩猟民
紀元前1万5000—4000年

●●● 氷河が消えたとき

　およそ1万5000年前に気候は温暖となり、少しずつ氷河は減退していった。氷河が消えたにもかかわらず、夏でわずか8—9度だった。コケ、地衣類、ヒース、柳、樺（かば）のような植物と潅木（かんぼく）が拡がり、昆虫や鳥、動物に栄養を与えた。例えば、トナカイは大きな群れで北へ向かった。それらを追って、クズリや狼のような肉食獣も北へ向かった。そして最後にトナカイの狩猟者がやって来た。彼らは1万2000年以上前に現在デンマークと呼ばれる地にやって来た。

　続く6000—7000年間は狩猟石器時代と呼ばれる。この呼び名は、人々が動物や鳥を狩猟して生活し、石で武器や他の道具を作っていたことを物語っている。だが人々は動物の骨や角（つの）も使っていた。狩猟石器時代の人々は狩猟だけでなく、漁猟（ぎょりょう）もしていた。そして次第に、人々は、ベリーや果物、食べられる植物、根菜（こんさい）を集めて、安定してより多くの食糧を獲得していった。

　狩猟石器時代は長く続き、その時代のおよそ半分の間、デンマークに人類は暮らしていた。狩猟石器時代には、気候は変化し、夏の気温は、8—10度から18—20度まで上がった。おかげで植物や動物の様相は変化していった。人類はこうした自然の変化に適応しなければならず、狩猟石器時代の間にライフスタイルは変化していった。

1900年ごろの絵。教師が狩猟石器時代について話す歴史の授業で使われた。男性と女性がすることが厳格に区分されている。絵は、1900年ごろの仕事と性の役割への捉え方についてもっとも物語っているかもしれない。革の服は原始的で、狩猟石器時代の気候では、そんな簡素な服装では過ごせなかっただろう。

第 2 章　狩猟民

図は、デンマークと気候、自然がどのように変化していったかを示している。また、狩猟石器時代が異なる年代に分かれることもわかる。年代は、重要な発見がなされた場所にちなんで名付けられている。

第 2 章　狩猟民

●●● 氷河期が紀元前 8270 年に終了

　グリーンランドの内陸氷河は数キロの厚さにもなり、最も古い氷は何千年も昔に遡る。古い氷の調査では、氷ができた時代の気候がどうだったかを知ることができる。この調査で、紀元前 8270 年ごろの短い期間に数度暖かくなったことが判明した。それは氷河期の終わりに違いなかった。

　実際には氷河期は自然災害のようにして終わった。より温暖な気候は氷河を減退させ、周縁部はスウェーデン南部とバルト海を横切った。次第に氷河から解け出した水で湖が形成され、湖はどんどん大きくなっていった。

　氷河の周縁部はダムの役割を果たし、カテガット海峡付近の湖の水面は上昇していった。ついに水が周縁部を破壊し、大量の水がカテガット海峡、さらに大西洋へ噴き出した。この結果、ユトランド半島北部の広大な地域が水浸しとなった。

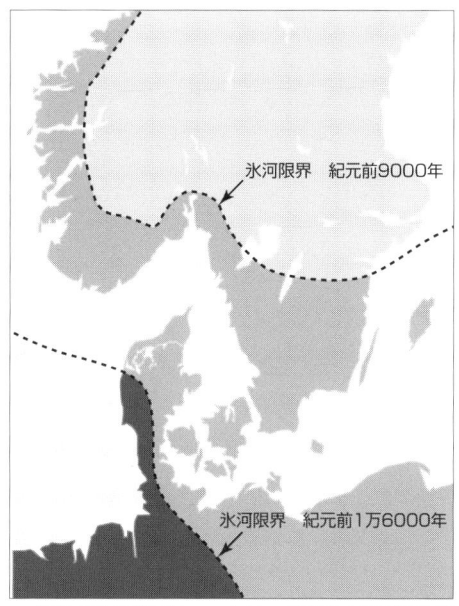

氷河限界　紀元前 9000 年

氷河限界　紀元前 1 万 6000 年

最後の氷河期では、ユトランド半島南西部は氷河に覆われていなかった。地図は紀元前 1 万 6000 年ごろの氷河の拡がりを示す。

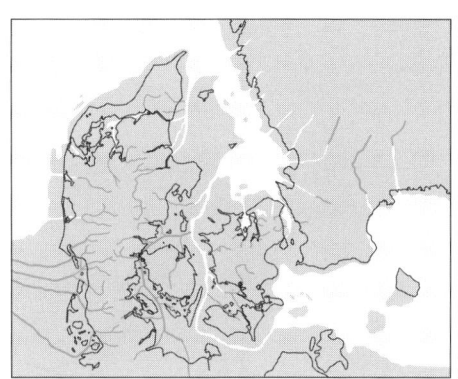

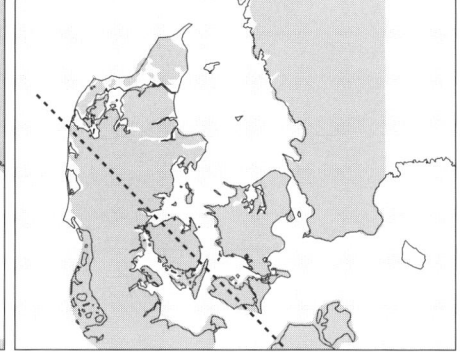

氷河は地形を形成した。氷河の重みは陸地を押し下げ、氷河が減退したとき、陸地は上昇した。左図は 8000 〜 1 万年前のデンマーク。
　気候が暖かくなったとき、スカンディナヴィア半島北部の氷河も解けた。これによって、海の水位が上昇した。そのため約 6000 年前にデンマークは右図のようになった。陸地の南西部は沈下したが、一方で北東部は上昇し続けた。図では、"ヴィッペライン"が描かれている。最後の 6000 年間に、陸地の北部は 15 m 上昇し、一方で南部のいくつかの場所では 10 m 沈下した。

第2章 狩猟民

●●● 森の狩猟民

　マグレモーゼ期を通して、気候は暖かくなっていった。時代の終わりには夏は今日よりも暖かく、デンマークは森に覆われた。時代のはじめには、もっとも重要な木は、開けた森を形成していった樺とポプラだった。次第に松とハシバミも成長しはじめ、森は密度を増していった。暖かいことはトナカイが姿を消すことを意味したが、森には、狩猟民が狩ることができる多くの食肉動物がいた。オーロックス、ヘラジカ、アカシカ、ノロジカ、イノシシ。そのうえ、森には毛皮動物の狼やクマもいた。

　マグレモーゼ期の人々は自然に適応していた。食べ物がもっとも手に入りやすい場所を求めてしばしば住居を移動した。冬の半年間、より大きなグループに属し、湖や川のそばで過ごした。より多くの狩猟民がいれば、オーロックスのような大きな食肉動物を狩るのはより容易だった。

オーロックスの復元図。肩高約1.9m、体重およそ1,000kg。およそ500—600kgの肉がとれただろう。

●●● 生と死

　コペンハーゲンの北のヴィベックで、約7000年前の埋葬地がみつかった。ここには22人分の人骨が横たわっていた。4人は新生児で、1人は約1歳。埋葬された中で計8人が20歳までに死んでいた。狩猟石器時代には、多くがまったく幼くして亡くなり、成人にまで達するのは半数以下。成人に達した者の中で、40—50歳以上になるのはごくわずかだった。子供の出産が原因で、女性は男性よりも若くして死ぬ危険性が大きかった。ヴィベックでは若い女性2人が新生児と一緒に葬られていた。

　ヴィベックの埋葬は、男女の状況についてなにがしかを物語っている。墓の一つでは、首を矢で射られて殺された男性の骨が横たわっていた。同じ場所には、女性と子供の骨も横たわっていた。女性の首には、フリントナイフが置かれていた。この状況を以下のように想像することができる。男性は狩人で、偶然に矢が刺さって死亡。女性と子供は扶養者を失い、ほかの狩人がナイフで2人を殺害した。その後、2人は男性と一緒に葬られた。

　死者たちは墓で贈り物を受け取った。男性には武器だった。ここから、狩りをしていたのは男性だけだったとされる。そうした労働分担が現在の狩猟民でもみられる。男性は平均して毎日数時間狩りと道具作りを行っていたと推測され、残りの時間は休むことができたかもしれない。女性はそのほかの仕事をこなした。そのため、女性は毎日とても長く働いていた。たとえば、食用の植物やベリーを森で採取し、食事を作り、革で衣服を作り、子供を世話した。

ヴィベックの墓の一つ。男性と女性が子供を間に埋葬されている。男性は左。彼を殺した矢が左肩にみえる。

第2章　狩猟民

●●● エルテベレ文化

　紀元前5400—4000年の狩猟石器時代の末期は、エルテベレ期と呼ばれる。リムフィヨルド付近の発掘地にちなんで名付けられた。発掘されたのは、集落から200—300mのところにあった、キッチン貝塚、と呼ばれる生活ゴミの堆積だった。キッチン貝塚は長さ140m、幅20m、厚さ約2m。含まれていたのは、まず第一に、貝、牡蠣、カタツムリの殻だった。アカジカ、ノロジカ、イノシシ、アザラシといったより大型の狩猟動物の骨もあった。また、ヤマネコ、オオヤマネコ、マツテン、キツネといった毛皮動物の骨もみつかった。

　そのうえ、キッチン貝塚では、フリント石で叩き切った際に生まれたクズや壊れた道具を含んでいた。貝塚からみつかった人の骨は、エルテベレ期の人々は死者をキッチン貝塚に葬っていたことを示している。学者たちは発掘から、エルテベレ期の人々がどのように暮らしていたかを知ることができた。キッチン貝塚では、囲炉裏(いろり)も見つかった。ある学者は、人々がキッチン貝塚に直接暮らしていたのかもしれないという。しかし悪臭は強烈だったに違いなく、まずありえないだろう。

エルテベレのキッチン貝塚は1890年代に最初に発掘された。考古学者が折りたたみ椅子に座って、発掘するものを追っている。エルテベレのキッチン貝塚は紀元前4900—3900年とされる。およそ2,000立方メートル。約2,000万個の殻を含むと算出された。

第2章　狩猟民

　エルテベレ期にデンマークはいまだ森に覆われていた。その後次第に、異なる樹木や灌木が密集したジャングルとなっていった。海の水位は上昇し、陸地は縮小していった（13頁の地図参照）。ヘラジカやオーロックスはどんどん少なくなっていった。狩猟のせいであったが、同時に大型動物が密集した森で餌を見つけるのが難しかったせいでもあった。イノシシは別として、ジャングルでは、食べられる大型動物はわずかしか生息していなかった。人間は同じ場所に長い期間住んでおり、定住していたといわれる。しばしば海岸や湖畔に設けられた集落で40—70人が暮らしていた。これらの場所には多くの動物と食べられるものがあった。もしかしたら、エルテベレ期は漁猟石器時代と呼んでもいいかもしれない。なぜならば、漁やアザラシ捕獲、貝と牡蠣を集めることで食糧の大きな割合を得ていたからだ。

　先に言及したように、人々はエルテベレ期には移住をしばしばやめた。集落は1000—1500年を通して同じ場所だった。だからこそ多くの子供が生き残り、この結果、エルテベレ期の末期には、人口は8,000—1万人に達した。居住地は海岸沿いや、湖と川のそばに密集していた。エルテベレから8—10km離れたビョーンスホルムでは、同様に別の大きな集落があった。

キッチン貝塚は数百万の貝殻と食用動物の骨を含んでいる。

第2章 狩猟民

次第に食糧を十分得ることが問題となってきた。人は地域をめぐって争い始めた。傷跡がある遺骨からわかる。また、頭皮を剥がされたことを示す傷跡がついた頭蓋骨も見つかっている。人々が生き残るには、狩猟、漁猟、食用果物やナッツを集めるだけでは十分ではなく、大地を耕すこと―農耕―も必要だった。

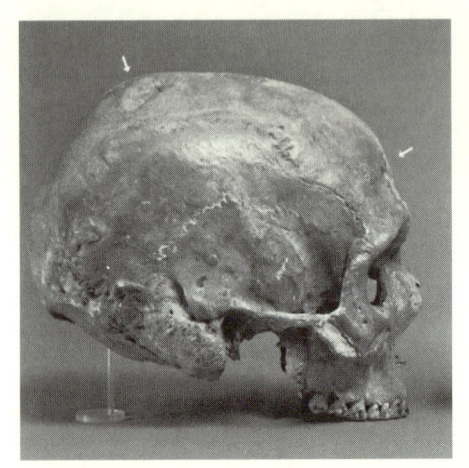

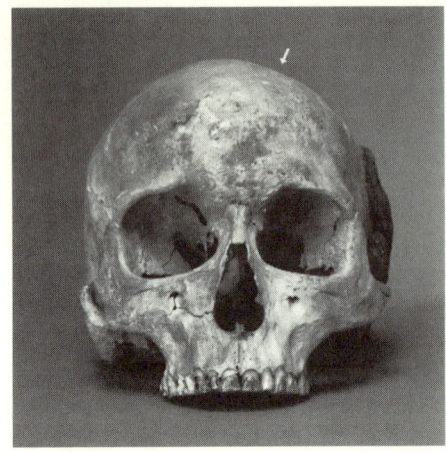

エルテベレ期の一つの墓で、治りかけの傷が2カ所ある頭蓋骨がみつかった。学者は、こん棒で殴られたものとみている。

エルテベレでは、7000年前の住居を復元した集落が建てられている。

いつだった？

紀元前 1 万 3000 年：氷河がデンマークから消滅

紀元前 1 万 2800 年：ハンブルグ期が始まる
　　　　　　　　　－トナカイの狩猟民が来る

紀元前 1 万 2000 年：ブロメ期が始まる

紀元前 1 万 500 年：アーレンスブルグ期が始まる

紀元前 9000 年：マグレモーゼ期が始まる

紀元前 6400 年：コンゲモーゼ期が始まる

紀元前 5400 年：エルテベレ期が始まる

紀元前 4000 年：デンマークで最初の農耕

第3章
農耕民
紀元前1万1000—1000年

●●● 窮乏の農民

　およそ紀元前1万1000年まで、世界中の人類は狩猟、漁猟、食用ベリーと果物の採集で暮らしてきた。農業、つまり畑を耕すことと家畜集団は、中東に起源を持つ。野生種の穀物が収穫され、実を取って粉にひき、粉でパンを焼くことを発見したとき、農業は誕生した。次第に穀物の種類に改良を加え始めた。羊とヤギは人類の最も古い飼い慣らされた動物だった。紀元前7000年ごろ、豚も家畜となった。このあと、牛も飼い慣らされた。最後に馬が家畜となった。これは中東では、紀元前2000年ごろ起きた。その時点で、アジアの遊牧民は数千年にわたって馬を持っていた。

　農業は、好みでなく、窮乏からはじまった。土地を耕し、家畜を持つことは、狩猟、漁猟、採集で生きるよりも、はるかに労働力を必要とする。人類が農耕民となったのは、増加する人口に資源があまりに少なくなったからだった。だから人は別の食糧の泉を探し、自ら食糧を作り出すことに積極的にならなければならなかった。農業は中東から拡がり、続く数千年をかけてヨーロッパへやって来た。

　中東の発展とは関係なく、農業は中国で紀元前7000—6000年、中央・南アメリカで紀元前3000年ごろにはじまった。

農業の最古の痕跡はいくつかの大河のそばで見つかっている：チグリス川とユーフラテス川の間（現在のイラク）、中国と東南アジア、メキシコとペルー。収穫風景の写真は、紀元前1300年のエジプトの墓室のもの。

第3章　農耕民

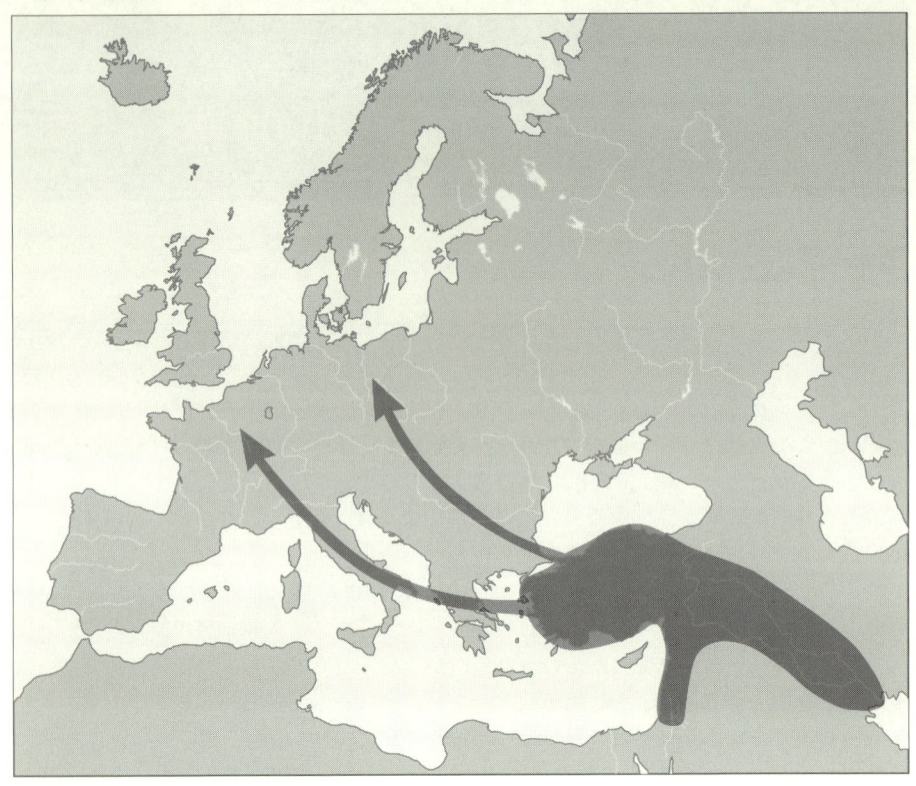

農業の普及

家畜はどこから来た？

　犬を除いて、羊とヤギは世界で最も古い家畜だ。野生の羊と野生のヤギが捕まえられ、飼い慣らされた。後に豚と牛も飼い慣らされた。

　人類は、自分たちの動物を脅かしていた危険から保護した。自然界では、より大きくて強い動物だけが生き残ることになる。家畜の間にはこうした淘汰はなかった。一つの証拠として、野生種よりも飼い慣らされた動物は次第により小さくなっていった。

　家畜を飼いはじめてから数千年が経ち、人は、人工繁殖で豚などをより大きくする方法をみつけた。今日、家畜の遺伝子を変えることができるようになり（遺伝子組み換え）、家畜からより多くの肉が取れたり、より多くの乳を生み出せるようになっている。

	羊	紀元前8500年ごろ	イラク
	犬	紀元前8400年ごろ	アメリカのアイダホ
	ヤギ	紀元前7500年ごろ	イラン
	豚	紀元前7000年ごろ	トルコ
	牡牛/雌牛	紀元前6500年ごろ	小アジア
	ラマ	紀元前3500年ごろ	ペルー
	エーゼル	紀元前3000年ごろ	エジプト
	フタコブラクダ	紀元前3000年ごろ	南ロシア
	ヒトコブラクダ	紀元前3000年ごろ	サウジアラビア
	馬	紀元前3000年ごろ	ウクライナ
	鶏	紀元前2000年ごろ	パキスタン
	猫	紀元前1600年ごろ	エジプト
	ガチョウ	紀元前1500年ごろ	ドイツ
	アルパカ	紀元前1500年ごろ	ペルー

●●● 新社会

　農業への転換は社会を完全に変えた。住民は定住し、労働分担が発生した。農民は自身で使うことができるよりも多くの食糧を生産した。ある者は鍛治屋、別の者は職人となり、農民の道具を作った。別の者は商売をした。最後に、特定の一族が支配権を握った。この一族の男は族長、王、宗教的リーダーとなった。

　次第に、商人の家と高貴な寺を持った豊かな商業都市が出現した。商売したり、権力者が税金を要求するとき、人は書いて計算できなければならなかった。こうした社会の中で、数字と文書のシステムが発展していった。この発展は、中東とインドのいくつかの大河付近で最初に起こった。一例として、現在のイラクを流れ、ペルシャ湾に注ぐチグリス・ユーフラテス川が挙げられる。

　時代とともに、チグリス・ユーフラテス川は広大な実り豊かな地域、メソポタミアを作り上げた。ここにはシュメール人が住んでおり、5000年前に一人の王によって統治される高度な文明を持った王国ができた。

紀元前2100年ごろのメソポタミアの神殿タワーの復元写真

都市国家・ウルクはシュメール人のメソポタミアで最も重要な都市だった。ワルカの遺跡－ウルクの保存されている最大の遺跡－は紀元前5000年ごろに創建された。およそ1000年後には、ウルクには1万人が住んでいた。紀元前3000年ごろには、その都市国家は約5万人にまで増えた。

紀元前3200年ごろ、シュメール人は一種の文字（ヒエログリフ）を発達させた。

以前の文字

最古の文字は絵文字だった。我々は今日でも絵文字を使う。コンピューターの"新規作成"、"保存"などの記号は、絵文字の一例。シュメール人は、枝やわらで濡れた粘土板に絵文字を刻んだ。

エジプト人のヒエログリフは、象徴記号だった。例えば、羊飼いの杖(つえ)は支配者の象徴。エジプト人は次第に6,000以上ものヒエログリフを開発した。しかしながら実際にはわずか5分の1しか使われなかった。

紀元前3000年ごろのシュメール人の絵文字

●●● 古代エジプト

紀元前の数千年にわたって、ナイル川に沿って高度な文明を持った王国、エジプトが栄えた。エジプトは紀元前3000年より以前の数千年間、一人の部族長の下にあった都市国家の一群からなっていた。交易の支配と同盟をめぐる戦争の結果、部族長の国々は次第に併合されていった。紀元前2950年ごろには、地中海からナイル川に沿って1,100km延びたひとつの王国だけとなった。王国は紀元前332年にアレクサンダー大王に征服されるまで2500年以上存在した。その間に30支配家（王朝）が王位についた。

自然サイクルと季節交替を司る神々によって王国は創り出されたとされた。支配者、ファラオ、自身は神ではなかったが、その職は神の決定とみなされた。ファラオは多くの宗教的業務を行った。宗教的祭典を司り、神へ生贄(いけにえ)を捧げ、神殿の建設に努めなければならなかった。神が信仰されなければ、社会は崩壊するとされた。ファラオは、裕福で強い者は弱い者を保護する、という王国の正義を実践した。そのうえ、ファラオは敵を遠ざけなければならなかった。原則としてファラオは専制君主だったが、実際には、官吏、その下にいる神官が王国を治めた。これらのグループは人口の最高5%を占め、読み書きができる唯一の存在だった。出納官(すいとう)と主席大臣の2人が官吏の最高ポストだった。出納官は財政と交易を、主席大臣は司法と政治的問題を担当した。人口の95%は非識字者だった。彼らは、農民、職人、労働者、奴隷として使われた戦争捕虜(ほりょ)だった。

●●● エジプトの栄えた時期

エジプトの長い歴史はしばしば、王国が栄えた時期に基づいて分けられる。最古の王朝はおよそ500年間（紀元前およそ2630—2125年）続き、しばしば**古王国**と言われる。そこでは強力な中央集権が確立されていた。国は耕作に適した大地を引き受け、農民は国の荘園の労働者となった。ここから彼らは、堤防、運河掘削、神殿とピラミッド建設などに強制労働者としても徴集されていった。次第にファラオは官吏たちに大きな領地を任せるようになり、これによって、ファラオは権力を弱らせていった。ナイル川が堤防を越え、収穫を台無しにして飢饉をもたらしたとき、反乱が起き、ファラオの強力な国は瓦解した。

紀元前2000年ごろ、**中王国**と呼ばれる新しい強力な国が誕生した。この王国は2300年間存在した。この時代に、エジプトは、北東にある現在のレバノン、シリア、イスラエルの地域と交易関係を拡げた。また、アフリカのはるか南に対しても、外部の敵から王国を守るために要塞施設を設置し、その地位を強化していった。中王国が崩壊した後、不安定で外敵が侵入する時期が約250年間続いた。

新王国はおよそ紀元前1550—1100年の間、存在した。エジプトは、中東の軍事大国に発展し、ヌビア、パレスチナ、シリアを制服した。この時代に、いくつもの神殿や他の施設が建設された。一時期は、最も知られたファラオの一人、ツタンカーメンが支配者となった。紀元前1100年の新王国崩壊後、再び国内が不安定となった。

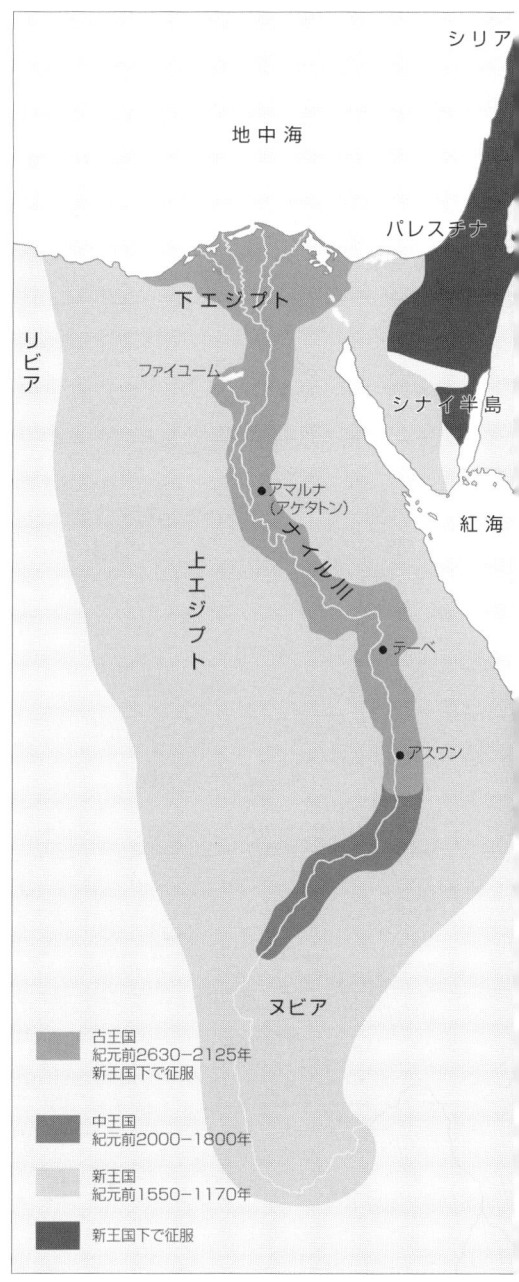

エジプト

第3章　農耕民

　カイロから数キロ南西に、複数のピラミッドが並ぶギザがある。最大のものは紀元前2550年ごろのクフ王のピラミッド。2,500万㎥の石灰岩のブロックで建造され、一辺は約230mで、もともとの高さは146mだった。ピラミッドには、クフ王の墓室があるが、死後数百年の間に略奪にあった。
　前方にあるスフィンクスは長さ73.5m、高さ20m。ライオンの身体にクフ王の肖像と伝わる頭が付いている。

ツタンカーメン王の下でも、エジプトはヌビアへの戦争を実施した。この写真では、ファラオ自身が、二輪馬車に乗って攻撃に参加している。ファラオは、5万人に上る職業軍人の兵団を指揮した。兵士たちは弓、矢、斧で武装していた。そのうえ、車具を取り付け、射手を乗せた二輪馬車の特別な兵団も随行した。

●●● ツタンカーメン王

　ツタンカーメン王（紀元前約1333—1323年）は、文化的開花期にファラオとなった。神殿と他の宗教的モニュメントは復興され、官吏たちはかつての宗教的伝統を再び経験していた。王位を継いだとき、ツタンカーメン王は8—9歳で、子孫を残すことなく17—18歳で死んだ。

　ツタンカーメン王の現在の知名度は、1922年に王家の谷で彼の墓が発見されたことと関連している。彼の大きな墓は、ファラオ自身の黄金の柩だけでなく、莫大な保存状態がよい高価な物で満たされていた。墓の発見までは、ツタンカーメン王は、特別多くのことが知られていない全く存在意義のないファラオとみられていた。その知名度にもかかわらず、彼の支配期間についてはいまだに多くは分かっていない。アケタトンで育ったが、ファラオになったとき、かなり南の古都テーベに戻った。彼が専制君主だったにもかかわらず、上部の官吏たちが王国を管理していた。

　学者たちは、なぜツタンカーメン王がそれだけ若くして死んだのかについて関心を持った。ミイラの遺体のレントゲン写真から、頭部への一撃で殺害されたと一部の学者は主張してきた。2005年にツタンカーメン王の遺体はスキャンされ、ファラオは暴力で殺害されていないことが分かった。おそらく足の骨折からの感染症で死んだとみられる。しかしながら、毒殺された可能性は否定できない。

ツタンカーメン王のミイラが納められていた黄金の柩

1922年発見当時のツタンカーメン王の墓室の一部

　ファラオはしばしば男性だった。しかし女性ファラオも何人かいた。あるファラオは自分の兄弟の一人と結婚したかった。ツタンカーメン王は異母姉妹のアンケセナーメンと結婚した。ファラオたちは側室も持っていた。ファラオが兄弟と結婚することは象徴的かつ宗教的な意味を持っていた。

　写真はツタンカーメン王とアンケセナーメンで、玉座の背もたれの飾り。

第3章 農耕民

●●● デンマークでは

　およそ6000年前、現在デンマークと呼ばれる地域にはじめて農業がやってきた。すでにエルテベレ期の狩猟民は農業を知っていた。なぜなら北ドイツの農耕民と接触し、物を交換していた。しかし土地を耕し、家畜を飼うことは、狩猟民であることよりもはるかに多くの労働を必要としたので、必要性が出てくるまではデンマーク人は農耕民にならなかった。

　ところがデンマークでは人口が増えていった。これは、狩猟、漁猟、食用ベリーや植物の採集では十分ではないことを意味した。飢えで死にたくなければ、狩猟民は農耕民になる必要があった。どのようにしてデンマーク人が農耕民となったのかは学者の間で意見が分かれる。ある者は、デンマーク人は少しずつ自分で農耕民であることを学んでいったと主張する。別の者は、デンマークに移住してきた人々から大地を耕し、家畜を飼うことを学んだと言う。

　人々はこれまで同様に多くの道具を石で作った。それゆえ、紀元前4000—1800年の時代は、**農耕石器時代**と呼ばれる。

●●● どうやって大地を耕したのか

　人が大地を耕した最初の方法は、**焼畑農法**(やきはた)と呼ばれる。大木を切り倒して森を開き、潅木(かんぼく)や小さな木を焼く。燃焼の熱によって、土の一番上の数センチの層に含まれる栄養分が解き放たれる。同時に熱は雑草の種子を壊す。一旦は穀物を栽培することができるかもしれないが、数年後には土壌の栄養分は使い果たされ、雑草がはびこる。そうなると、最初からやり直し、新しい森を切り開かなければならなかった。

　焼畑農法によって、森の大きな面積が燃やされていった。そのため、餌となる動物や鳥の生息地が減っていき、人々は農業からもっともっと多くの食糧を手に入れなければならなくなった。同時に同じく、人口が増えていった。700—800年の間に、焼くのに適した森を見つけるのは難しくなっていた。生き残るためには、別の方法で畑を耕さなければならず、そのためそれほど急速には畑はやせなかった。

　こうして人々は次第にアード農法に移っていった。アードとはとても単純な鋤(すき)で、畑を縦横に引っかき、耕した。この方法で、畑がやせるまでより長く耕すことができた。しかしアード農法は焼畑よりも多くの労働を必要とし、畑を"すく"のに長い時間がかかった。耕す前に、石や根を取り除かなければならなかった。100㎡の畑をすくのに2日かかることが実験でわかっている。

考古学者が農耕石器時代の衣服をまとい、森を燃やしている。どのように石器時代の農民が新しい畑を獲得していったのかを知ることができる。

第3章　農耕民

●●● 家　畜

　実際には、農耕石器時代の豚、羊、ヤギ、牛を、**家畜**、と呼ぶのは間違っている。それらの動物は実際には年中外におり、牧夫が番をしていた。豚は、集落に近い森で、根っこや木の実、食用になるものを自分でほじくり返して食べ物を得ていた。草が多い地域では、多くの羊やヤギが飼われた。牛はもっとも重要な家畜で、**役畜**として使われた。牛からは食べる肉の半分以上を取得し、衣服の革にも使われた。しかし牛は他の家畜よりもより手間がかかった。例えば、木々や潅木の葉を切り分けて、冬の食べ物としなければならなかった。

　農耕石器時代の最初の頃は、まず肉を目的に家畜を飼った。しかし次第に牛、羊、ヤギから乳を絞り始め、羊の毛を衣服を作るのに使い始めた。

●●● 死は身近

　農耕石器時代の人々は狩猟石器時代と同じようには自然に依存していなかった。しかし、十分な食べ物を確実に得ていたと言うわけではない。干ばつや雨は収穫を台無しにし、動物は病気にさらされた。これは飢饉を意味した。

　農耕石器時代の人骨の調査から、わずかな数だけが40歳になったことがわかる。多くが出産中に亡くなり、生きて生まれた者のほぼ3分の2が成人になる前に死んだ。今日、多くの人が死を恐れ、死とは、滅多に話さない遠ざけられるものとされている。農耕石器時代でも人は、可能な限り長く生きたいと願った。しかし当時は薬、医者、病院などはなかった。だから死は常に身近なものであり、日常の生活の一部だった。死者は集落の近くの塚に埋葬された。もしかしたら、死者は崇拝されたのかもしれない。死者は必ず高価な贈り物とともに墓に埋葬された。

農耕石器時代の大きな楕円形で、丸く盛り上がった塚が知られている。内部には巨石で作られた部屋がある。ここには、死者が贈り物と共に安置された。100人以上もの骨が納められた墓室が見つかっている。農耕石器時代には、およそ2万5,000もの同じ類の塚があったが、現在はわずか10分の1だけが保存されている。
　写真は、スヴェン王の塚と呼ばれるローランド島の楕円形でとても大きな塚。墓室は長さ12.5m。

第3章 農耕民

●●● 集　落

　集落は森の外れ、湖、小川、せせらぎもあるフィヨルドのそばにあった。ここでは、漁猟を営み、飲み水を得ることができた。同じ場所に何年も暮らしていたので家々は頑丈に建てられた。

　狩猟石器時代には、ひとつの集落の住民は独立したグループだった。農耕石器時代には、**部族社会**が出現した。つまり、複数の集落の住民が、部族長のような共通したリーダーの下に集まった。部族長は隣の部族と物を交換し、もし暮らす地域が敵に攻撃されれば、部族の男たちの先頭に立った。それぞれの部族は集会場を持っていた。ここに共同で死者への墓室を持った大きな塚を建てた。塚では、綺麗（きれい）な陶器、琥珀（こはく）細工、斧、動物、そして時には人間も捧げられた宗教的儀式が行われた。集会場では、フリント製斧や琥珀のような品物も交換された。

別の人々？

　農業は農耕石器時代には最も重要な職業だった。しかし、異なった方法で行われていた。もしかしたら、新しい人々がデンマークにやってきたことが説明となるかもしれない。ユトランド半島中部と西部には、大きくみれば、牛を飼い、穀物を栽培する以外には多くのことをしなかった人々が住んでいた。動物への牧草地を手に入れるため、森を切り開き、焼いていた。

　紀元前3000年ごろ、スウェーデンとノルウェーから人々がデンマークに移住してきた。彼らは海岸沿いに暮らした。ここでは、主に狩猟と漁猟で生活していたが、家畜も持った。

墓室と集会場では、陶芸、フリント製、琥珀製の見事な品々が見つかっている。これらはあきらかに、宗教的な祭典と関連し、捧げものとして使われた。

いつだった？

紀元前1万年：農業が中東で起こる

紀元前5000年：都市国家・ウルクの最古の痕跡

紀元前4000年：農業がデンマークに到達－農耕石器時代はじまる

紀元前3000年：スウェーデンとノルウェーからデンマークへ移住者

紀元前2950年：エジプトがひとつの王国に統合

紀元前2600—2125年：エジプト古王国

紀元前2550年：クフ王ピラミッド

紀元前2000—1550年：エジプト中王国

紀元前1550—1100年：エジプト新王国

紀元前1333—1323年：ツタンカーメン王

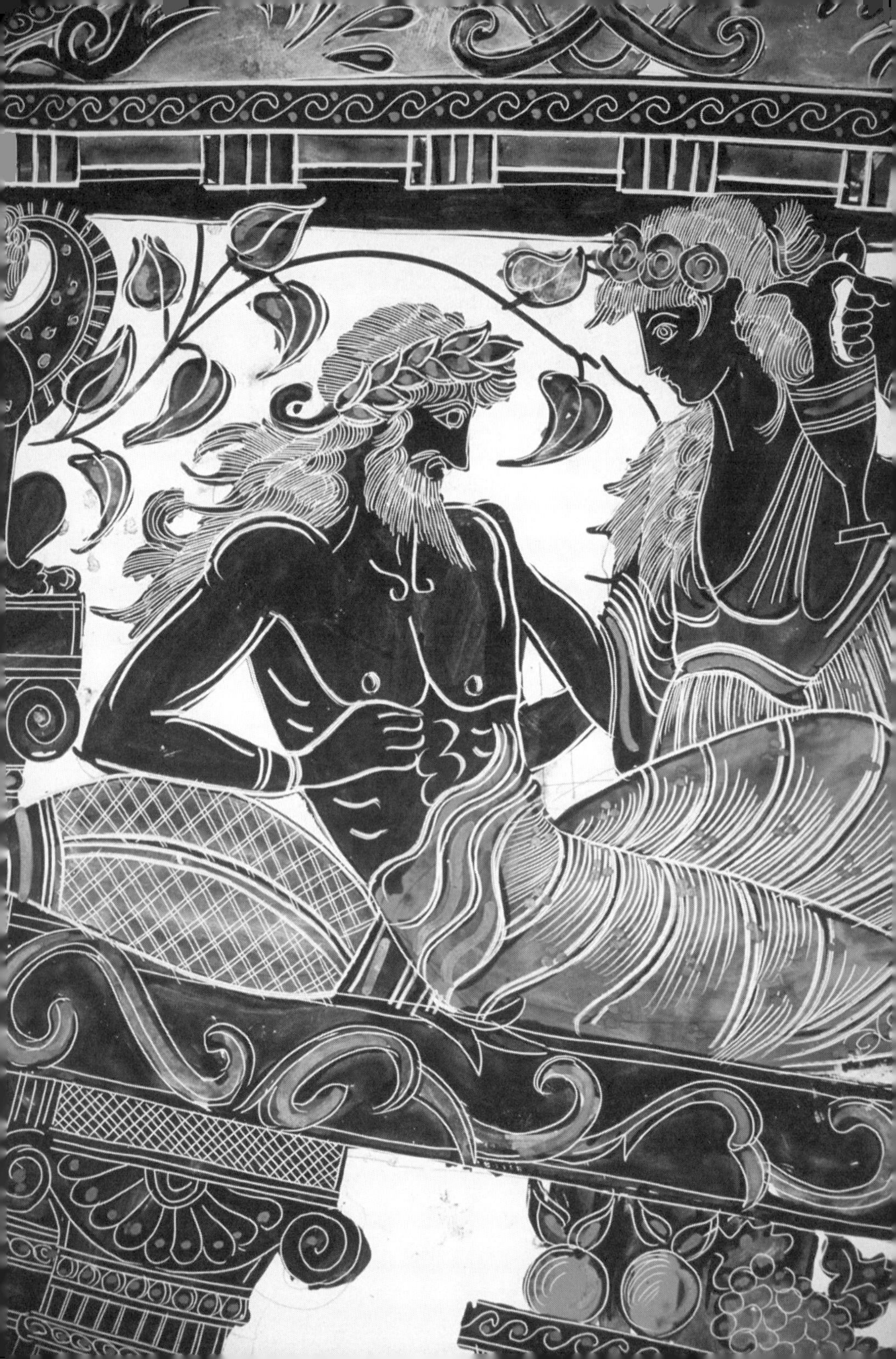

第4章
青銅器時代
―地中海から北ノルウェーまで―
紀元前 2000―150 年

●●●クレタ、ミケーネ、フェニキア

　エジプトと他の中東文明では、地中海地域で発見された金属と資源への大きな需要があった。これらの物資を輸送するのに、隊商を組むよりも海路の方がしばしば効率的で安上がりだった。

　クレタ島は地中海の中央に位置し、紀元前2000から1500年ごろまで、貿易で大きな役割を果たしていた。クレタからかなり遠く離れた黒海やイギリス、スペインのような地域と貿易上の関係があった。それらの地域からは青銅を作るのに必要なスズを輸入した。激しい地震とギリシャ本土からの侵攻によって、クレタの地位は縮小していった。およそ500年の間、ギリシャ本土の戦争王たちが貿易の支配権を握った。王たちはペロポネスのミケーネ(地図参照)に印象深い城砦を築いた。そこでは、文字も持ったミケーネ文明と呼ばれる特別な文化が発展した。紀元前1100年ごろ、ミケーネ文明と社会は崩壊した。数年にわたって不作が続き、社会的不安と王たちへの反乱が原因だった。同時にミケーネの王たちの間で戦争が起きた。

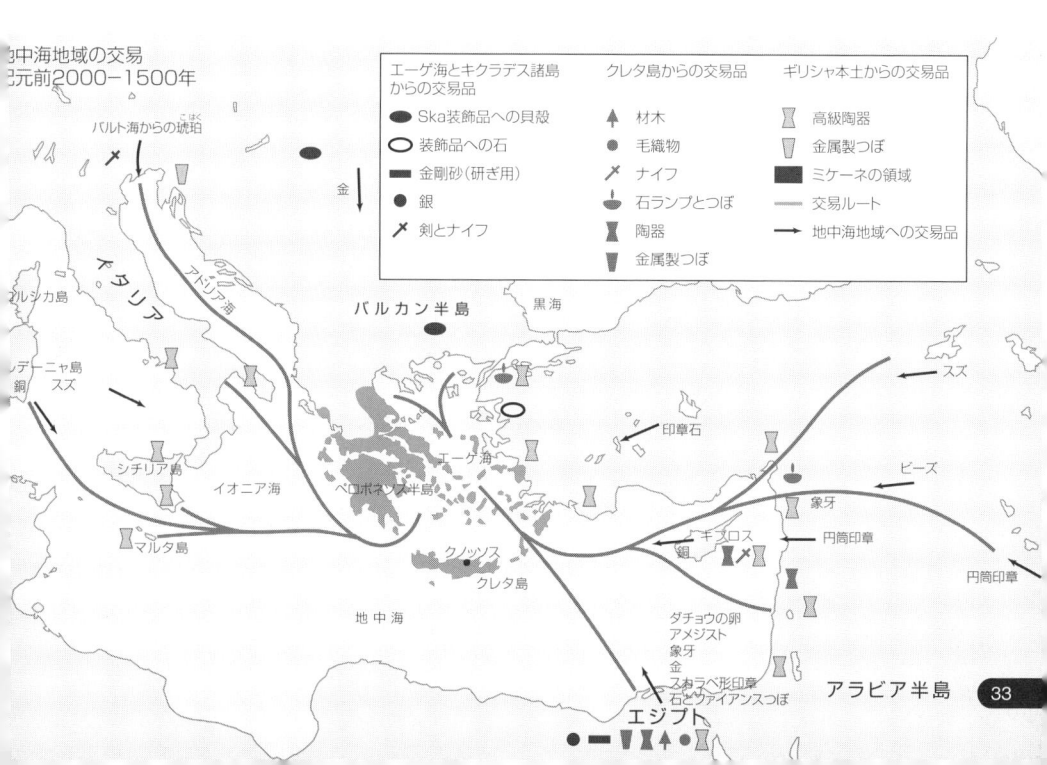

地中海地域の交易
紀元前2000―1500年

エーゲ海とキクラデス諸島からの交易品
- Ska装飾品への貝殻
- 装飾品への石
- 金剛砂(研ぎ用)
- 銀
- 剣とナイフ

クレタ島からの交易品
- 材木
- 毛織物
- ナイフ
- 石ランプとつぼ
- 陶器
- 金属製つぼ

ギリシャ本土からの交易品
- 高級陶器
- 金属製つぼ
- ミケーネの領域
- 交易ルート
- 地中海地域への交易品

第4章　青銅器時代

当時、地中海の貿易と海運はフェニキア人が支配していた。彼らは、おおよそ現在のレバノンの地域に暮らしていた。しかし、紀元前800—700年代にギリシャ人がよりよい船の作り方を学び、次第にフェニキア人の貿易独占に挑戦してきた。この結果、ギリシャ人とフェニキア人のあいだに多くの衝突が生じた。結局、ギリシャ人が地中海の北東部と黒海沿岸の支配権を獲得し、フェニキア人はアフリカ北岸と地中海西部の支配権を保持した。

フェニキア人と同様に、ギリシャ人は地中海沿岸に植民地を設けた。ギリシャの植民地では、ギリシャへ輸出される穀物を栽培した。穀物への支払いは、工芸品、特に陶器で行われた。また、奴隷はギリシャにとって重要な輸入品となった。

交易はクレタ島に大きな宮殿や神殿を建てることができる経済的基盤を生み出した。最大の建築物は、クノッソスの巨大神殿。ここでは、蛇の女神のファイアンス像（色彩装飾陶器）が見つかっている。写真は紀元前1600年ごろのもの。

紀元前1200年ごろのミケーネの城塞遺跡。ここで伝説の王、アガメムノンが治めたことになっている。彼は後に、ギリシャの芝居、**イーリアス**の中心人物となった。

●●● 都市国家

　ギリシャは統一国家ではなく、600—700 の都市国家を含んでいた。ひとつの都市国家は、国民を保護できる城塞を備えた中心都市と農村部から成り立っていた。最も小さな都市国家は、避難のための砦を備えたただの農村都市に過ぎなかった。もっとも大きな都市国家の一つがアテネだった。アテネは農村部アッティカを有し、面積約 2,200 km²、デンマーク・フュン島のおよそ 4 分の 3 に相当する。

　都市国家は交易し合い、もし敵が襲ってきたら、お互いを助けるという取り決めを結ぶことができた。しかし、お互いの間にも戦争は起きた。

　紀元前 700 年まで、王たちは、地主たちと共に大多数の都市国家で権力を握っていた。しかし続く数百年間に、いくつかの地域で、現代の国民管理に似た管理体制が生まれた。それゆえ、多くの者は、民主主義はギリシャで発明されたと言う。

　アテネは民主主義を行った都市国家の一つだった。ここでは、他の都市国家が引き継いだ多くの新しい考えが生まれた。アテネからの起源と発見は多い。だからこの都市国家での生活について多くのことが知られている。アテネにどれだけ多くの市民が暮らしていたかはわからないが、学者の推算では、15 万人と 40 万人の間とみられる。

　アクロポリス、都市国家の保護要塞は、高所に置かれた。この周辺に、しばしばひとつの壁で囲まれた都市が誕生した。外には、都市国家の畑があった。この写真は、アテネのアクロポリスの遺跡。

●●● 人の違い

　都市国家の住民は3つの階層、またはグループ－**市民**、**在留外人**（メトイコイ）、**奴隷**－に分かれていた。都市国家でもっとも少数なのが市民。男だけが市民権を持つことができ、市民の条件は、両親と両祖父母がアテネで生まれ育っていなければならなかった。市民だけが都市国家の決定に関与でき、土地を所有することができた。一方で、市民は兵役の義務があった。すべての市民が裕福ではなかった。多くは日雇いで働いたり、職人や零細商人だった。

　2番目のグループは、メトイコイまたは在留外人。メトイコイは土地を所有したり、国家の決定に関与してはならなかった。すべてのメトイコイは1人の市民を後見人としなければならなかった。後見人の市民はメトイコイの案件を処理しなければならなかった。たとえばメトイコイが誰かを違反で訴えたければ、後見人がメトイコイに代わって訴えた。メトイコイは都市国家に特別な税金を支払い、必要であれば、戦争に従事しなければならなかった。都市国家の住民の多くがメトイコイで、一般的に商人、職人、秘書などをしていたかもしれない。例えば、紀元前400年ごろに暮らしたルシアスは、奴隷120人が盾を製造する大工場を兄弟と一緒に所有していた。しかし彼は特別に有名で、なぜならば話を書く能力に長けていたからだった。

　都市国家の住民のおよそ半分が奴隷だった。ほとんどは外国や他の都市国家からの戦争捕虜だった。奴隷は全く権利を持たなかった。彼や彼女は都市国家、市民、メトイコイの所有物だった。所有者は奴隷を思いのままに扱うことができた。しかし、ほとんどの奴隷は、1600—1700年代の黒人奴隷よりはるかによく扱われた。奴隷は余分な仕事をして金銭を稼いでも良かった。一部の奴隷たちは大金を貯め、自由を買うのに成功した。都市国家自身もまた奴隷を持っていた。ある者は番人となり、平和と秩序を保つ仕事をした。別の者は秘書や教師となった。しかしほとんどの奴隷は食事を作り、家や子供の面倒をみる召使いだった。3分の1の奴隷は銀山で働いた。労働は厳しく、銀山労働の判決を受けることは一つの罰でもあったかもしれない。

子供達は6—7歳になるまで家の女性たちと一緒に過ごした。この後、女子は家事を学び、男子は学校に行き、読み書き、計算、音楽の演奏を学んだ。

第4章　青銅器時代

●●● アテネの政治

　民主主義的政治手法はアテネで生まれた。市民だけが決定に関与し、最も重要な集会は、年間約40回開かれた民会だった。全市民約3万5,000人が参加の権利を持っていたが、仕事や距離の理由から全市民が毎回は参加できず、参加者は通常およそ5,000人だった。6,000人が木製のベンチに自分の席を確保したとき、入口は閉められた。会ごとに10―15個の議題があった。

　誰もが自分の意見を言う権利を持っていた。しかしながら、発言したのは最も弁舌が得意な者だけだった。望む者が発言してから、投票で採決が行われた。挙手で行われ、議長がどちらが多数であるか判断した。民会ですべての案件が採決され、都市国家の最高官吏を選んだ。裁判所もまた投票で案件を決定した。裁判は広場で開かれ、広場の端に沿って、法律が書かれたボードが設置され、誰もがそれを読むことができた。裁判ごとに奇数の"裁判官"が選ばれた。人々はこの方法ですべての案件が決定されると確信していた。案件の重要度次第で、裁判所のメンバーは201人から1,501人まで増えた。

　女性は夫に仕える。女性たちは都市国家でものを言う権利はなかった。女性の居場所は、夫のために守る家の中だった。通常は結婚に際して大きな年齢差があった。15歳の若い女性はしばしば60歳の男性と結婚した。

　夫に息子を産むことが女性の最も重要な仕事だった。女性は家に居続けさせられ、こうして夫は妻が他の男と関係を持たないことを確信できた。これに対し、一般的に男は結婚していなくてもセックスをしてよかった。

古代ギリシャの奴隷売買

●●● 遠方との関わり

　交易は、ひとつの社会が自身で消費する以上にものが生産されるとき、発生する。こうして他の社会から物を買ったり、交換したりできる余剰分が生み出される。余剰分が生み出されるからといって、社会の誰もが必要としているものを全て持っているわけではない。困窮にあえぐ貧しい者がしばしばいる。現在そうであり、3—4000年前でもそうだった。人々が交易していたのは地中海地域だけではなかった。ノルウェー北部までしっかり伸びた交易網があった。交易の程度や扱っていた品物はわからないが、痕跡が残っている品物についてだけは知られている。

　当時、いくつかの品物はスズと銅の混合物である青銅で鋳造された。スズはイギリス、フランス西部、ドイツ南部で見つかった。塩もまた重要な交易品だった。例えば、現在のフランスの塩分が含まれる泉から塩は抽出された。琥珀は、ネックレスや装飾品に使われる高価な交易品だった。多くの琥珀は北海やバルト海沿岸で見つかった。特に青銅器時代のデンマークは琥珀に富んでいた。

　物流は別の方角にも向かった。北ヨーロッパでみつかっている一部の容器と他の青銅製品は中央、南ヨーロッパで製造された。これらの発見によって、ヨーロッパを貫く交易網があったことが分かる。おそらくものを運ぶのに船も使われたのだろう。

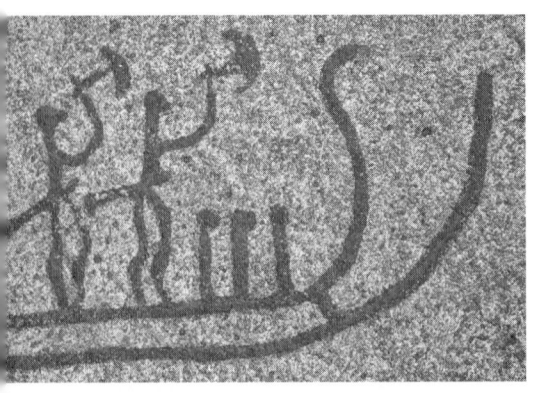

　岩面彫刻とは、青銅器時代に崖や岩に彫った宗教的な絵。ボルンホルム島の崖や特にシェラン島北部の岩にみられる。ノルウェーとスウェーデンでは、何千もの岩面彫刻が見つかっている。

　モチーフは、多くの岩面彫刻で繰り返される。例えば、写真のような船は多い。船には、祭祀用斧（宗教的儀式で使われた斧）を高く掲げた2人の男が立っている。太陽もしばしば描かれる。太陽が神として崇められたと学者は説明する。確かに暖かさと実りをもたらしたのは太陽だった。ほかに使われたモチーフは、ルアー（吹奏楽器）、蛇像、女性の踊り子である。

写真は紀元前1500年ごろのギリシャの交易船を復元したもの。もしかしたら、北ノルウェーにまで到達したのはこうした船だったかもしれない。

第 4 章　青銅器時代

アードで耕す男の岩面彫刻。手には枝を持ち、腰に穀物の種が入った袋をさげている。

●●● 牧畜民

　青銅器時代にデンマークのジャングルのほとんどが切り開かれた。海岸から遠い内陸部にだけジャングルは残った。残りの大地には、樹木、ヤブ、潅木だけが広がった。それらの間に、草とヒースがはえた。人口は増加し続け、青銅器時代には生存条件はより良くなった。この時代の人骨からは、人が農耕石器時代より身長が大きくなり、より歳を取ったことが容易に分かる。

　ひとつの理由は、気候が温暖になったので、より多くの穀物を栽培することができたことだった。別の理由は、人が農業をより上手に営むことができるようになったことだった。デンマーク人は、牧畜と耕作で食糧を手に入れる農民となっていた。しかしこれまで同様に、食用ベリーと果物を採集し、ときには狩猟をした。フィヨルド、湖、川の近くに住み、漁猟もしていた。しかし家畜は青銅器時代の人々にとって大きな意味を持った。牛、羊、ヤギ、豚の大きな群れは放し飼いで、集落周辺で食べ物を見つけた。長い目で見れば、それは農業を営む悪い方法だった。家畜は土地を踏み固め、木の根を自由に掘り起こした。種と芽が食べられ、新しい木は生えなかった。特にヤギは植物には厳しい存在だった。ヤギは緑のものはなんでも食べた。動物が放し飼いのため、畑の肥料として糞を使うことができなかった。これは、耕された地域が不毛になることを意味した。

自分が食べるものになる

　もしかしたらあなたは食物連鎖のピラミッドを知っているかもしれない。そこでは人間は底辺から上までもっとも多くのものを食べることになっている。我々は今日、容易に食べるべきものを知ることができる。青銅器時代の人々は、食物連鎖のピラミッドを持っていなかった。腹を満たすために食べ、食物中にどのビタミン、炭水化物、タンパク質などが含まれているのか知らなかった。しかし青銅器時代の人々は健康的でバラエティーに富んだ食べ方をしていた。自然の中でベリーや果物を集めた。家畜から肉と乳を得て、パンとおかゆのために穀物を栽培した。春にはパンの麦が不足するので、雑草の種子で引き延ばさなければならなかった。それによってパンが苦くなったが、身体に良い食べ物だった。

●●● 住居と塚

人々は集落に一緒に暮らしていた。一つの集落には通常3～5軒あり、いくつかの集落はとても大きかった。長さ50m、幅11mもの家々の痕跡が見つかっている。家は複数の部屋に仕切られていた。もっとも大きな家はもっとも裕福な一族のものとみられる。

青銅器時代の家は円い切り妻を持っていた。ある家は平らな板壁、別の家は土壁を持っていた。家には窓はなかったが、切り妻の上部は陽光が差し込めるように開いていた。さもなくば、部屋の真ん中の囲炉裏の灯りで我慢しなければならなかった。壁に沿って、低い台があり、住人はここに座り、ここで寝た。

家の近くに小さな畑があった。この畑は、家畜に作物を食べられないように、柵で囲まれていた。より離れ、広がった木々のあいだで、牛、馬、羊が草を食んだ。豚は食べられる根っこを探して土をほじくり、水たまりで泥浴びをした。杖と犬で番人は動物を集め、狼や他の肉食動物に対する見張りを常時行った。集落の後ろ側に広がる半分のエリアには大きな塚があった。最も大きな塚には、部族長の一族の死者が安置され、他の死者はよりちっぽけな塚に葬られた。

ロスキレの考古学テストセンターキャンプでは、青銅器時代の想定される集落を復元している。

第4章　青銅器時代

●●● 部族長

　狩猟石器時代には、長期的な未来をにらんで食糧をどのように手に入れるかの計画を立てる必要はなかった。人々はほとんど一日一日を生きていた。農業がより大きな意味を持つようになるにつれて、次第に計画作成が不可欠となってきた。青銅器時代の農民も、収穫時や家を新築するときなど、一緒に働かねばならなかった。しかし誰が決めたのだろうか？　どの課題が解決されるべきかを人々が一緒に決定するような民主主義的な方法ではなかった。最も裕福な一族の男の主が、最も言う力を有していた。

　住民の権力と富に違いがあったのは、集落内だけではなかった。秩序を保ち、敵から集落を守ることができる者も必要だった。こうして農耕石器時代には一人の共通の部族長のもとに複数の集落が一緒になることが一般的となったが、青銅器時代には、さらに多くの集落をそれぞれの部族長が支配した。彼は宗教的祭祀の長にもなった。

　青銅器時代には部族長国だけではなく、大きな王国があったかもしれない。スウェーデン・スコーネ地方のキヴィックでは、紀元前1300年ごろの直径75mの墳墓がある。ある学者たちは、いわゆるキヴィック王はスカンディナヴィアの大部分と、もしかしたらさらにゲルマニアの広い地域（現在のドイツとポーランドの北部）も支配していたかもしれない、と主張している。
　墓室は、岩面彫刻が施された8枚の石版で豊かに飾られていた。絵の一部は地中海地域でみつかったシンボルや描写に似ている。中央の石に描かれている2頭の馬が引く2輪馬車がそうである。

第4章 青銅器時代

遺体の保存

部族長の一族の一人が死ぬと、樫の幹をくり抜いて作られた柩(ひつぎ)に埋葬された。それから、柩の上に草質泥炭の塚を建てた。最近の百年で、保存状態がよい遺体と埋葬品が入った樫の柩が多く掘り出された。なぜだろうか?

草質泥炭の塚は、浸透してくる雨水を吸収する巨大なスポンジのようなものだった。だから、塚の内部は次第に一種の湿地に変成した。草質泥炭はたとえば鉄分を含む。鉄分は水を洗浄し、時代とともに鉄分は塚の中央部全体で密閉層を形成した。この全体層は強力な保存容器としてほぼ機能し、酸素は締め出された。だから柩や遺体などは腐らない。しかし塚の湿地的内部では、水分の中に酸が形成される。酸は骨を溶かすが、木、ウール、髪、歯、爪は溶かされず保存された。

1921年にエクトヴィズで樫の柩が掘り出された。およそ17歳の少女と5—6歳の子供の焼かれた骨が入っていた。エクトヴィズの少女は紀元前1370年ごろ、つまり青銅器時代のもっとも古い時期に埋葬された。

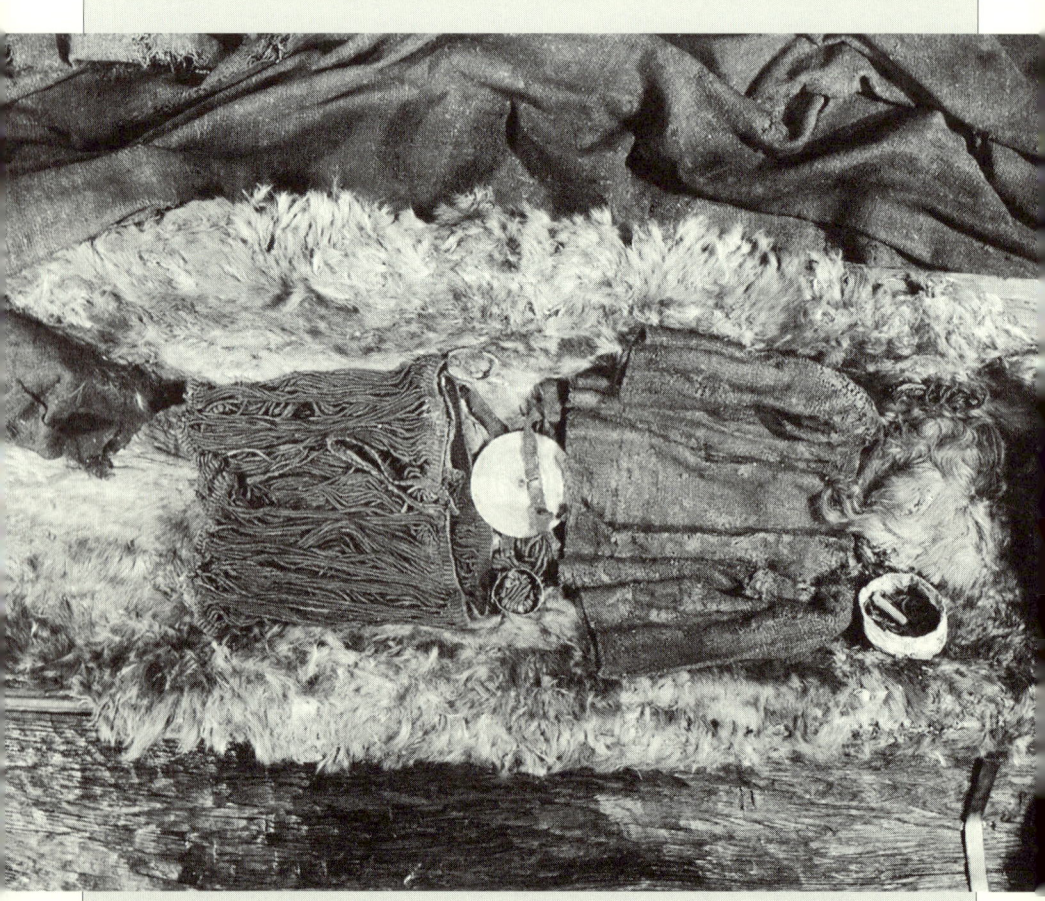

エクトヴィズの少女と衣服の残り

第4章 青銅器時代

●●● 自然が支払わなければならない！

　青銅器時代には、デンマークは大小の部族長国から成り、天然資源がより使われていった。人々は自身で使うものを作るのにもはや満足することができなかった。多くのものを生産したので、余剰分も出た。穀物、肉、革、はちみつ、琥珀、ワインなどの余剰分は部族長が持つことになり、一部は集落の間で分けられた。ほかは神への捧げ物として沼に沈められたり、宗教的祭祀の中で食べられた。

　最後には余りの一部は贈り物に使われた。争いが終わったり、友好が結ばれたりしたとき、部族長たちはお互いに贈り物をした。こうして、高価な青銅や黄金の品が部族長から部族長へと渡り、それらの品物は遠く広がっていたかもしれない。例えば、ハンガリーで作られた青銅製の剣がローランド島で見つかった。

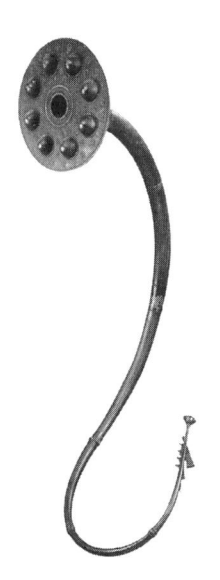

部族長は莫大な富を集めた。富は自身の権力の目に見える印だった。部族長が死ねば、墓には高価な品々が一緒に埋葬された。

写真は、ユトランド半島のグルホイの埋葬品。一番上は腰掛け。エジプトの墓室で紀元前1450年ごろにみつかった腰掛けに酷似している。腰掛けの下には、斧と木製の鞘付きの青銅製の短剣。右は板箱。

ルアーはもっとも貴重な発見。デンマークだけで40個以上が見つかっている。ルアーは吹奏楽器で、宗教的祭祀で使われた。

第4章　青銅器時代

●●● 太陽の馬車

　紀元前1400年ごろの太陽の馬車は青銅器時代のもっとも有名な発見のひとつだ。1902年にシェラン島北部のトルンホルムで畑を耕していた農民によって発見された。太陽の馬車はバラバラになっていたが、国立博物館がほぼ60cmの長さの馬車に組み立てることに成功した。1990年代の終わりには、金属探知機によってさらにほかの部分もみつかった。馬車は完全ではないにもかかわらず、本来どのようなものだったか、どんな機能を持っていたのかを容易に想像できる。

　青銅器時代の発見には、太陽を描写したものが多い。人は太陽を、おそらくもっとも大切な神として崇拝していた。太陽は作物を育て、季節交替を司った。太陽の馬車は当時の信仰について物語る。神である太陽が馬車に据えられ、馬によって天を渡って引っ張られていく。

　青銅器時代の人々はおそらく大地は平らだと想像した。太陽の円盤の片面だけが金箔で覆われている。この面は昼を象徴していると想像できる。馬車を左から右へ"走らせ"れば、太陽は天を渡って動く。夜が暗いのは、馬車が右から左に戻るとき、"暗い"面にひっくり返るからだった。

　太陽の馬車は発見以来、国の象徴として使われている。しかしながら、太陽の馬車がデンマークで作られたとはっきり言うことはできない。スポーク付き車輪は、例えば、ギリシャのミケーネやエジプトの墓でみつかっている。また、牽引する動物として馬を使うのは黒海地域のような遠い地域の発祥である。

いつだった？

紀元前 2000 年：クレタが地中海交易の中心

紀元前 1600—1100 年：ミケーネ文明の最盛期

紀元前 1800—500 年：デンマークの青銅器時代

紀元前 1400 年：太陽の馬車

紀元前 1370 年：エクトヴィズの少女

紀元前 1300 年：キヴィック王

紀元前 700—500 年：ギリシャが地中海と黒海沿岸
　　　　　　　　　に植民地を設置

紀元前 500—330 年：民主主義がアテネで発展

紀元前 146 年：ローマがギリシャを征服

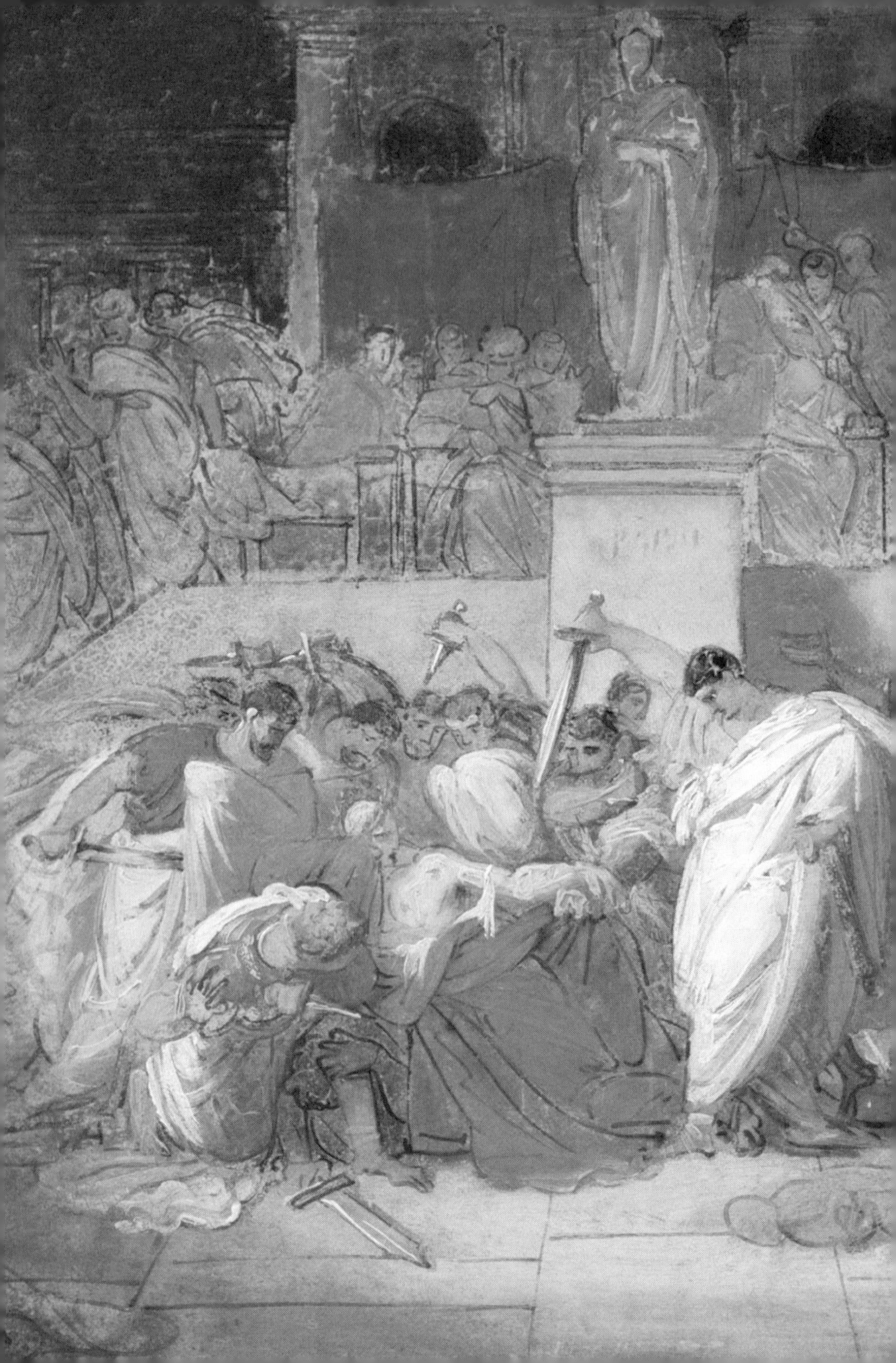

第5章
ローマ人とゲルマン人
紀元前 800―紀元 500 年

●●● 都市国家から大国へ

　ギリシャのように、イタリアはいくつかの都市国家から成っていた。イタリア北部にはエトルリア人が住んでいた。紀元前 800 年ごろからエトルリアの王が、ローマの南数百キロに位置するポンペイに至るまでの多くの地域を征服した。都市・ローマは海陸の交易が交わるチベリ河畔の浅瀬に築かれた。交易こそがローマが成長する土台だった。紀元前 510 年、ローマは強大になり、エトルリア人を追い出すことができた。ローマ人がエトルリア人から幸運にも自由になれたということは、エトルリア人がケルト人との戦いで弱体化していたことと軸を一にしていた。ケルト人はガリア人と呼ばれ、北からイタリアに侵攻した。ローマは共和国となり、年１回市民によって選ばれた官吏がリーダーとなった。最高位のリーダーには、官吏 2 人が執政官に選ばれた。

　続く数百年の間に、ローマ人は権力を拡大するために遠征した。ローマの農民軍団は最初、周辺都市を獲得した。その後、ケルト人が奪っていたエトルリアの地域を征服した。ローマ人はまた、南へも侵攻し、その地域のギリシャの植民地に迫った。ピュロス王の指揮の下、ギリシャから職業軍団がギリシャの植民地を助けにやってきた。戦術はローマの農民兵よりもはるかにうまかったが、ローマはとにかくより多くの兵を送ったため、ギリシャ軍の勝利は高価なものとなり、ピュロス王は最後には諦めた。加えて、ローマはカルタゴから支援を受けていた。カルタゴは、地中海交易の支配権をめぐってギリシャの競争相手だったフェニキア人の植民地だった。結局、紀元前 272 年にローマ人はイタリア半島全土を征服した。

　エトルリア人は自身の文字を持たなかった。ローマの出典と絵からだけ彼らのことが窺える。絵はエトルリアの墓室から。

第5章　ローマ人とゲルマン人

●●● 社会の変化

　征服は社会を顕著に変えた。ローマ人がひとつの地域を獲得すれば、そこはローマの属州となった。属州は、ローマへの税と出費—しばしば穀物やほかの食料品の形で—を負担しなければならなかった。これは、穀物に対して適正な価格をもはやもつことができないローマの小さな農民に経済的破滅をもたらした。征服地からの富は特に、既存の金持ちには恩恵をもたらした。荘園主たちは自分たちの農業をワイン、オリーブの耕作に転換した。小さな農民たちにはその余裕はなく、荘園での仕事もなかった。荘園主は奴隷を使うことを好んだ。奴隷は十分いた。ローマは無数の戦争捕虜を獲得し、奴隷として売られていた。農民は都市に職を探しに行くしか選択肢はなく、増大する貧しい労働者階級（下層階級）を構成した。

1700年代末の絵画で、勝利後のローマでの凱旋行進で祝われる軍団指揮官が描かれている。

　あるローマの皇帝は"国民はただパンと芝居を持たなければならない"と言った。ローマ帝国で権力を握りたければ、なんとしてでもローマの住民がなにがしか満足するように面倒をみなければならなかった。こうして、政治家は、たとえば自身に投票してもらうために市民にお金を払うことになった。彼らはまた、貧しい者にパンを分け与えたかもしれない。

　また、競争や他のスポーツ、剣闘士の試合で国民が楽しむことができる大きな施設も建てられた。絵はおよそ1870年のもので、ローマの剣闘士の試合をみせている。

しかし、都市へ移っていった農民は市民であり、それゆえ、投票権を持っていた。選ばれたい者は、貧しい市民に自分に投票してもらうためにお金を払うということが一般的で受け入れられる慣例となった。自分への投票を金で買うことは、長い目でみれば、ひとつのいいビジネスであり得た。民会の議員に選ばれれば、征服地での高給ポストを確実なものとすることができた。民会の議員を引退すれば、より権力を持つ元老院の席を手に入れる幸運にも恵まれるかもしれなかった。

ケルト人

ケルト人、またはローマ人がそう呼ぶガリア人は、ある共通言語と文化を持った異なった部族で構成されていた。紀元前の最後の1000年間で、ケルトの戦闘民は中央ヨーロッパから他のヨーロッパの大部分へ拡がっていった。デンマーク、スペイン、ブルターニュ、フランス、特にスコットランドとアイルランドで、ケルト文化の痕跡がみつかっている。

紀元年が始まる前に、ケルト人の最盛期は終わった。しかし、例えばアイルランドでは、ケルト文化はゲール語に受け継がれ、今日でも同様に話されている。

紀元前100年代のグンデストルップの大釜のレリーフで、ケルトの戦士を想像させる。左部分は生贄の場面を描いている。

ケルト人の地域は本来、現在のフランスからチェコ（濃いアミの地域）まで拡がっていた。紀元前400—300年代に、彼らは新しい地域（淡いアミの地域－矢印に沿って移動）を征服した。彼らはエトルリア人の支配を打ち破り、紀元前390年にローマに侵入した。ローマ人はケルト人に再び町を去ってもらうためにお金を支払った。

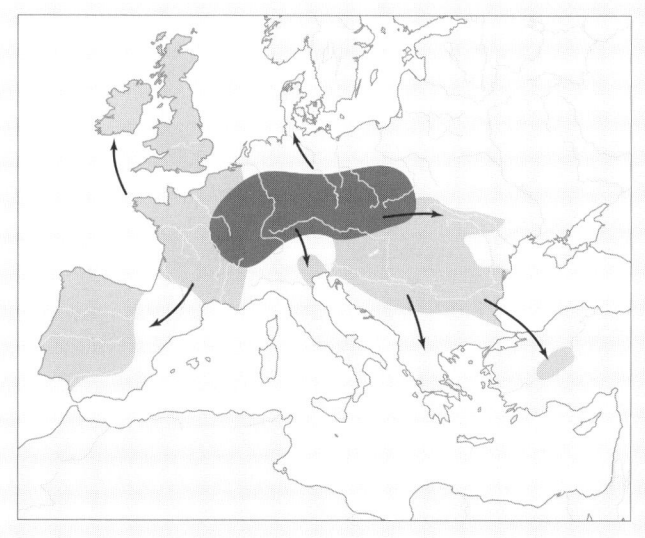

第5章　ローマ人とゲルマン人

●●● 帝国の創造

　紀元前の最後の世紀のローマは、不安、反乱、激しい退廃に刻印されていた。それでもローマは新しい地域を征服し続けた。その世紀の中頃、ローマは、大きくみれば地中海を囲むように拡がり、ローマ人は重要な交易路と都市のすべての支配権を握った。しかし新時代がやってきていた。征服と内乱の鎮圧に伴って、元老院（げんろういん）は職業軍団の将軍たちへより多くの権限を与えなければならなかった。遠征の成功から戻ったとき、自分の軍団を背に持った将軍たちの多くは、政治的権力に無理やり関わろうとした。元老院はひとつの軍団も指揮していなかった。問題を解決するためには、元老院はたびたび別の将軍を召喚し、争わせなければならなかった。

　紀元前60年、3人の将軍、ポンペイウス、クラッスス、ユリウス・カエサルは、元老院から権限を奪取し、三頭政治（さんとう）をはじめた。三頭政治では、ローマの地域を3人で分割し、征服を通して版図を拡大し続けた。クラッススは戦いで倒れた。カエサルはガリア（現在のフランスとベルギー）を征服することに成功し、兵士たちは彼を信奉した。カエサルはこれを利用しようと、紀元前49年に権力を握るためにローマへ軍団とともに戻った。紀元前44年、元老院議員はカエサルを暗殺させた。元老院が再び権力を握ることが狙いだったが、カエサルの姪の息子、オクタヴィアヌスらの新しい三頭政治が粛清で方（かた）を付け、権力を握った。数年の権力をめぐる闘争の末、紀元前31年、オクタヴィアヌスがローマ帝国の支配権を握ることに成功した。彼は、尊厳者、という意味の、アウグストゥス、という称号を贈られた。

ユリウス・カエサルの暗殺

第5章　ローマ人とゲルマン人

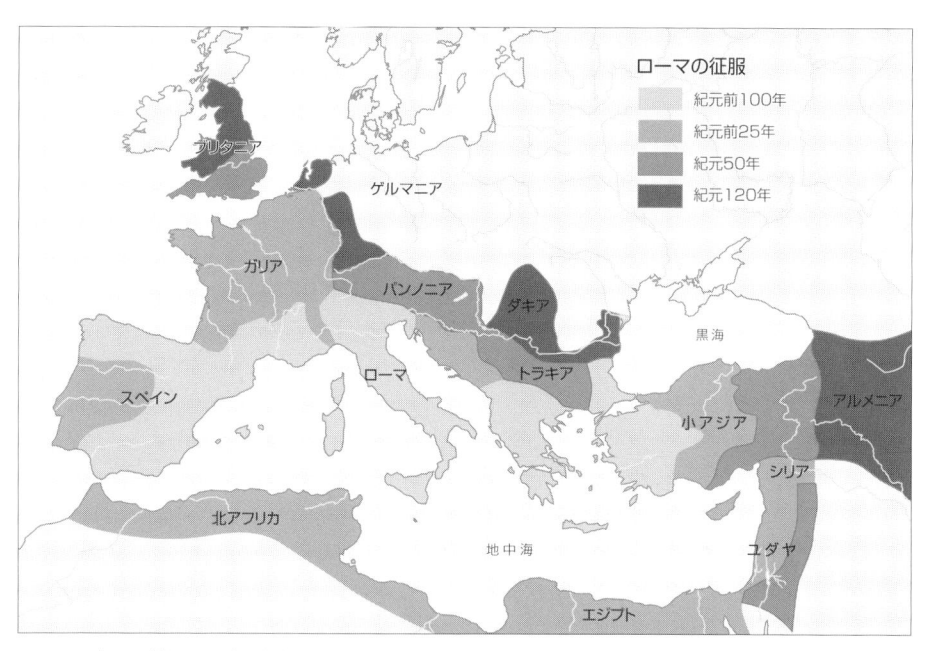

ローマの征服
- 紀元前100年
- 紀元前25年
- 紀元50年
- 紀元120年

（地図上の地名：ブリタニア、ゲルマニア、ガリア、パンノニア、ダキア、スペイン、ローマ、トラキア、黒海、アルメニア、小アジア、シリア、北アフリカ、地中海、ユダヤ、エジプト）

　ローマ帝国は共通した法と貨幣を持った集合国家だった。1人の皇帝が治め、大量の富を集めるために、道が作られ、駅逓制度が設けられた。紀元100年ごろ、ローマ帝国は最大となった。イギリスから北アフリカ、そしてスペインからトルコまで拡がった。ライン川とアルプス山脈以北の地域を、ローマ人は、ゲルマニア、またはバーバリクムと呼んだ。ここには、ゲルマン人と呼ばれたいくつもの部族が住んでいた。

　1世紀のローマの模型。アウグストゥスと以降の皇帝たちは多くの建築物を建てた。彼らは、ローマは帝国の権威と富を表現しなければならないと考えた。

●●● アウグストゥス

　カエサルの暗殺と権力闘争の末、カエサルの姪の息子、オクタヴィアヌス（紀元前63—紀元14年）はローマの唯一の支配者となった。オクタヴィアヌスは、プリンケプス・セナトゥス、つまり元老院の筆頭だった。権力は彼のもとにあった。紀元前27年に元老院は彼に、アウグストゥス、つまり"尊厳者"という名誉称号を贈った。引き続く数年のうちに、彼は徐々に全ローマ軍団の総司令官にもなっていった。紀元前12年には、彼は、ポンティフェクス・マクシムス、つまり、ローマの国家祭祀（国家が営む信仰）の最高指導者にも選ばれた。歴史書ではしばしば、オクタヴィアヌスはアウグストゥス帝と記述される。

　アウグストゥスのもとで、最後にエジプトが征服された。それ以外では彼はローマの拡大を行わなかった。ゲルマニア人から新しい地域を征服する試みは、ローマの破滅的な敗北、いわゆるヴァルスの戦いで止まった。戦いは紀元9年、現在の北ドイツの街、オスナブリック近郊で起きた。アウグストゥスは国を安定させ、秩序を生み出そうとした。国境を維持するために、たとえば、国境沿いに退役軍人を定住させたり、自然物の国境ではなかった場所に要塞を構築しはじめた。

　国内では、アウグストゥスは行政システムを改善した。例えば、仕事を遂行させるために、官吏に給料を支払い、国家の職員とした。国家が直接給料を払うことは新しいことだった。この類の仕事をする者は、以前は思いのままに市民から税金を徴収して給料としていた。ローマの街には、多くの建築物を建て、存在していた神殿を修理した。国民は登録されなければならないという指示も出した。これは、新約聖書で、世界に"国勢調査"させた皇帝として描かれる出来事だった。

　アウグストゥスはローマ帝国の最盛期といえる一時代を導いたのだった。

アウグトゥス帝像

アウグストゥス帝はローマ帝国の指導の下での平和と安定を望んだ。彼は、このレリーフから分かる平和のための神殿を建てた。

●●● 凋落と崩壊

　アウグストゥス帝の治世期は、平和と安定の200年間の始まりだった。しかし紀元180年ごろにその時代は終わった。ライン川とドナウ川沿いや、小アジアの国境地帯が、ゲルマン人と他の敵対部族によってより激しく攻撃された。皇帝たちは防衛のために大軍を送らなければならなかった。軍隊は莫大な額の費用がかかった。皇帝の建築、行政、剣闘士の試合などの公的娯楽の支出はとどまるところを知らなかった。国庫の収入はまったく付いていくことができなかった。一つの理由は、税金を課すことができる新しい地域が獲得されなかったことだった。結果は例えば物価高騰だった。200年代を通して、安定した帝国システムは崩壊した。属州はバラバラになっていき、将軍たちは皇帝の支配権を奪っていった。100年間に27人の皇帝が出たが、最低でも17人が殺害された。

　200年代の中頃、ゲルマン人が北部属州に侵攻してきた。軍団を倍増することだけでゲルマン人を追い返すことに成功したが、この出費は増税と軍団への強制徴用でまかなわれた。生産は落ち込み、ローマ帝国の生命線であった交易は激しく後退した。食糧不足で何万もの住民が都市を去った。国中で飢餓暴動が起こり、軍団が鎮圧しなければならなかった。コンスタンティヌス大帝（306—337年）の短い期間だけ、後退は止まった。コンスタンティヌス大帝は330年、首都をコンスタンティノープル（イスタンブール）へ移した。395年には、帝国は西と東に分割された。東部分はビザンチン帝国となり、西ローマ帝国はわずかな期間しか存在しなかった。民族移動が最後の崩壊に導いた。

　300年代の終わりには、フン族、モンゴルの遊牧戦闘民族がヨーロッパに押し寄せてきた。ヨーロッパの部族はフン族から逃れ、他の部族の領域に入っていった。これが民族移動の波を生み出し、力を持った部族が、腰を落ち着けられる土地を力づくで征服していった。410年にゲルマン人が再び帝国に侵入してきた。476年に彼らはローマを征服し、最後の皇帝、ロムルス・アウグストゥスを追放した。

紀元100—500年のヨーロッパの民族移動

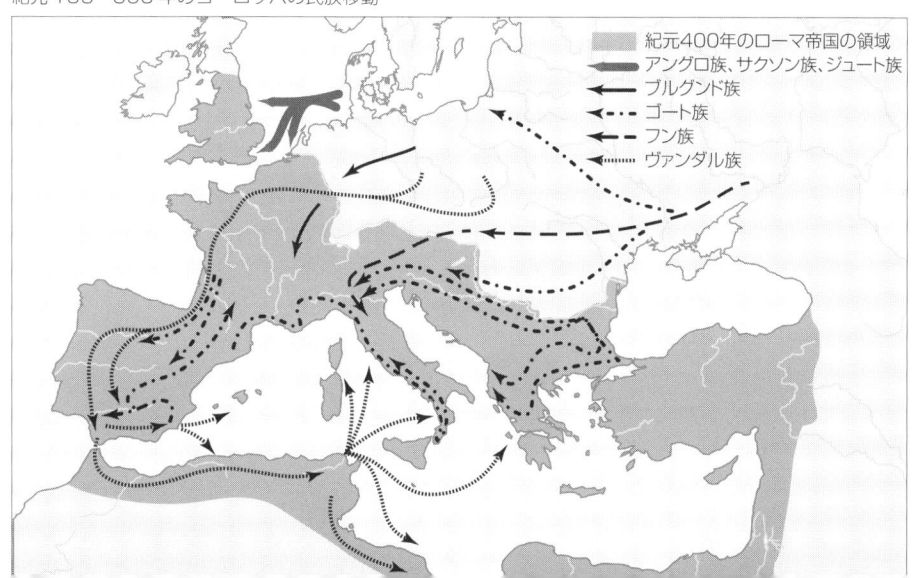

第5章　ローマ人とゲルマン人

●●● ゲルマン人のもとで

　現在のデンマークはゲルマン人の地域の一部だった。鉄器時代には人口が増えていった。耕せる土地はほとんどすべて、畑に変えられた。農民もまた、畑と家畜からなにかを得るのが上手になっていた。それは、多くの者への食糧を手に入れるには、不可欠なことであった。農民は以前より多くの家畜を飼っていた。こうして肥料を手に入れることができ、穀物はより収穫できるようになった。しかしより労働力を必要とした。鉄器時代の農民は平均して一日12—14時間働いていたとみられる。

　人々は、全土に渡って拡がっていた農村で一緒に暮らしていた。一部の小さな農村は、わずか2—3軒から成っていた。別の農村は25—30軒あった。一軒は、両端に家畜小屋と住居が付いた長い家屋だった。農村ではまた、より小さな小屋があった。収穫物を保存したり、鍛冶や壺焼きなどの工場に使われていた。別の小屋では、奴隷が住んでいた。農村の家の一軒はほかよりも大きかった。ここに農村の長が住んでいた。彼は部族長の一族だった。農村の平穏と秩序を保ち、敵から村を守ることは長の務めだった。彼と彼の息子たちもまた部族長の戦士だった。年を取って死んだり、もはや務めを果たせなくなったら、息子や兄弟、または一族の別の男が引き継いだ。

　農村の周囲は柵で囲まれ、柵は野生の動物と外部の者の侵入をはばんだ。柵の外には農村の畑があった。さらにその先に牧草地が拡がり、馬、牛、他の家畜が草を食んだ。もっとも離れたところに森があった。人々は森で家、道具、薪のための木々を得た。豚はここで夏の半年、過ごした。食べられる根と種を漁(あさ)って食べ物を得ていた。

キャンプテストセンターの鉄器時代の農村

鉄器時代の家は暗かった。住居の真ん中の囲炉裏の炎だけが照明だった。壁に沿って低い台があり、ここで座ったり、寝たりするのに使われた。

第5章　ローマ人とゲルマン人

●●● 戦士も

　ゲルマン人の農村には、平和な農民だけが住んでいたわけではない。戦争と略奪は生活の一部だった。若者は、他の部族への遠征に参加して名声と富を得た。住民、家畜、農村を守るのは部族長の務めだった。新しい地域を征服することもごく普通だった。部族長はこうやって力を誇示した。次第に一部の男たちは戦士に特化していった。もしかしたら、農村でもっとも有能な男だったかもしれないし、部族長の一族の若者だったかもしれない。たしかに彼らは農民であり続けたが、部族長が必要とすれば、戦いに出なければならなかった。

　人が死んだとき、個人的なものと共に葬られた。ここから、死者が社会の中でどのような地位を占めていたのかが分かる。特に部族長と戦士の墓は贈り物が豊かである。

沼地や湖では、勝利した部族長が、戦いの後に神に捧げた大量の武器が見つかっている。この多くの武器からは、何百人という戦士が戦いに参加したことが分かる。すべての男は斧、槍、弓、矢を持ち、農村の防衛に参加した可能性があった。

鉄器時代の戦士はこんな感じだったかもしれない。

第5章　ローマ人とゲルマン人

●●● さまよう民

　紀元前120—100年ごろ、多くのゲルマン人の部族、たとえば現在のデンマークとドイツ北部のキンブリ族とテウトネス族は、より住みやすい地を見つけるために暮らしていた地域を旅立った。

　鉄器時代には、ほとんどの者は生まれた地で暮らしていた。しかし、人口があまりに多くなったり、飢饉（ききん）や戦争が起きたりすれば、大きな集団、いや、全部族が旅立つこともあった。しかしよい地域はしばしば誰かが住んでいた。さまよう民が幸運であれば、新住民を受け入れる余地はあった。さもなくば、さらなる旅をしなければならなかった。集団が十分強ければ、定住民を襲って追い払うことができた。こうなれば本来の住民が旅に出なければならなかった。キンブリ族とテウトネス族が故郷を旅立ったのは、悪い天候と洪水が畑を破壊したからだとされる。

　途中で、キンブリ族とテウトネス族に他のゲルマン人のグループが合流した。多年もの間、彼らは腰を落ち着ける場所を見つけることなく、現在のドイツ、チェコ、オーストリアをさまよった。こうしてゲルマン人たちはローマ帝国の国境を越えた。彼らはローマ人に、住める場所をもらえないかと尋ねたが、ローマ人は無視した。こうして戦いとなり、ローマ人は敗北した。この後、ゲルマン人たちはローマ帝国を通って遠征を続けた。ローマからは多くの軍団（軍隊）が、それらの外国人を止めるために送られた。ローマは何年も負け続け、ゲルマン人の部族たちがイタリアまで侵入してきたときはじめて、止めるのに成功した。

200年代のこのレリーフは、ゲルマン人と戦うローマの軍団を示している。ほとんどのゲルマン人は殺された。残りは捕虜としてローマへ連れて行かれた。

第5章　ローマ人とゲルマン人

> **ここが国境だ！**
>
> 　紀元年がはじまる前後、ローマ人はドイツ北部の地域を征服し、ローマ帝国の属州とした。ププリウス・ヴァルスは属州にいながらものごとを決めなければならなかった。彼は、自分がその地を管理していると言った。そこで、ローマの法を導入し、ゲルマン人から税を徴収し、道や要塞の建設に取り掛かった。
>
> 　アルミニウスという名の1人のゲルマン人の部族長がいた。彼はローマ軍の将校だった。功績によって彼はローマの市民権を獲得した。しかし、義務を満たすローマ市民であり続ける気はなく、別の計画を持っていた。秘密裏にゲルマン人の大軍勢を集めた。いまや戦う機会を待つばかりだった。機会は紀元9年の夏に来た。ヴァルスは3つのローマ軍団、およそ3万人を率いて、ゲルマン人の土地をもっと征服するためにゲルマン人の領域に深く侵攻していった。多くの兵士が川を渡ろうとしたとき、ゲルマン人は襲いかかった。戦いは3日続いた。ローマ人の兵士は全員、戦闘か捕虜になったときに殺された。ローマ人のヴァルスは自殺した。
>
> 　敗北は極めて深刻なものだった。全ローマ軍はおよそ18万人で、つまり6分の1がゲルマニアの戦いで失われた。この後、ローマは、国境を固めていたライン川まで引き下がった。ローマ人はゲルマン人の地域で報復遠征を行ったが、再び多くの地を征服しようとはしなかった。

ローマ人とゲルマン人は平和な関係も持っていた。若いゲルマン人男性はローマ軍で兵士となり、写真でわかるように、国境を越えて活発な交易が行われていた。

第5章　ローマ人とゲルマン人

●●● ヒムリンオイェの王たち

　1世紀には、スカンディナヴィアで、ローマ人とゲルマン人との間に活発な交易があった。そのことは、デンマークで発見された多くのローマからの交易品や硬貨から分かる。特にシェラン島南部のヒムリンオイェ周辺では、ローマ帝国からの物が多数出土している。それゆえ歴史家は、紀元200—300年代にヒムリンオイェに王たちがいたと主張する。彼らはスカンディナヴィアの南半分から成る国を治めていた。王たちは、有力者や部族長を従えていた。彼らは、王と取り決めを交わし、王に代わって国の各地域を治めていた。

　ヒムリンオイェの王たちと有力者たちはおそらくスウェーデンからやって来た。スコーネ地方で暮らしていたデーン族という名前を持つゲルマン人について多くの古い記述がみられる。200年代にデーン族の大きなグループがデンマークへ移住し、フュン島とシェラン島に本来住んでいたヘルール族を追い出した。デーン族は他のゲルマン人より身長が高かった。発掘された骨もまた、平均身長がその時代に伸びていたことを示している。

　ヒムリンオイェの王たちの富は、交易と徴収する税から来ていた。王たちはまた、ローマ帝国と関係を持っていた。例えば、ローマ帝国に侵入しようとするゲルマン人をローマ皇帝が打ち破るのを助けるためにヨーロッパに戦士を送った。一方で、ローマ皇帝はヒムリンオイェの王たちがスカンディナヴィアの他のゲルマン人部族と戦う際に支援した。ローマ帝国から裕福なゲルマン人たちは、銀杯や武器、装飾品のような贅沢品を手に入れた。スカンディナヴィアからローマ人は、とても貴重とされた琥珀を手に入れた。ローマ帝国では交易品は、ローマ人が設置した道を通ってしばしば運ばれた。北ヨーロッパでは道は少なく、悪かった。このため、交易品は海路で運ばれた。

ヒムリンオイェで発見されたローマ帝国からの交易品：グラス、金の腕輪と指輪

いつだった？

紀元前 753 年：ローマが都市社会となった

紀元前 509 年：ローマが共和国となった

紀元前 400―300 年：ケルト人の最盛期

紀元前 270 年：ローマがイタリア半島全土を支配した

紀元前 120―100 年：キンブリ族とテウトネス族の遠征

紀元前 44 年：カエサル暗殺

紀元前 27―紀元 14 年：アウグストゥス帝

紀元 9 年：ヴァルスの戦い

200―300 年代：ヒムリンオイェの王国

紀元 313 年：コンスタンティヌス大帝がキリスト教をローマ帝国の国教とする

紀元 395 年：ローマ帝国分裂

紀元 476 年：西ローマ帝国崩壊

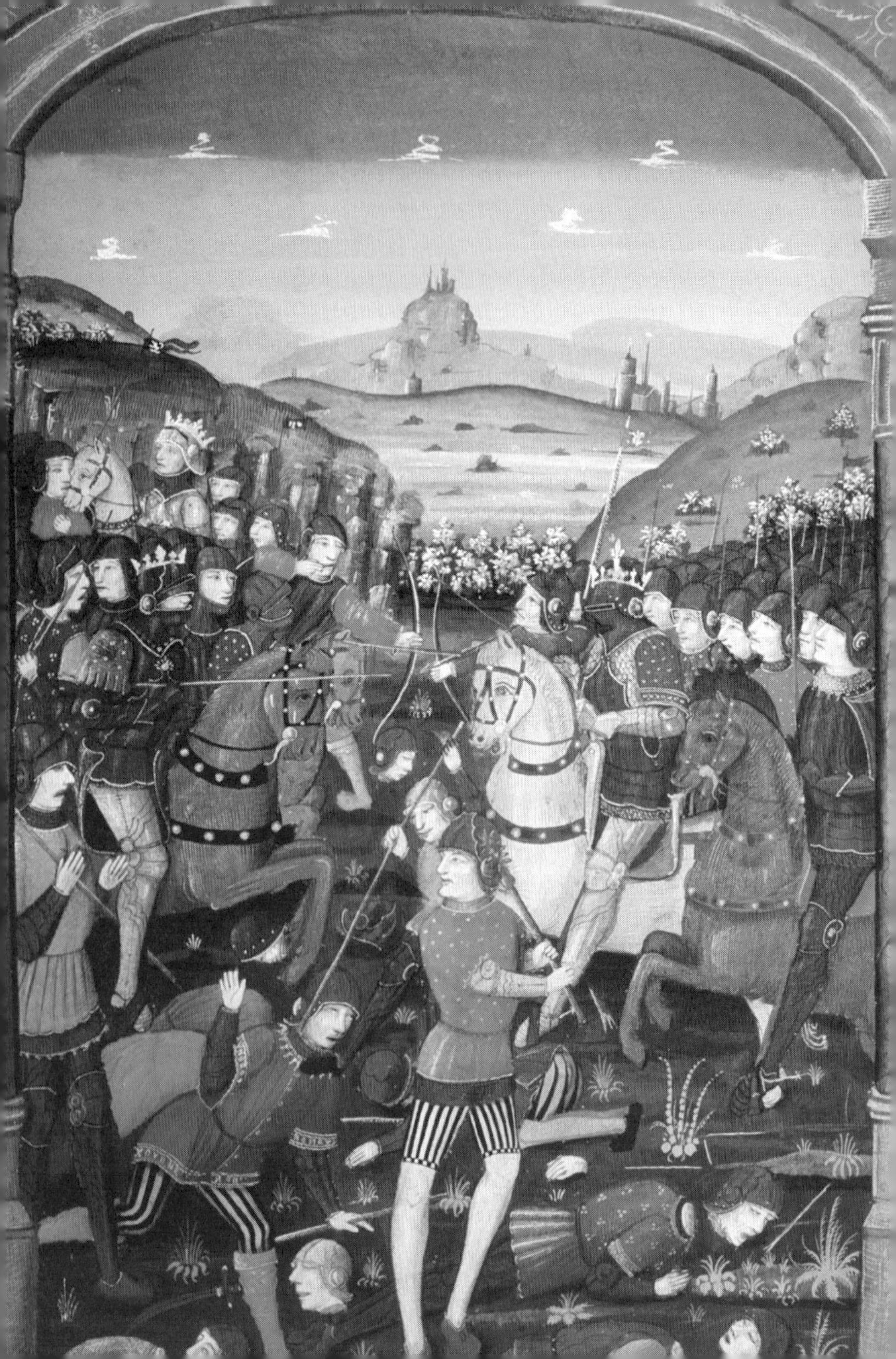

第6章
ヨーロッパのはじまり
中世前期 500—1000年

●●● ローマ帝国の廃墟で

　500年ごろから1500年までの時代は中世と呼ばれる。そのおよそ1000年間はしばしば3つに区分される。最初の期間はいわゆる中世前期と呼ばれ、1000年ごろまで続いた。この中世前期は多くの点で不安定な時代だった。解体した西ローマ帝国の廃墟の上に、しばしば戦いを繰り返した新しい国々が生まれた。ローマ帝国の東部分、ビザンチン帝国だけが1400年代半ばまで生き続けた。ビザンチン帝国は700年ごろまでヨーロッパ最大、最強の軍事国家だった。

　キリスト教が、新しい西欧の国々では共通していた。300年代のはじめに、キリスト教はローマ帝国の国教となっていた。帝国の崩壊にもかかわらず、キリスト教は生き続けた。ローマの司教は西欧の教会では、中心的かつほとんど国を超越した地位を獲得し、徐々に教皇という称号を使っていった。

　ビザンチン帝国では、皇帝はキリスト教会を管理し続けた。そして、ローマ教皇を上に立つ者として承認するつもりはなかった。この結果、軋轢(あつれき)が生まれ、1054年にキリスト教会が、カトリックと正教会の2つに分裂する結末となった。

コンスタンティノープル（イスタンブール）にある正教会のブラケルナエ修道院

500年代はじめのヨーロッパ

●●● アラブ人が来る！

　地中海の北側では700年頃、かつてのローマ帝国がキリスト教の王国へと再編成されていった。しかし、地中海の南側では、アラブのイスラム教徒が侵攻してきていた。
　イスラム教は預言者・ムハンマドによって600年代前半にはじめられた。632年のムハンマドの死の直前に、信者たちはアラビア半島の大部分を征服した。そこでは人々はイスラム教に帰依した。アラブのイスラム教徒たちは次第に、中東、ペルシャ帝国、エジプト、北アフリカの全域を征服していった。711年には、ジブラルタル海峡を渡り、スペインに攻め上がった。ここでは、西ゴート族の王たちがお互いに争っていたので、短期間でアラブのイスラム教徒は、スペインとポルトガルのほとんどに拡がるイスラム教国、コルドバを建国した。スペインに来たイスラム教徒は、中心が北アフリカのモーリタニア出身だったため、ムーア人と呼ばれた。イスラム教徒の遠征軍が、コルドバからピレネー山脈を越え、遠く現在のフランスまで送られた。この軍は732年にトゥール・ポワティエの戦いで、キリスト教の王、カール・マルテルに敗北を喫した。
　アラブのイスラム教徒の征服者たちは住民を改宗させようとしなかった。これは、彼らがそれだけ速く侵攻することができたひとつの理由だった。アラブのイスラム教徒の支配者たちは、政治的、経済的な権力と外国との交易を確保した。征服された地域では、住民は自分の宗教、文化、伝統を保持してよかった。結果として、文化と経済が花開き、技術と科学の分野で大きな進歩が起きた。

第6章　ヨーロッパのはじまり

732年にトゥール・ポワティエの戦いでカール・マルテルがイスラム教徒軍に勝利した。キリスト教のヨーロッパ史上、この出来事は特別なものとしてみなされている。これによって、キリスト教のヨーロッパがついにイスラム教徒を食い止めた。

700—1100年ごろの時代には、アラブのイスラム文化またはムーア人の文化がスペインなどで花開いた。写真はグラナダのアルハンブラ宮殿。

第6章 ヨーロッパのはじまり

●●● フランク王国

　西欧のキリスト教の王国の中で、フランク王国が最強になった。フランク人は300年代に、ローマ人にライン川河口の地域を任されたゲルマン人だった。一方で、フランク人は他のゲルマン人部族から国境を守るのを手伝わなければならなかった。ローマ帝国が弱体化するにつれて、フランク人は多くの地域を征服していった。500年ごろ、フランク人はキリスト教に帰依した。いくつかの内部抗争の末、新しい王族、カロリング家が権力を握った。カロリング朝は即座にかつてのローマの属州、ガリアをなしていた全地域を征服した。

　カロリング朝の歴代の中で最強の王、カール大帝は現在のドイツの西部、ハンガリー、イタリアの大部分にまたがるフランク人の地域を征服した。800年に、教皇はカール大帝に皇帝の冠を授けた。そしてカール大帝は、西欧の支配者として、教皇の祝福を受けた。一方で、カール大帝は、教皇をキリスト教の最高位と認めた。カール大帝は、ローマをモデルに、王国を統一する強力な体制を築こうとした。しかし国家の実権を強化する貨幣経済の導入には成功しなかった。同時に800年頃、フランク王国は北からのバイキングの頻繁な侵略にさらされた。

　カール大帝の死去後、フランク王国は、ドイツ、フランス、かつてのカロリング朝の核であった真ん中の地域の3つに分かれた。最後の地域は、1800—1900年代にドイツとフランス間で争点となった。

フランク王、カール大帝（768-814）

バイキングの交易品とルート

記号	品目
	バイキングの海の航路
	バイキングの川に沿った航路
	そりでの輸送
	隊商のルート
	宝石
	金
	銀
	スズ
	琥珀
	ガラス
	石鹸石
	縄と綱
	陶器
	武器
	刀剣
	羽毛と羽根
	シロハヤブサ
	セイウチの牙
	木材
	衣服
	皮
	革
	魚
	ワイン
	はちみつ
	塩
	香辛料
	国教会と修道院
	交易都市
	奴隷

●●● 北のバイキング

紀元後の最初の数世紀から、おそらく北欧の地域には王がいた。フグレイクという名のデンマークの王が520年ごろ、船団を率いてフランス王国の北部沿岸を襲撃したことが知られている。ロスキレ付近のキャンプでは、600年ごろの大きな王の屋敷跡が見つかっている。700年代のはじめには、一人の王がスレスーヴィに城壁を築いた。しかしながら、これらの王がどの地域を支配していたのかは分からないが、何にしても強かったので、700年代の終わりにカール大帝がユトランド半島に侵攻しようとした試みを阻止した。

700年代には、スカンディナヴィアの南部は、西、南、東のヨーロッパの間の交易の中心となった。バルト海、スケーラック海峡、北海の沿岸にいくつもの交易地と都市が生まれた。王は700年代はじめに、リーベと、その後にスレスーヴィのヘーゼビューに交易地を設けた。ヘーゼビューは800年代、北欧でもっとも重要な交易地となった。ここでは実際に2つの交易ルートが交わった。ひとつは、北海を越えてイングランドなどの西に向かい、現在のフランス、ポルトガル、スペインなどの南に達するルートで、もうひとつは、バルト海を越えて東へ向かうルートだった。

最も大切な交易品は、家畜、奴隷、魚、毛皮製品だった。王は交易都市と市場を保護する一方で、交易税を取った。この稼ぎが強大な王権の基礎を作った。可能であれば、品物は船で運ばれた。商人たちは船でロシアの川をずっと下っていった。しかし黒海に

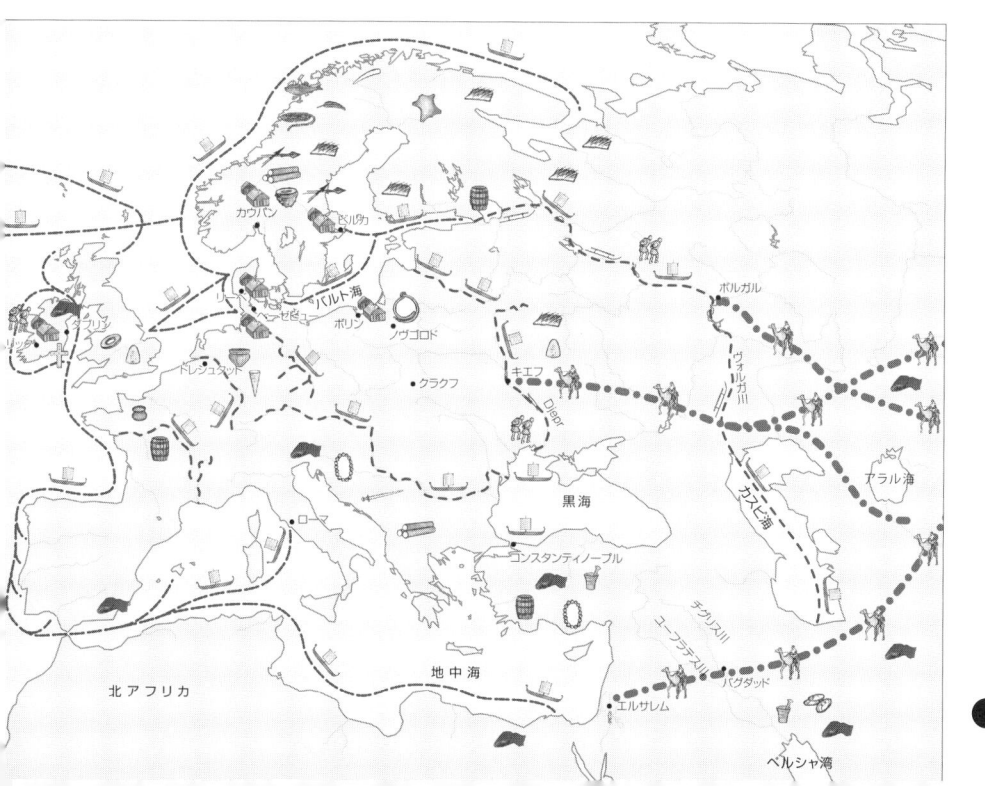

達するまでには、品物を250km以上も陸送しなければならなかった。雪で大地が覆われたときは、陸送はそりで行われた。

　バイキングは交易では満足しなかった。僧侶や教会の人々は、強奪、略奪を行った身の毛もよだつバイキングについて記述を残している。特に800年代には、バイキングは自由に暴れまくった。少しずつバイキングの略奪行為はブレーキがかかっていった。ヨーロッパの王たちは兵を雇い、要塞を築いて、襲撃から身を守った。別の王たちは、バイキングの部族長に、他のバイキングを寄せ付けないようにさせるため、銀、金でお金を支払ったり、土地を与えた。こうして、バイキングの部族長、ロロは900年代初めに、フランク王からノルマンディーを獲得した。

1894年のフランス絵画。バイキングが、略奪だけなく、未知の運命へと若い女性を連れ去る海賊として描かれている。

第6章　ヨーロッパのはじまり

船

　スカンディナヴィアは海に囲まれている。フィヨルドと水路は内陸に深く入り込んでいる。石器時代以来、人々はボートを使って往来し、物資を運んだ。単に必要性からだった。人々は次第に船を作るのが上手くなっていった。バイキングは、戦闘船や物資を運ぶなどの特定目的に適う船を作った。

　バイキング船の板は木の幹を割って作った。のこぎりでは切られなかった。だから、板はとても厚く切られ、同時に強度を保持することができた。これは船の凌波性に大きな意味があった。船はとても柔軟で、船首と船尾はお互い、1mまでねじれることが出来た。これは、硬い船が波を砕くことの代わりに、波に従うという意味を持った。だから、船は速く航海することができた。

　風がよければ、船は平均時速10―12キロを保った。ノルウェーからアイスランドまでの約1,000kmを、幸運な状況でならば、1週間以内で航海することができた。

第6章 ヨーロッパのはじまり

●●● バイキングは旅立った

　何千というバイキングが故郷から旅立ち、外国の地へ移っていった。ある時は征服し、またある時は移住は平和裏に行われた。
　900年ごろ、ノルウェーの王は住民への支配を強めようと試みた。これに、多くの部族長と豪農たちは激怒し、多くがノルウェーを去った。300—400人はフェロー諸島とアイスランドへ向かった。ここでは戦いにはならなかった。アイスランドの何人かの僧を除いて、島々には人はいなかった。985年ごろにアイスランドの部族長、赤毛のエーリクがグリーンランドを発見した。彼はフィヨルドの奥に耕せる土地がある場所をみつけた。そこには家畜の草と多くの者が住める場所があった。エーリクはアイスランドへ連絡し、多くのアイスランド人がグリーンランドへ移住した。
　約15年後、エーリクの息子、"幸運なるライフ"が探検旅行に船出した。ライフと彼の部下たちは船でニューファンドランド島（カナダ東岸の島）に到達し、そこでいくつかの家を建てた。ここからライフと部下の何人かはさらに南に航海を続けた。バイキングはコロンブスよりほぼ500年前にアメリカへ到達していた。

アイスランドのバイキングがグリーンランドに移住し、多くの農村を建てた。当時、グリーンランドの気候は現在より暖かく、そのため農業が可能だった。新住民は魚も獲り、猟もした。写真はバイキングがグリーンランドに建てた教会の廃墟。

第6章 ヨーロッパのはじまり

幸運なるライフがアメリカへ向けて航海する。

ニューファンドランド島のランス・オ・メドーには、バイキングの家が復元されている。

●●● イギリスのバイキング

　800年代から多くのバイキングがデンマークからイングランド中部の東側に移住してきた。900年ごろ、移住者は多くなり、大きな実権を握ったので、その地域にデンマークの法を導入した。そのためその地域は、デーンロウと呼ばれた。900年代終わりに、スカンディナヴィアのバイキングが再びイングランドを攻撃した。このときは、攻撃軍は、デンマークのスヴェン双叉髭王（1世）などの王によって指揮された。彼は毎年、百艘を遠征に送った。イングランド人が、デーンゲルドと呼ばれる大金を支払ってはじめて、略奪は止んだ。

　1013年にスヴェン1世はイギリスに何百艘もの船を連れてやって来た。彼は今回、イングランド全土を征服しようと思っていた。かつてのデーンロウの地域は即座にスヴェン1世を王に承認し、これによって略奪から逃れた。そうするうちにスヴェン1世とイングランドの王の2人が死んだ。イングランド人がスヴェン1世の息子、クヌーズを王に選んだ一方で、クヌーズの兄がデンマークの王位を継いだ。数年後に兄が死に、クヌーズはデンマークとイングランドの両方を治めた。後にクヌーズはノルウェーの王に退位を迫り、自身がノルウェーの王となった。いまやクヌーズは、後に北海帝国と呼ばれた強大な王国の王となり、大王との称号を得た。しかしクヌーズ大王だけが王国をひとつにすることができ、1035年に没すると、北海帝国は瓦解した。

絵画は1860年ごろのもので、800年ごろにイングランドにたどり着いたバイキングを想像させる。

イングランド人はバイキングに略奪をやめさせるため、デーンゲルドを支払った。バイキングは次第に要求額を増やしていった。
991年：銀10,000ポンド
993年：銀16,000ポンド
1001年：銀24,000ポンド
1007年：銀36,000ポンド
1012年：銀48,000ポンド

第6章　ヨーロッパのはじまり

●●● イェリングの大石碑

　イェリング教会には、2つのルーン文字で書かれた石碑が立っている。大きいものは北欧でもっとも傑出して芸術的に凝った石碑である。965年頃、ハーラル青歯王（1世）は、自分の業績を賞賛するためだけではなく、両親への思いから石碑を建てた。石碑の最大面のほとんどは、掘り出す文様で囲まれたルーン文字で覆われている。ほとんどのルーン文字の石碑では、ルーン文字は垂直または曲がった並びで刻まれているが、イェリングの大石碑のルーン文字は水平に並んで刻まれ、1冊の本のように、左から右に向かって読まれる。翻訳すればこうなる。

　「ハーラル王は、父であるゴーム王と母であるテューラ妃を偲んでこれらのルーン文字を刻むよう命じた。そのハーラル王が、全デンマークを勝ち取った」

　ある学者は、ハーラル1世が、国土の東部分を実力で征服したとき、"その"以下を付け加えたと言う。別の学者は、東デンマークではなく、980年代のスレースヴィの国境地帯の奪還についてだと主張する。どんな事情であれ、不安定な時代だった。国の支配を保つために、ハーラル1世は国内一円に最低4つの軍事上の環状砦を築かせた。

　イェリングの大石碑の別の面には、2つの架空の生き物が曲がった文様で囲まれている。1つの生き物は獅子の身体を持ち、両足には鳥の爪、頭も鳥である。もう1つの生き物は蛇に似ており、獅子に巻き付いている。絵の下にはルーン文字でこうある。

　「そしてノルウェーを」

　文章は"全デンマークを勝ち取った"の続きである。ハーラル1世がノルウェーで王となったことは純粋な自慢話である。ノルウェーの王位継承者たちは権力をめぐって争っていた。ハーラル1世はホーコン・ヤールを支援し、彼が勝利した。これに感謝し、ホーコン・ヤールは、デンマーク王を大君主と認めた。大君主とは実質的な責任を持たず、個人的な友情への表現を越えたものだった。ハーラル1世が実際にノルウェーの支配権を奪おうとしたとき、2人の関係は敵同士となった。

　石碑の三番目の面は、十字架に磔られたキリストで飾られている。二重線文様はキリストの周囲をのたうっている。キリストは権威と力を持った表情で光り輝いて立っている。多くの十字架に磔られたキリストのモチーフのように、死んだ状態でぶら下がっていない。一番下にはこうある。

　「そしてデンマーク人をキリスト教徒にした」

　965年頃、ハーラル1世はキリスト教に改宗した。おそらく政治的な理由があったのだろう。神聖ローマ皇帝、オットー大帝は実際に、異教徒の北欧を征服し、キリスト教を導入することへ教皇の後援を取り付けていた。洗礼をうけることで、ハーラル1世自身もキリスト教の支配者となった。これによって、オットー大帝はもはや攻撃の根拠を持たなかった。

左は小ルーン石碑（ゴームの石碑）。
右は大ルーン石碑（ハーラルの石碑）。

●●● バイキング時代の終焉

　1066年にハロルド・ゴッドウィンソン（2世）はイングランドの王に選ばれた。しかしほかの者たちもイングランドの王位を要求していた。1人はノルウェー王だった。彼はバイキング9,000人の軍を連れてイングランドにやって来た。ヨーク近郊のスタンフォード・ブリッジでイングランドとノルウェーの軍は出会い、激しい戦闘になった。ノルウェーの王は殺され、ノルウェーのバイキングたちは慌てふためいて逃げ出した。しかしハロルド2世は勝利を楽しむ時間はなく、別の者がイングランドの王権を力で奪い取ろうとした。ノルマンディー公ウィリアムだった。ウィリアムは7,000人の軍とともにドーバー海峡を渡り、ロンドンに向かって押し寄せた。

　スタンフォード・ブリッジの戦いから3週間後、ハロルド2世とウィリアムの軍は、南イングランドのヘースティングスで血みどろの戦いを繰り広げた。ハロルドは殺され、ウィリアムはイングランドの王となり、征服王の称号を獲得した。ヘースティングスの戦いでは、ハロルドの軍は歩兵で構成されていた。彼らは斧、剣、槍で武装していた。これらの装備はバイキング軍の典型だった。一方、ウィリアム征服王は騎兵を持っていた。これは新しいものだった。

　戦いが新しい方法で行われたということは、1066年のヘースティングスの戦いがバイキング時代の終焉という理由のひとつだ。しかし別の理由もある。ヨーロッパの王たちがより強大になり、バイキングの攻撃に対抗できるように軍を武装していた。そのうえ、スカンディナヴィアの王たちは、自国の支配権を確保するので十分だった。すでに900年代終わりから、東方との交易は縮小した。それはより少ない収入を意味し、加えるに、王たちはもはやイングランド人からデーンゲルドを徴収することはできなかった。だからもはや王たちにはバイキングの遠征軍を整備する余裕はなかった。

約70mの長さのバイヨーのタペストリーは、一種の絵巻として、ノルマンディー公ウィリアムのイングランドの征服を示す。写真はバイヨーのタペストリーの最初の場面のひとつ。ハロルド・ゴッドウィンソンがイングランドの王になった、との知らせを持った船がイングランドからやって来た。この情報にウィリアムは激怒し、イングランドを攻撃することを決心した。

いつだった？

500年代：カロリング朝

520年：フグレイクがフランス北部沿岸を略奪

600年代：ムハンマドがイスラム教を創始

632年：ムハンマド没

700年代：リーベとヘーゼビューの建設

711年：ムーア人がスペインの大部分を征服

732年：トゥール・ポワティエの戦い

800年：カール大帝が皇帝となる

800年代：多数のバイキング遠征

900年代：ノルウェーのバイキングがフェロー諸島と
　　　　　アイスランドに移住

985年：赤毛のエーリクがグリーンランドに到達

1000年ごろ：スヴェン1世がイングランド攻撃

1013年：スヴェン1世がイングランド征服

1000年ごろ：幸運なるライフがアメリカへ航海

1014—35年：北海帝国

1054：キリスト教会が2つに分かれる―カトリックと正教会

1066年：ヘースティングスの戦い―バイキング時代の終焉

重量有輪鋤の導入は、土地がよりよく耕されることを意味した。しかし重量有輪鋤を引くのに、2頭以上の牛が必要だった。

第7章
ヨーロッパの成長
中世盛期 1000—1350 年

●●● 農民の生活

　中世盛期とは 1000 年頃から 1300 年代初頭までの時代。この時代に全ヨーロッパで人口が増加した。1300 年までにデンマークの人口は 100 万人に達したとみられる。増加する食糧の需要を満たすため、農民はより多く生産しなければならなかった。そこで、農業を効率化し、より多くの土地を利用し、耕地面積を拡張するようになった。農民が自分で消費するより多くのものを生産することが不可欠だった。一部が、王、教会、領主への税と支出の支払いに使われ、農民が自分自身で持つことができるものは、日々を生きていくのに必要なわずかなものに過ぎなかった。もし家畜に疫病が流行ったり、不作になったりすれば、人は飢えなければならなかった。家庭で自分が使わなかったものが売られた。中世にはすでに、デンマークは多くの穀物、家畜、魚を輸出していた。

　交易の増加の結果、いくつかの町が出現した。ほとんどの町は、交易船が荷を下ろせるフィヨルドや水路沿いにあった。王も町を築くことに関心を払った。つまり町は王に税金という富を提供することになった。

　重量有輪鋤（すき）はもっとも重要な技術改善だった。昔からの鋤（アード）は単に土地を引っ掻いただけだったが、重量有輪鋤は土を掻き返した。これによって、土地により多くの栄養が与えられ、より多く耕すことができた。重量有輪鋤で農民は重く、粘土質の土地も耕すことができるようになった。多くの農民—もしかしたら全農村—がひとつの重量有輪鋤を共有した。重量有輪鋤は大型の組み立て式で、引くのに 6—8 頭の牛が必要だった。一度により広い土地を耕すことが必要で、そのため農民たちは共同で土地を運営しはじめた。

　農村の住民には違いがあった。ある者は農園を自己所有し、別の者は小作農だった。小作農は、領主、司教、もしかしたら王から土地を借りていた。多くの農村にはまた、鍛冶（かじ）職人と牧師がいた。牧師もまた農民で、牧師の畑を運営することで一部の収入を得ていた。わずかだけの土地、またはまったく土地を持たない者もいた。彼らは生活費を得るために農民の下で働かなければならなかった。しばしばとても貧しく、凶作となれば最初に命を落とした。

農夫が息子にアードでの耕し方を教えている。

第7章 ヨーロッパの成長

●●●ローマ教皇と王、十字軍

　1000年頃は西欧の国々はある程度安定していた。すべての国はキリスト教徒の大公が支配していた。しかしイベリア半島（現在のポルトガルとスペイン）の大部分、コルドバはイスラム教徒のムーア人が支配していた。ローマ教皇は、フランスの領主たちにイベリア半島をキリスト教の世界へ取り戻すよう要請した。ローマ教皇は、イスラム教徒との戦いを遂行するのは正義だと断言した。

　ローマ教皇は、その要請について宗教上以外の別の理由も持っていた。中世には教会と王は協力関係にあった。それは両者にとって恩恵があった。しかし、すぐに両者の間に、どちらが最後の最後に決定権を持つかについて不一致が生じた。教皇はヨーロッパのキリスト教徒の支配者たち、特にドイツ皇帝への影響力を増すことを願った。これまで司教を指名していたのは大公たちであり、教皇はこの権利を持ちたかった。しかしドイツの皇帝は認めるつもりはなく、この結果、1000年代終わりに教皇と皇帝の間に争いが起きた。イスラム教徒への戦いの先頭に立つことで、教皇は皇帝への自分の立場を強化できると考えた。ヨーロッパの領主と王は教皇の要請に従った。

　1031年にコルドバのイスラム帝国は、いくつかのアミールという長を抱く国に分裂した。すぐに意見は食い違い戦いとなった。それゆえ、キリスト教軍がイスラム教軍を追い出すのはより容易だった。1085年にはキリスト教徒たちはイスラム教徒にとって最も重要な町のひとつ、トレドを征服した。これによって、アミールたちは相互に和平を結び、北アフリカのアミールから軍事支援を受けた。こうして、キリスト教徒たちの

1095年にローマ教皇・ウルバヌス2世（約1042—99年）がフランスのクレルモンで演説し、キリスト教徒にイスラム教徒への戦いを遂行し、エルサレムを解放するよう求めた。

ウルバヌス2世の十字軍の要請後、2〜3万人が、ピエール・エレミットに率いられて、いわゆる民衆十字軍として出発した。彼らはコンスタンティノープルでセルジューク族に殺戮された。翌年、本物の十字軍が始まった。

十字軍がアンティオキア郊外でイスラム軍を攻撃する（78頁第1回十字軍参照）

侵略を当分の間食い止めることに成功した。

1000年代には、遊牧民のセルジューク族（しばしばトルコ人と言われる）が東から侵攻してきた。彼らはイスラム教徒だったが、アラブ地域の東部を征服し、エルサレムを1070年頃占領した。町に住んでいたユダヤ人と他の住民は住み続けることを許された。聖書によれば、イエスはエルサレムで死刑になった。それゆえ、キリスト教徒にとってエルサレムは神聖な町だった。ヨーロッパからのキリスト教徒の巡礼団は町の聖地への訪問を続けることができた。巡礼者は、現在の旅行者のようなもので、いい商売となった。

しかしビザンチン帝国の皇帝はトルコ人を脅威とみなし、ローマ教皇に支援を求めた。パレスチナとエルサレムの征服は教皇の権力のさらなる強化につながる。これが根本的な理由となり、教皇は1095年にイスラム教徒への十字軍を宣言した。

教皇の要請の結果、中東への十字軍の遠征がいくつも行われた。公式な目的は、イスラム教徒を、キリスト教徒が聖地としていた現在のイスラエルとパレスチナの地から追い出すことだった。これは短期間だけ成功した。十字軍はキリスト教徒とイスラム教徒の間の対立を増やした。しかしながら、この間、キリスト教ヨーロッパとイスラム教中東との間に活発な交易が行われた平和な時代もあった。

セルジューク族

セルジューク族はアジアの西部出身の民族。1000年代に現在のイラクとイランの地域に支配権を確立した。イスラム教徒のセルジューク族はまた、ビザンチン帝国に侵入し、現在のトルコの大部分を征服。ルーム・セルジューク朝を打ち立てた。十字軍が第1回目で戦った兵はここから来ている。

十字軍－概要

1096年から1270年まで8回の大規模な十字軍が実施された。

1. 十字軍：1096－1099年

十字軍は小アジアを通って侵攻し、セルジューク朝トルコを打ち破った。アンティオキアが征服され、最初の十字軍国家、アンティオキア公国の中心となった。この最初の十字軍では、そのほか2つの十字軍国家が建設された：エデッサ伯国(はくこく)とエルサレム王国。3番目に1109年、トリポリ伯国が建てられた。エデッサ伯国は1144年にイスラム教徒に奪還された。

2. 十字軍：1147－49年

ローマ教皇、エウゲニウス3世が新たな十字軍を呼びかけた。中心人物は、フランス王、ルイ7世とフランスの聖職者であり、後のテンプル騎士団の守護聖人、クレルヴォーのベルナール（1090－1153年）だった。神聖ローマ皇帝、コンラート3世も加わった。2人の王の協力関係に問題があり、イスラム教徒に何度も敗北を喫した。十字軍はエデッサの解放をあきらめ、その代わりにシリアのダマスカス征服を試みたが、失敗した。

3. 十字軍：1189－92年

1186年にイスラム教のスルタン、サラディンがエルサレムを征服した。これが第3回十字軍の誘因となった。西欧で最強の王3人が参加した。イングランドの獅子心王、リチャード1世、神聖ローマ帝国の赤ひげ王、フリードリッヒ1世、フランスのフィリップ2世。赤ひげ王は途中で死亡。その後、2人の王の間に衝突が生まれ、フィリップ2世は帰国してしまった。リチャード1世はエルサレムに向かって進軍を続けたが、弟のジョンがイングランドの王位簒奪(さんだつ)を図っているとの連絡を受け、サラディンと休戦協定を結び、帰国した。

4. 十字軍：1202－04年

ローマ教皇自らがローマから十字軍を率い、ヨーロッパの大公たちの関与を避けようとした。しかし十字軍はまったくおかしく進んだ。中東へ向かわず、その代わり、現在のクロアチアにある正教会の町、ザダルを略奪した。この後、コンスタンティノーブルへ船で向かい、同様に略奪した。

5. 十字軍：1217－21年

オーストリア公、レオポルト6世とハンガリー王、アンドラーシュ2世によって率いられた。十字軍はエジプトの地に向かい、カイロでイスラム軍に包囲された。イスラム軍はナイル川をせき止めていた水門を開き、十字軍の主力は溺死した。

6. 十字軍：1228－29年

神聖ローマ皇帝、フリードリッヒ2世に率いられた。戦いはなかったが、カイロのスルタンを支援するという約束で、フリードリッヒ2世は、聖地であるベツレヘムとエルサレムの統治権を獲得した。すぐ後に、聖ヨハネ騎士団とテンプル騎士団がエルサレムの支配権をめぐって戦い始めた。1244年にエジプトのスルタンはエルサレムに兵を送り、町は略奪され、キリスト教徒は殺された。最終的に、町はキリスト教徒から失われた。

7. 十字軍：1248－54年

フランスのルイ9世（聖王）がエルサレム奪還を試みたが、失敗した。十字軍は決定的な敗北を喫し、王が捕らわれた。王は多額の身代金を支払って釈放された。

8. 十字軍：1270年

チュニスを攻撃することを目的にルイ9世が再び率いた。王が死んだため、十字軍は目的を達することなく引き返した。

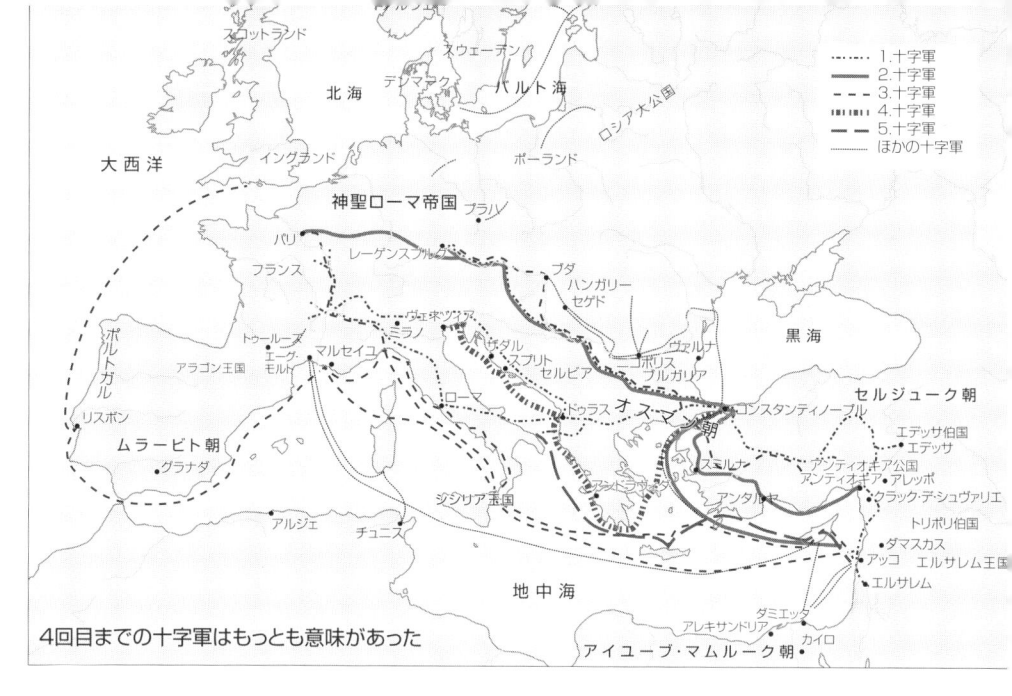

凡例:
- ······ 1.十字軍
- ──── 2.十字軍
- ─ ─ ─ 3.十字軍
- ▬▬▬ 4.十字軍
- ━ ━ ━ 5.十字軍
- ········ ほかの十字軍

4回目までの十字軍はもっとも意味があった

●●● なぜ十字軍の騎士になる？

　ローマ教皇は十字軍に興味を持っていた。しかし、なにが何十万というキリスト教徒を十字軍へと駆り立てたのか？　重要な―もしかしたらもっとも重要な―理由は、中世の人々が、イスラム教徒を打ち破り、エルサレムを解放することは神の意思であり、キリスト教徒の義務と実際に信じていたことだった。

　多くの十字軍の騎士たちは、領主の末の息子たちだった。ほとんどの国では、長男が領地を継ぐのが伝統だった。末の息子には、特別多くのものを継ぐという未来がなかった。彼らは、自分自身で、王、司教、他の領主に仕えて成功を求めなければならなかった。さもなくば、十字軍に加わって富と名誉を勝ち取ることができたかもしれなかった。イスラム教徒たちから奪える宝物はたくさんあった。何千人という十字軍の兵士たちは十字軍国家に腰を落ち着け、裕福な支配階層を占めた。また、貿易上の利益も十字軍でひとつの役割を果たした。ヴェネチアと他の北イタリアの商人都市は、地中海東部の貿易の支配権を欲しがった。

同時代のキリスト教ヨーロッパでは、十字軍の騎士は神のために戦った男たちだった。現在の目からみれば、十字軍の騎士は野蛮で暴力的な男たちだった。1800年代はじめ、中世は、高貴な騎士と美しい処女によるロマンチックな時代とみられていた。書物や絵画では、騎士たちは、大義に命を捧げる意思を持った勇敢な男として描かれた。一例に、ウォルター・スコット（1771－1832年）の小説、アイバンホーが挙げられる。小説では、主人公はリチャード獅子心王の十字軍に参加した。絵は、十字軍騎士、シモン・ドゥ・モンフォールで、1800年代の作。

●●● デンマークの王と教会

　ハーラル青歯王は900年代終わりのデンマークの王だった。一部のデンマーク人はキリスト教徒で、多くの町に教会が建てられていた。しかしハーラル青歯王は、キリスト教が全てのデンマーク人の宗教とならなければならないと決定し、国は、司教が治める教区に分割された。当初はデンマークの教会はハンブルクの大司教の下に置かれた。しかし1000年代の終わりにデンマーク王がローマ教皇を説得し、デンマーク自身の大司教を獲得した。こうして王は司教を誰とするかについて大きな影響力を獲得した。教会と王はお互いを利用し合った。例えば、王は神から与えられた権力を持つと教会の者たちは話した。これをデンマークの王たちは喜び、自身を"神の恵みの王"と呼んだ。

　中世には、わずかな者だけが読み書きができた。しかし教会の者たちは読み書きができた。聖書や教会の書物を読み、キリスト教について自ら著した。それゆえ、王の会計を担当し、書類を書いたのは教会の者たちだった。一方で、王は教会とその者たちを保護した。王は教会が農民から10分の1税を徴収するのを助けた。10分の1税となぜ呼ばれたかというと、農民は教会に生産したものの10分の1を渡すことになっていたからだった。

　キリスト教の導入から数百年、王は屋敷や土地を教会に寄進した。ほかの者が教会に贈り物を捧げるのも普通となった。それゆえ教会は次第に大変豊かになっていった。

クヌーズ王の殺害

　中世盛期には、デンマークの王たちはより大きな権力を握った。しかし必ずしも平和的ではなかった。何度か揉め事が起きた。なぜなら、誰が王に選ばれるかについて意見が異なったからだった。一部の王は圧政を敷き、農民は反乱を起こした。そのうちの1人がクヌーズ王（聖王、1080—86年）だった。農民たちはみな、クヌーズ王は記憶にある最も厳しい王だと考えた。王は以前の王よりも多くの税を課し、徴収した税の一部を教会に与えた。農民たちの考えでは、教会は十分裕福だったにもかかわらず、だった。その上、王は農民に10分の1税を支払うよう要求した。

　王は決まった地に住まず、国内の自分の領地を転々とした。王がひとつの領地に到着したとき、そこの農民たちは王と従者、馬を養わなければならなかった。以前の王はそれほど多くの豚肉、ビール、穀物を要求しなかったが、クヌーズ王は要求した。一部の農民が苦情を訴えたとき、王はこう言った。"お前たちが知っているように、王は誰も所有していないものをすべて自由にできる。だから、森、湖、島、フィヨルドは私のものだ"。農民たちはそれは知っており、王は続けた。"もしお前たちが私が望むものを差し出すのを拒否するならば、お前たちの豚は森にいてはいけないし、釣りはしてはい

けない"。農民は森や釣りがなくては生きてはいけなかった。こうして王は望むものを手に入れた。

　ひとつの法で、農民はリディング（戦い）の義務を持つと定められた。つまり、農民は王のために戦争へ行かなければならなかった。クヌーズ王はイングランドを征服することを夢見た。ユトランドの農民はリムフィヨルドで戦いへ向けて集合せよと命令を受けた。ここから、1,000艘以上の船で遠征に乗り出すことになった。農民と船は用意が出来ていたが、王が欠けていた。王はいまだにスレースヴィに滞在していると称された。農民たちは数週間待った。そうするうちに収穫時期となり、家に戻り始めた。クヌーズ王とヒアド（護衛兵）がついに到着したとき、軍団の半数が去っており、遠征は諦めなければならなかった。王は激怒し、帰った農民から多額の罰金を徴収するよう代官たちに指示した。いまや農民たちは十分な理由を持った。ユトランド北部で、農民たちは団結し、大きな集団となった。王の代官たちを襲って追放し、農園を略奪した。王とヒアドはヴィボーへ急いだが、そこもまた不穏だった。そこでフュン島へ逃げ、オーデンセの王宮に留まった。

　しかしユトランドの農民の大きな集団が、王を捉えようと集まった。オーデンセに達し、王宮を取り囲んだ。クヌーズ王とヒアドはひとつの教会に避難した。もしかしたら彼は、教会では農民は彼に何もしないだろうと思ったのかもしれない。ところが、間違いだった。農民たちは教会に押し入り、ヒアドを打ち倒して王を殺害し、遺体を切り刻んだ。1086年7月10日の出来事だった。

　王の殺害後、彼の墓に奇跡が起きたという噂が流れた。教会の者たちは、クヌーズ王は神に仕えるために多くのことをなし、彼は聖なる人物であると話した。1095年から1103年まで王となったエーリク常善王は、ローマ教皇にクヌーズ王を聖人に列するように請うた。これによって王一族の権威は強まった。

オーデンセの聖アルバニー教会で殺されるクヌーズ王の絵

●●● 権力を握った者たち

すでに指摘したように、耕作手法の改良によって農業はより多くのものを生産できるようになった。しかし中世の王たちは、農民に多くの税を要求し、新しい義務を課した。それゆえ、農民自身はより良くはならなかった。中世には農民は何度も反乱を起こしたが、手厳しく鎮圧された。デンマーク人の80―90％が農民だったにもかかわらず、彼らは言うべきものをなにも持たなかった。王、領主、教会の指導者、司教たちが権力を握っていた。多くの領主はバイキング時代の部族長の子孫だった。領主と司教は多くの領地を所有していた。そのうえ、彼らはしばしば、代官だった。つまり、王に代わって、国土の一地域を治めていたのだった。

最も強い者がものごとを決めた。だから、王の権力は持っている陸軍と海軍がどれだけ強いかにかかっていた。バイキング時代には、王の軍に参加するのは自由意思だった。そのため、王はどれだけの兵を自由にできるか確信することはできなかった。1000年代に、農民に王の兵士となることが義務づけられた。武器や装備は自己負担だった。この制度は、リディング（戦い）と呼ばれた。国土は、毎年16週間の遠征ができる船を一艘装備したスキーベン（地域）に分けられた。それぞれの地域はさらにおよそ20の地区、ハウンに分けられた。ひとつの地区は4―6軒で構成された。それぞれの地区から農民1人が遠征に参加しなければならなかった。もし参加しなければ、多額の罰金が科せられ、王の代官が厳しく取り立てた。

1100年代には、戦争は騎士軍団を伴いはじめた。これによって、単純な武器で装備した歩兵は次第に意味を失っていった。農民は武器、装備、騎士の馬に支払う余裕はなかった。従軍する代わりに税金を払った。一部の裕福な農民は武器と装備を手に入れ、王のヘアマン（兵士）であり続けた。そうすることでこれらは富と名声を勝ち取り、最後には税の支払いを免れた。ヘアマン（haermand、兵士）は次第にヘアマン（herremaend、地主）となっていった。彼らは、昔の部族長一族とともに、土地を所有する領主の上流階級を占めた。

●●● デンマークの十字軍

多くのデンマークの王がエルサレムを目指した十字軍に兵士を伴って参加した。しかし、他の異教徒の地への十字軍もあった。キリスト教は、バルト海の東岸、つまり現在のエストニア、ラトビア、リトアニアではまだ広まっていなかった。

1100年代にドイツの騎士団がバルト海に沿う地域を征服しはじめた。住民は騎士団に税を支払い、キリスト教に改宗するよう強制された。デンマークの王たちも、キリスト教のための戦争を行い、同時にローマ教皇の祝福とともに新しい地域を征服することに利点を見出した。最初の王はヴァルデマー大王（1世）だった。彼は数年の内戦を経て、1157年に王となった。

ヴァルデマー大王はデンマークの支配を確立してから、バルト海岸に沿った地域を攻

撃し始めた。ドイツ騎士団の支援を受け、ヴェンド人の首都だったリューゲン島のアルコナを征服した。王位を継いだ2人の息子、クヌーズとヴァルデマー勝利王（2世）はエストニアなどへの遠征を続けた。

1219―20年にヴァルデマー2世の指揮下、デンマークの大軍は現在のエストニア北部を征服し、デンマークの町という意味の「タリン」という町を作った。1200年代半ばに、デンマーク王のアーベルはドイツ騎士団にエストニアの大部分の領地を売り払った。1346年にはドイツ騎士団は、ヴァルデマー再興王（4世）から残りのエストニアの領地を買った。

●●● アブサロン

アブサロン（1128―1201年）は中世盛期のデンマークの著名人に数えられる。彼は、シェラン島の有力領主の一族、ヴィーゼ家の出だった。彼は、同い年で後に王となるヴァルデマー大王と一緒に育てられた。アブサロンは、パリの大学で最初のデンマーク人の1人として神学を学んだ。1158年―ヴァルデマー大王がデンマークの絶対的支配を確立した年の翌年―に、大王はアブサロンがロスキレの司教となるのを支援した。1177年にはアブサロンはルンドの大司教になった。

アブサロンは、ヴァルデマー大王とその息子で継承者のクヌーズが行ったバルト海沿岸への十字軍の主導者だった。こうやって、デンマークの王権はローマ教皇の大きな承認を勝ち取った。こうした背景から、デンマークの王たちはドイツ北部とバルト諸国の支配権を獲得することができた。

1167年には、王はアブサロンに現在のコペンハーゲンにひとつの要塞を与えた。長年にわたって、アブサロンがコペンハーゲンを建てたと言われてきたが、新しい調査で、町はもっと古いことが分かっている。

アブサロンがそんなに知られているのは、彼の秘書、サクソ（約1160―1210年）のおかげである。アブサロンはサクソにデンマークの歴史書、『デンマーク人の事績』（Gesta Danorum）を書かせた。この書では特に、王、領主、教会内部の著名人について描かれている。ヴァルデマー大王とアブサロンはこの書では大英雄とされている

コペンハーゲンのホイブロ広場のアブサロン像

アルコナの陥落

　スラブ（ヴェンド）族のラーン人はリューゲン島を支配していた。アルコナ砦は1169年までラーン人の本拠地だった。神殿には、4つの頭を持つ神、スヴァントヴィットの像が立っていた。ヴァルデマー大王とアブサロン司教は1160年代にリューゲン島を何度も攻撃した。1169年に征服し、アルコナを破壊した。

　絵の中心にはヴァルデマー大王とアブサロン司教が神殿の台上で、デンマークの兵士に囲まれ、凱歌を挙げている。ヴェンド族はスヴァントヴィット像を引きずり出すことを命じられている。ヴェンド族はなすすべなく取り囲んで立っている。王権と教会が協力して異教徒に勝利した。絵は1894年のもので、サクソのこの出来事についての詳細な記述にインスピレーションを受けている。

●●● 誰が王となる？

　中世盛期の初め頃には、教会と王は支えあった。しかし次第に教会は裕福になっていき、教会のリーダー、特に大司教たちは、より大きな影響力を要求するようになった。この結果、王と大司教の間に深刻な衝突が何度も生じた。不一致は2つの問題に関わっていた。誰が司教を指名する権利を持つか？　教会の法か王の法か、いずれの法が最も大切か？　大司教は王が教会の案件に関わるのをやめるよう求めた。たとえば、王はもはや司教を指名してはならず、その代わり、司教は大聖堂で司祭らによって選ばれることになる。

　教会は独自の法と司法制度を持っていた。それらにもとづいて身を処すのは教会の者たちだけではなかった。教会の法は、キリスト教徒としてどのように生きればいいかを示した。例えば、男と女は、結婚することなく、セックスをしてはならなかった。次第に人々は教会にそのほかの物事も決めさせはじめた。それゆえ大司教は、教会の法はより大きな意味を持たなければならないと主張した。しかし王は同意するつもりはなかっ

た。もし同意すれば、王ではなく教会が、判決を受けた人々が払う罰金を得ることになる。

王たちは2回、大司教を投獄した。この結果、王と教会の関係が悪くなり、中世盛期の終わりには王権を弱めた。

1241年のヴァルデマー2世の死後、息子たちのエーリク鋤税王（4世）、アーベル、クリストファ（1世）との間に王権をめぐって争いが再び生じたことによって、状況は悪化した。3人みな王になったが、エーリクはアーベルとクリストファに殺され、アーベルは戦死し、クリストファはおそらく毒殺された。クリストファの息子、エーリク切り詰め王（5世）が王位を継いだとき、領主たちから支持を取りつけ、王権を取り戻そうとした。しかしエーリク5世もまた多くの敵を持ち、1286年に殺害された。

エーリク切り詰め王はヴィボーのフィナラップで殺された。誰が彼を殺したかはまったく明らかとなっていないが、国軍の司令官、スティー・アナセンと複数の著名な領主が殺害の咎で、公権剥奪を言い渡された。1882年のオットー・バッケの絵、**フィナラップで陰謀を企てる騎士たち**。

第7章　ヨーロッパの成長

●●● 王国の解体

　エーリク5世の跡は息子のエーリク人間通王（6世）が継いだ。エーリク6世は2つの方法で自身の権力を強化しようと試みた。新しい砦を築き、ドイツ北部の地域を征服した。しかし、砦の建設と戦争遂行は多額の費用がかかった。エーリク6世にとってとりわけ高価なものとなった。なぜならば、多くの傭兵を使ったからだった。金を手に入れるため、追加の税金を徴収した。これに農民は反乱を起こした。反乱は多くの領主に支援されていた。反乱は鎮圧され、首謀者は絞首刑となった。

　しかしエーリク6世はいまだにお金が足りなかった。そこで、デンマークの領主や北ドイツの伯爵、大公から金を借りなければならなかった。借金の保証として、伯爵らは国土を抵当に入れることを要求した。この結果、伯爵らは望む地域で税金を使い、徴収する権利を持った。抵当に入れられた土地から王は税金を取れず、王の税収が減ることになった。こうしてお金が不足すれば、より多くの土地を抵当に入れなければならず、こうした事態はその後も続いた。

　1319年にエーリク6世は死んだ。息子がおらず、弟のクリストファ（2世）が王となった。彼の治世下、国土と砦のほとんどが抵当に入れられた。大きく言えば、王は収入を失い、陸軍と海軍を養う余裕がなくなった。結果として、王権はどんどん弱まっていった。実際に実権を握っていたのは、デンマークを抵当として持っていた北ドイツの伯爵たちだった。クリストファ2世は、"無地王"との称号を贈られた。1332年に死んだとき、新しい王は選出されなかった。

要塞施設、カルー城の廃墟－エーリク人間通王によって1313年に築城

いつだった？

900年代終わり：デンマークにハーラル青歯王

1085年：キリスト教の王たちがトレド征服

1095年：ローマ教皇・ウルバヌス2世が十字軍要請

1157年：ヴァルデマー大王が王権を確立

1158年：アブサロンがロスキレの司教となる

1169年：ヴァルデマー大王とアブサロン司教がアルコナ征服

1219―20年：ヴァルデマー勝利王がエストニアにタリンの町を築く

1320年代：王たちがデンマークの大部分を抵当に入れる

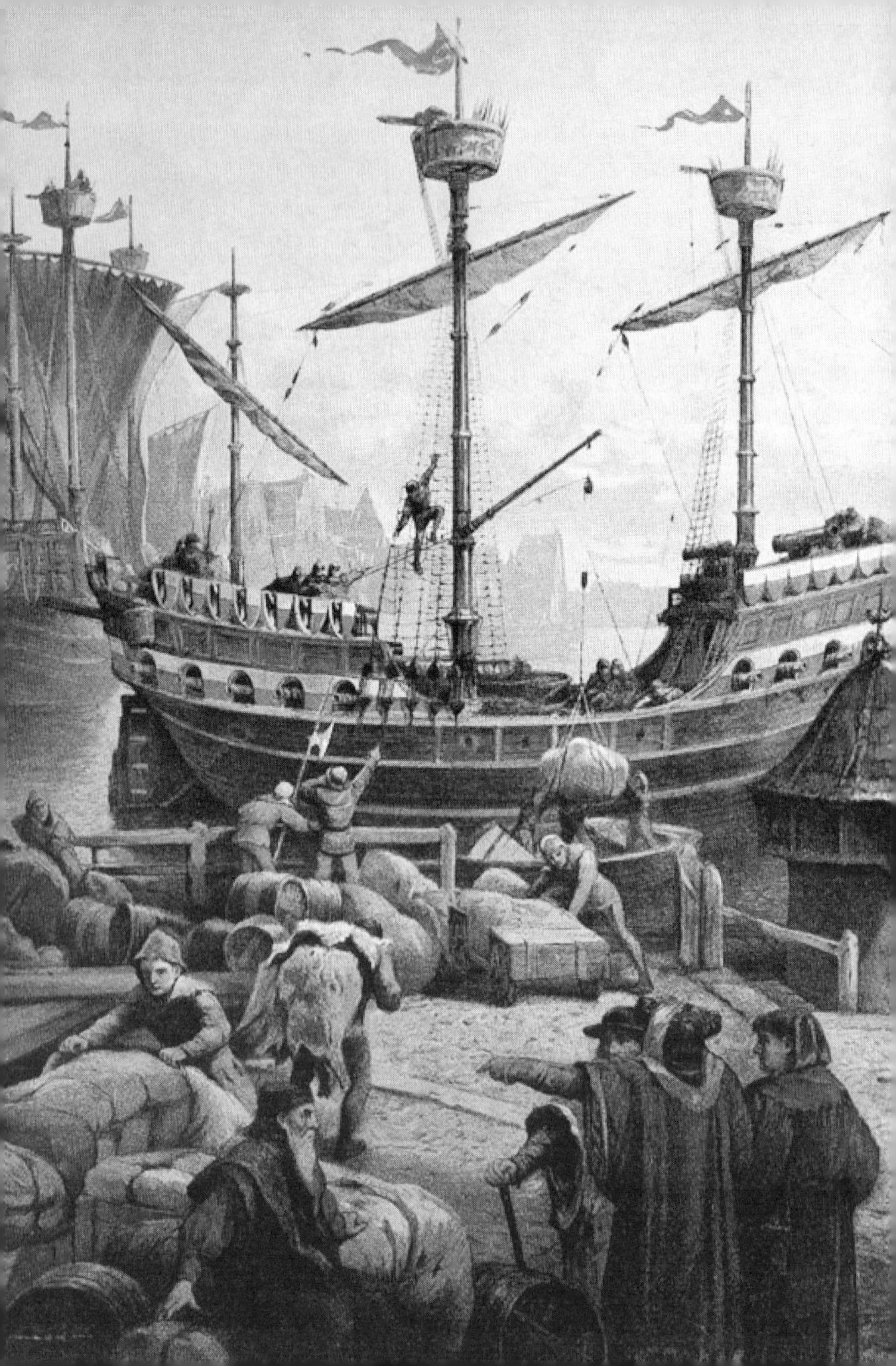

第8章
中世後期
1350—1500 年

●●● 農業危機とペスト

　中世の最後の時期、つまり、およそ1350年から1500年までの時代を中世後期と呼ぶ。多くの歴史家はさらに、1300年ごろを中世盛期から後期への転換点とする。その時点で起きた農業危機が原因だった。1300年ごろに、ヨーロッパの人口はまさに減少しはじめた。この結果、農地から人が去り、いや、農村自体が消えていった。

　人々が減っていったことにはさまざまな解釈があるが、なんとしても、農業危機となったことではじまった。すべての耕し得る地域は使われていた。農地が不足し、多くが分割されていた。一人の農民が十分なだけ生産するのはより難しくなったことを意味した。1315年ごろのデンマークはかなり異常で、3年続けて国土は凶作に見舞われた。飢饉(ききん)で多くの者が餓死した。

　悪い土地を持った農民は生きていくのがもっとも難しかった。彼らの畑からはわずかな収穫しかなく、わずかな家畜への餌を手に入れるだけしかできなかった。わずかな家畜では、畑への肥料はごくわずかしか生み出せなかった。土地は少しずつやせ、収穫はさらに減っていった。気象が悪くなり、収穫は再び落ち込んだ。穀物の価格も下落し、農民にとって大惨事となった。多くが耕すのを諦め、農地を去った。ある者は領主のもとや町で仕事を得ようと試みた。別の者は物乞いをしてどうにかして生きた。結果として、ほとんどの幼児が低栄養で亡くなり、こうして人口が減っていった。

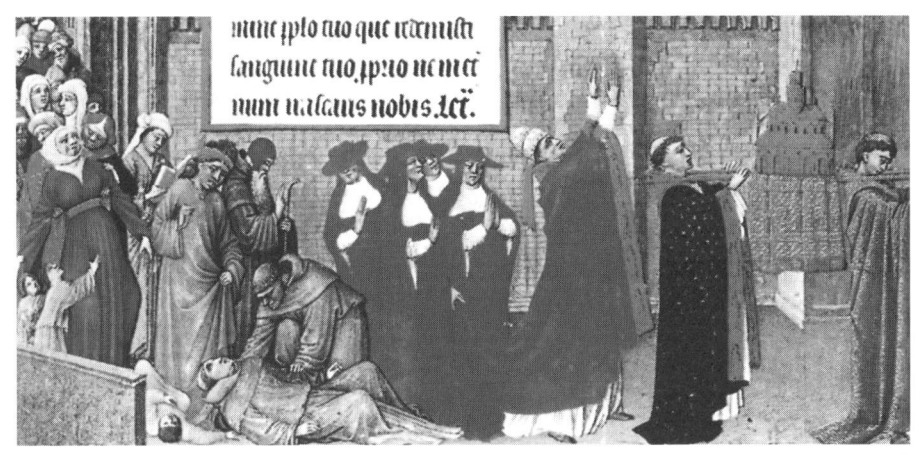

数百万人がペストで死んだ。人々は、人間がもはや神の言葉に従って生きていないのでペストという罰を神が下した、と信じていた。絵では、病気にかかった僧が倒れている。

第8章　中世後期

1300年代半ばには、ヨーロッパは恐るべき疾病、ペスト―黒死病―に荒らされ、人口はさらに減少した。ペストはアジアまたは中東からイタリアに1347年にやってきた。ここから北へ向かって拡がり、デンマークに1349年に達した。ペストでどれだけ多くが亡くなったかはわからないが、およそヨーロッパの人口の3分の1が亡くなったと推測される。死亡率は、人々が密集して暮らしていた町でもっとも高かった。農業危機と黒死病に伴う人口の減少はヨーロッパ社会に大きな結果をもたらした。耕す者がいないため農地は荒廃した。農地を所有していた地主は収入がなくなった。農民に農地を引き受けさせる（小作）ためには、地主は小作人によい条件を約束しなければならなかった。例えば、地主への支払い額は下げられた。

また多くの地主が、たくさんの労働力を必要とする穀物栽培を諦めた。その代わり、より労働力を必要としない肉牛の飼育に移っていった。

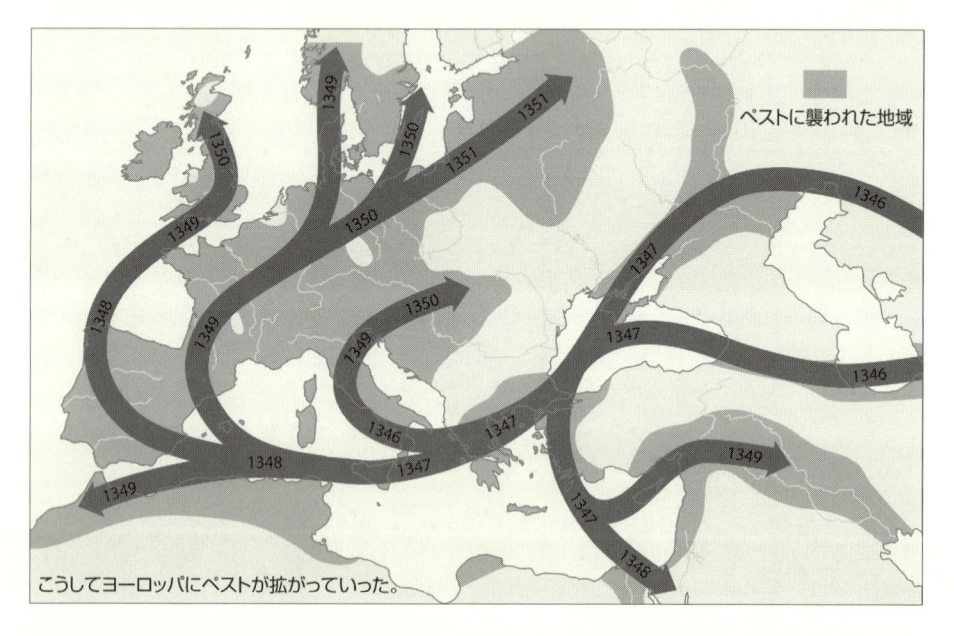

こうしてヨーロッパにペストが拡がっていった。

階級社会

中世後期には人々は、4つの階級（グループ）に分かれており、それぞれが各自の義務と権利を持っていた。聖職者と貴族は特権階級と呼ばれた。彼らは税金を払わず、王とともに国を治めた。

1. 階級：聖職者（教会の者）
2. 階級：貴族（地主）
3. 階級：市民（商人と職人）
4. 階級：農民

●●● 危機にある教会

　十字軍によって、ヨーロッパの支配者たちへのローマ教皇の権威は強化されたが、十字軍が終わり、教皇は弱くなった。1300年代はじめには、教皇はローマで脅威にさらされていると感じ、1309年には教皇の座がフランスの町、アヴィニョンに移された。フランス王は教皇を護ると約束した。こうして王は教皇への大きな影響力を獲得した。ローマから移ることで、教皇もまた収入の多くを失った。教皇の座にかかるお金を稼ぐため、教皇は、贖宥状（しょくゆう）を販売しはじめた。贖宥状とは、神の代わりに教会が罪を赦したという証明だった。多くの者が贖宥状の販売は間違っていると考え、カトリック教会への批判が高まっていった。

　時が流れるにつれて、他のヨーロッパの支配者たちは教皇の座がローマに戻ることを欲した。しかしフランス王は教皇を保持しようとした。結果として、1378年から1417年までローマとアヴィニョンに2人の教皇が存在した。

　中世には、教会は神と人間をつなぐものと人々は信じた。しかしペストが流行する中、教会は神にペストを止めさせることができなかった。そのため、多くの者が教会の権威に疑問を投げかけ始めた。

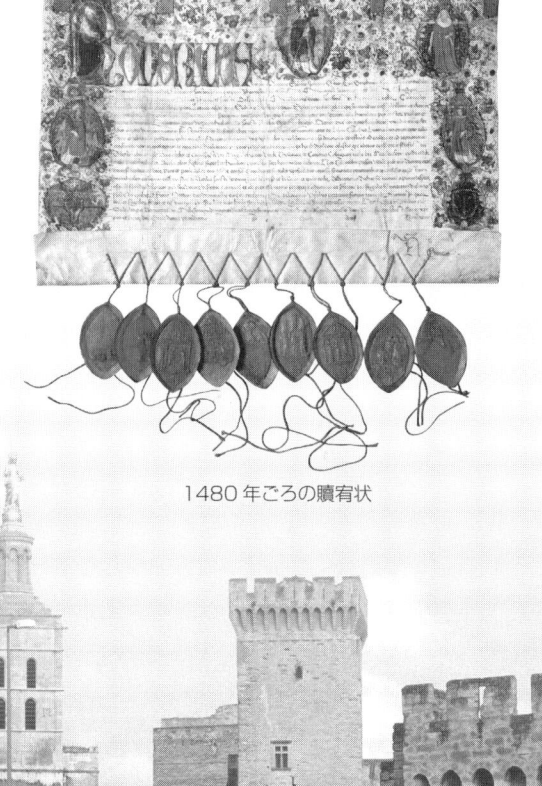

1480年ごろの贖宥状

アヴィニョンの教皇宮殿

第 8 章　中世後期

●●● オスマン人が来る

　中世後期には、ヨーロッパはキリスト教世界の一部だった。しかし地中海地域の東部分は、キリスト教徒にとってそうよくはいかなかった。1200 年代終わりに、イスラム教徒のトルコ人が小アジアにオスマン帝国を建てた。1453 年には、コンスタンティノープルを攻め落とし、ビザンチン帝国はついに滅んだ。

　続く数百年、**オスマン帝国**はバルカン半島をはるかに越え、中央ヨーロッパ深くまで押し寄せた。西ヨーロッパの大公たちはトルコ人に対してキリスト教徒の前線を構築しようと試みたが、お互いに意見は合わず、しばしばお互いに対して戦争を仕掛けた。カトリックとプロテスタントの教会はキリスト教徒の大公たちにイスラム教徒のトルコ人を打ち破るよう要請した。"トルコ人はキリスト教徒ではないので、トルコ人への戦争は正義だ"と 1500 年代はじめにマルチン・ルターは言った。

　イスラム教徒のオスマン帝国（トルコ人）は 1500―1600 年代にはキリスト教徒の敵のシンボルとなった。オスマン人の残酷さにまつわる話が流布した。それにしても奴らは子供を食べると人々は話した。キリスト教徒の家庭で子供の行儀が悪ければ、親は、「オスマン人」と子供を脅すことができた。オスマン帝国が 1680 年代にウィーンを最初に包囲したとき、キリスト教徒の大公たちは一緒に立ち向かうことでまとまった。続く数百年にわたって、オスマン帝国は撃退された。第一次世界大戦（1914―18 年）の後、オスマン帝国はついに崩壊し、代わりにトルコ共和国が設立された。

トルコ人（オスマン人）による 1453 年のビザンチン帝国の首都、コンスタンティノープルの陥落の想像図

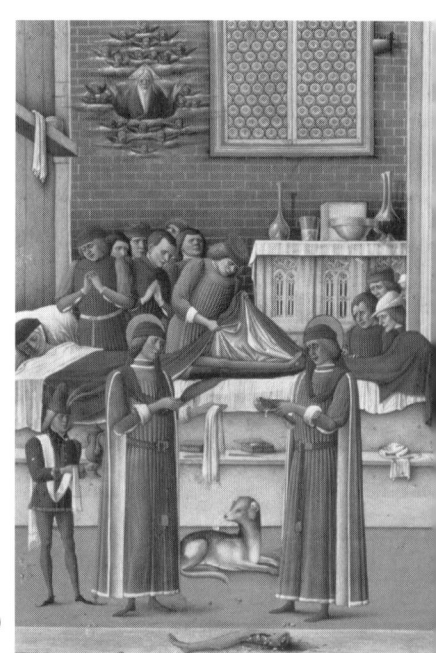

中世後期には医学などで大きな進歩もあった。絵は 1400 年代のもので、一人の男性が足の切除手術を受けている。

●●● デンマーク王国再建

　人はお金がないとき、金時計か高価なものを質に入れることができる。中世には、デンマークの王たちはしばしば金欠となり、王国の一部を抵当に入れた。こうして 1330 年代には、デンマークのほとんどがドイツとホルステンの貴族たちに抵当として取られていた（86 頁参照）。ヴァルデマー再興王（4 世）が 1340 年に王位に就いたとき、ユトランド半島のわずか 4 分の 1 を所有していたに過ぎなかった。しかし 60 年後には、デンマークの王は北欧で最も強力な国の一つを治めていた。どうやってそうなることができたのか？　これは偶然の組み合わせであり、少なとも ヴァルデマー 4 世と特に娘のマルグレーテの賢明さ、能力、狡猾さによるものだった。

　ヴァルデマー 4 世が王位に就いたとき、農民からさらなる税を徴収した。このやり方で、抵当に入っていた王国を少しずつ買い戻す余裕を得た。次第に、多くのデンマークの貴族たちは王と連合し、一緒に国土の残りを獲得した。

　当時、北海、オアスン海峡、バルト海沿岸、ロシア内陸に入るネヴァ川、ドヴィナ川沿いに活発な交易が行われていた。1300 年代半ば、ハンザ同盟（98 頁参照）がほとんどの交易を行い、ハンザ商人は大金を稼いでいた。ヴァルデマー 4 世はこの交易の一部を手に入れたかった。それには、バルト海での影響力を獲得しなければならなかった。そこで 1360 年にスコーネ地方を征服し、翌年、エーランド島とゴットランド島も獲得した。

　これらの成功はヴァルデマー 4 世には希望にみえた。10 歳の娘、マルグレーテがノルウェー王、ホーコンと 1363 年に結婚したので、デンマーク・ノルウェー連合成立の見通しが立った。しかし不幸がヴァルデマー 4 世を襲った。王位継承者である唯一の息子が死んだ。その上、ハンザ同盟は、ヴェルデマー 4 世が彼らの商売の一部を奪おうとするのを見過ごすつもりはなかった。スウェーデン王、メクレンブルク公爵、ホルステン伯爵とともにデンマークを攻めた。敵勢は強大で、ヴァルデマー 4 世は和平を請わねばならなかった。

　1370 年の和平協定で、ヴァルデマー 4 世は征服した地域の保持に成功した。しかし、オアスン海峡のスコーネ側で開かれる重要な市の収入の 3 分の 2 をハンザ同盟が得ることに同意しなければならなかった。そのうえ、ヴァルデマー 4 世はハンザ同盟に、オアスン海峡沿いのいくつかの砦の支配権を 15 年間に渡って委ねなければならなかった。そして最後には、新しいデンマークの王はまずハンザ同盟によって承認されなければならないという条件に同意しなければならなかった。

　1340 年代には、メクレンブルク公爵とヴァルデ

ヴァルデマー再興王（1340-75 年）

マー4世は良い友人だった。公爵は王がデンマークの領地を取り戻すのを支援した。ヴァルデマー4世の長女、インゲボーは公爵の息子、ヘンリクと結婚した。しかし今や、ヴァルデマー4世と公爵は戦争に陥り、ヴァルデマー4世は敗北した。公爵と和平を結ぶためにヴァルデマー4世は、もしヴァルデマー4世に息子が授からなかったら、公爵の孫、アルブレヒト—インゲボーとヘンリクの息子—がデンマークの王位を継ぐ、と約束しなければならなかった。

ヴァルデマー再興王はデンマークの王権の再興では満足しなかった。バルト海の貿易の支配権獲得も望んでいた。1361年にハンザ同盟の重要な交易都市、ヴィスビューがあるゴットランド島を征服した。ヴィスビューの豊かな商人たちは莫大な量の財宝を差し出さなければならなかった。絵は1882年作で、ヴィスビューに多額な税金を課すヴァルデマー再興王。

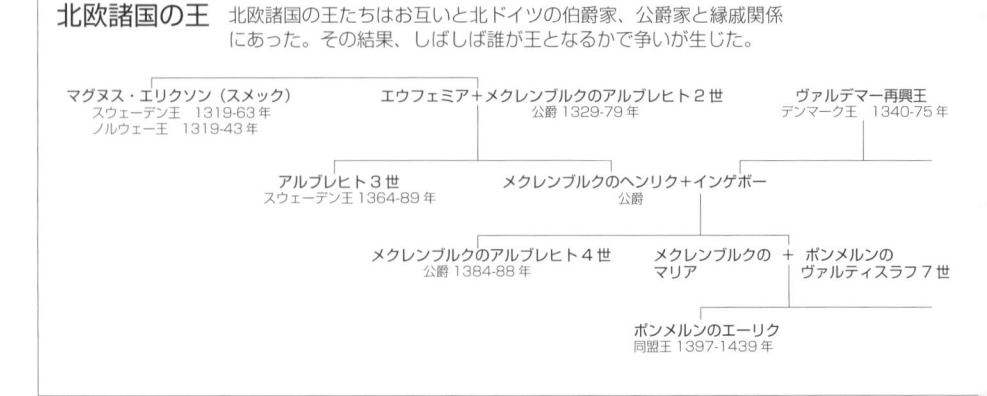

北欧諸国の王

北欧諸国の王たちはお互いと北ドイツの伯爵家、公爵家と縁戚関係にあった。その結果、しばしば誰が王となるかで争いが生じた。

- マグヌス・エリクソン（スメック）
  - スウェーデン王　1319-63年
  - ノルウェー王　1319-43年
- エウフェミア ＋ メクレンブルクのアルブレヒト2世
  - 公爵　1329-79年
- ヴァルデマー再興王
  - デンマーク王　1340-75年
- アルブレヒト3世
  - スウェーデン王　1364-89年
- メクレンブルクのヘンリク ＋ インゲボー
  - 公爵
- メクレンブルクのアルブレヒト4世
  - 公爵　1384-88年
- メクレンブルクのマリア ＋ ポンメルンのヴァルティスラフ7世
- ポンメルンのエーリク
  - 同盟王　1397-1439年

●●● 狡猾なマルグレーテ

　ヴァルデマー4世は1375年、息子を残さずに死んだ。メクレンブルク公爵の孫、アルブレヒトがデンマーク王になることになっていた。しかし、ヴァルデマー4世の娘で、ノルウェー王妃のマルグレーテがアルブレヒトの機先を制した。マルグレーテは、自分とホーコンとの息子、オーロフを王とするようデンマークの枢密院を説得した。オーロフはわずか5歳になったばかりだったので、両親が後見人となり、代わって統治することになった。

　ハンザ同盟はオーロフがデンマーク王となることに同意した。ハンザ商人は単にアルブレヒトがデンマークの王となることに関心がなかった。同じくアルブレヒトという名の公爵の息子の1人がスウェーデンで王になっていた（アルブレヒト3世）。もしメクレンブルク家が強大な権力を握れば、同家がハンザ同盟の商売に脅威を及ぼすかもしれなかった。

　1380年にマルグレーテの夫であるホーコン王が没し、オーロフがノルウェーで王にもなった。しかし実際には、後見人としてものごとを決めていたのはマルグレーテだった。スウェーデンでは、アルブレヒト王に不満を持つ貴族が数を増していた。彼らは、たとえばアルブレヒトはあまりにも多くのドイツ人を高官に任命していると主張していた。もしアルブレヒトが放逐されれば、オーロフがスウェーデンの王にもなる格好のチャンスだった。そうするうちにスウェーデンで内戦が起きた。アルブレヒトにとって状況が悪くなり、メクレンブルクに帰ってしまった。

　ところが不幸がマルグレーテを襲った。1387年にオーロフが突然、わずか17歳の若さで世を去った。

```
マルグレーテ　＋　ホーコン6世
 1353-1412      ノルウェー王 1355-80年
                   オーロフ
                 デンマーク王 1376-87年
                 ノルウェー王 1380-87年

    カタリーナ＋オーバープファルツのヨハン
       バイエルンのクリストファ
            同盟王 1439-48年
```

3つの王冠が載ったスウェーデンの旗を持つメクレンブルク家のアルブレヒト。右側はメクレンブルク家の旗を持つアルブレヒトの父親。

第 8 章　中世後期

ヴァルデマー4世が以前にデンマークの王位を約束したアルブレヒト公爵はあらためて権利を主張した。しかしマルグレーテは即座にオーロフに取って代わり、死後1週間して、彼女は、デンマークの"全権を委任された婦人かつ主"に選ばれた。数ヶ月の間に、マルグレーテはノルウェーとスウェーデンでも同様に選ばれた。

マルグレーテは、アルブレヒトが彼女の死後に王となるのを防ごうとした。そこで、1人の王位継承者を見つけなければならなかった。父親が取るに足らないポンメルン公爵だった、姉の孫、ブギスラウを養子にした。ポンメルンのエーリク（エーリク7世）という名で、ブギスラウはデンマークとノルウェーの王となった。スウェーデンの貴族たちもまた、エーリクを王として受け入れるつもりだった。

> **枢密院**
>
> 枢密院は、政治、法律の制定、重要な裁判の判決にあたって王を補助する集会だった。枢密院は、国内のもっとも裕福な領主、国内の全司教、大きな修道院の長の20—40人で構成された。
>
> 王が選ばれる前に、王は、憲章、に署名しなければならなかった。憲章とは、どのように国が治められるかについての枢密院と王との取り決めだった。憲章にはまた、領主と教会が持つ特権についても書かれていた。これによって、王権に制限が加えられた。もし憲章を守らなければ、枢密院は王を廃位することができた。

スウェーデンからメクレンブルクへ戻ったアルブレヒト3世は、スウェーデンの王位を諦めるつもりはなかった。1389年に彼と傭兵軍団がスウェーデンに上陸したが、マルグレーテとスウェーデン貴族の軍勢にファルシェーピングで打ち破られた。アルブレヒトは捕らえられ、エーリクがまたスウェーデンの王に選ばれた。

マルグレーテが、威厳に満ちたドレスとオコジョの皮のローブを身にまとっている。アルブレヒトは、慈悲を乞う小人として描かれている。王冠が彼の頭から落ちている。

●●● カルマル同盟

　エーリク7世はいまや3つの北欧国家の王となったが、3つの完全に独立した国についてまだ話がある。ノルウェーは世襲君主制だった。ここでは、エーリクの子孫は確実に王位についた。しかしデンマークとスウェーデンでは、領主たちが別の者を王に選ぶことができた。だからこそ、マルグレーテは3つの国を、連合または同盟のもとに、密接にくっつけたかった。1397年にカルマル城で、3国からもっとも重要な領主と司教が集った。ここで15歳のエーリクは同盟の王位に就いた。3国はひとつの国にはならなかった。それぞれの国は自身の枢密院と法を保ったが、王は、共通の枢密院会議を招集することができた。

　マルグレーテがカルマル同盟の設立に重要な役割を果たしたことはまったく疑いのないことだった。彼女は賢く、目的を達するために、あらゆる手段—狡猾さ、買収、脅迫—を使った。しかしカルマル同盟には別の理由もあった。

　3国の王の間で昔から争いがあった。これは商売には悪いことだった。商人たちは同盟が平和を確保するよう期待した。同盟は北欧の商人に国境を越えて自由に往来できる権利を与え、彼らの商売を促進した。

　ハンザ同盟は王たちの間の争いに関心があった。北欧の王の間の戦争は、ハンザ同盟がより多くの商売を引き受けることを可能にした。ハンザ同盟はこうやって支配権を強めることができた。同盟を締結することで、北欧の国々はハンザ同盟の支配権に制限を加えた。また、メクレンブルク家とホルステン伯爵などは北欧の不和を影響力を獲得するために利用した。例えば、領地と特権を得る見返りに、当事者の1人を支援した。いまや3国の間に平和が訪れ、外部の敵に対して団結してあたった。有力な貴族は多くの北欧の国で領地を所有していた。国々がお互いに戦争状態になれば、もちろん問題となった。だから貴族にとっても、同盟は利益になった。

　なぜ王と領主はそれまでに同盟のようなものを設立しなかったのだろうか？　答えは、1300年代終わりまでは、メクレンブルク家が北欧の支配権を保持する力を持っていたからだった。その後メクレンブルク家は隣国との戦争で弱体化していった。アルブレヒト2世公爵が1379年に死んだとき、公国内で騒乱が起こった。そのため、メクレンブルク家は、アルブレヒト3世をスウェーデンの王位に就かせるための十分な財力を持っていなかった。もし余裕があったならば、有力なスウェーデンの貴族たちに支援を求めて大金を渡していたかもしれなかった。

ポンメルンのエーリクの戴冠。左の背景にマルグレーテがみえる。ポンメルンのエーリクは1397年にカルマル同盟の王となったが、マルグレーテ女王が実権を握っていた。

マルグレーテ時代の北欧諸国とバルト海周辺の国々

ノルウェー

ノルウェーはバイキング時代から強力な国だった。ノルウェーの商人は大西洋北部で交易し、王たちはオークニー諸島、シェトランド諸島、フェロー諸島、アイスランド、グリーンランドの一部を治めていた。しかし1200年代終わりから、ノルウェーにとって状況は悪くなりはじめた。ハンザ同盟が交易の大部分を引き継いだ。そして、1350年ごろにヨーロッパを破壊したペスト、「黒死病」がノルウェーを特にはげしく襲った。

スウェーデン

スウェーデンは1200年代終わりにはじめて統一国家となった。王位継承権をめぐってしばしば争いが起こった。1319年にはスウェーデン貴族はノルウェー王、マグヌス・エリクソン（愛撫王）をスウェーデン王に選んだ。マグヌスはスウェーデン王国を大きくした。フィンランドの広い地域を征服し、デンマーク王が抵当に入れていたスコーネを買い戻した。

多くのスウェーデン人たちは、マグヌスは戦争遂行のために巨額の金を使ったと言う。特に商人と鉱山主のあいだでは、マグヌスは不人気だった。この結果、内乱が起き、最後には、マグヌスはノルウェーへ逃げた。スウェーデン貴族たちは代わりに、メクレンブルク家のアルブレヒトを王に選んだ。

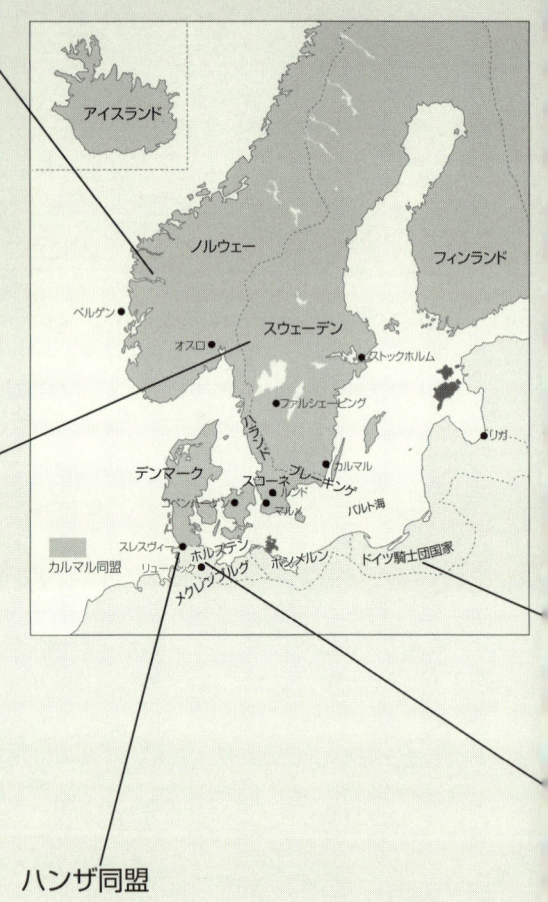

ハンザ同盟

ハンザ同盟は、リューベックを盟主とするドイツの商業都市の連合体だった。1300年ごろからハンザ同盟は北ヨーロッパの国々の間の交易のほとんどを手中にしていた。ハンザ商人たちは多額の金を稼ぎ、大型船のコグ船を建造する余裕があった。また大きな政治的権力も獲得し、例えば、ノルウェーの王に誰がなるかについて何度も決定に加わった。

1400年代終わりにハンザ同盟内部で分裂が生じた。同盟は弱体化し、2—300年のうちに解体していった。

第 8 章　中世後期

ハンザ都市の港

メクレンブルク家

　メクレンブルク公爵家は北欧の王族と密接な関係を持っていた。例えば、メクレンブルクのヘンリク公はヴァルデマー再興王の長女、インゲボーと結婚していた。スウェーデンの貴族たちがアルブレヒトを王に選んだのも偶然ではなかった。追放された王のマグヌスは実際にはアルブレヒトの叔父だった。

ドイツ騎士団国家

　中世初期にドイツ騎士団はバルト海沿岸を征服した。ここに国家を建設し、住民にキリスト教を強制した。1500 年ごろに騎士団国家は解体しはじめた。

●●● 解体に向かって

　カルマル同盟はマルグレーテの生存中だけ機能した。スウェーデン貴族の間では、デンマークと外国の領主がスウェーデンの官職と領地を得ることにある種の不満があった。しかし、強勢を誇る女王に向かってあえて声高に抗議する者はいなかった。1412年のマルグレーテの死後、ポンメルンのエーリクはスウェーデンの貴族を無視し続けた。次第に、スウェーデンの王城のほとんどがデンマークかドイツの貴族によって管理されるようになっていった。怒りがくすぶっていた。

　スウェーデン人が不満に思っていたのはそれひとつだけではなかった。死の数年前、マルグレーテはスレースヴィをホルステン伯爵から取り戻すことを計画した。エーリクは計画を実行しようと試みた。これは20年にも渡る高価な戦争となった。出費を賄うため、より多くの税金を課した。スウェーデン人たちは、スレースヴィでの戦争が彼らに何の関係があるか理解できなかった。ハンザ同盟がホルステン伯爵側で戦争に参加したとき、事態は悪化した。ハンザ同盟は北欧諸国との交易などを妨害した。そのお返しに、エーリクの海軍はハンザ同盟の船がオアスン海峡を通航するのを妨害した。

　スウェーデン中部のダーラナでは、銅と鉄が産出した。大部分は外国へ売られていた。エーリクとハンザ同盟、ホルステン伯爵との間の戦争は輸出を停止させた。ダーラナの人々は当然激怒した。デンマーク人の城の代官たちはその地域のスウェーデン人農民に特に厳しく当たっていたので、ポンメルンのエーリクに対する反乱が起きた。エーリクもまたデンマークの領主たちと仲が悪かった。結局、エーリクはデンマークとスウェーデンで王位から追い払われた。

　スウェーデン人の領主たちはポンメルンのエーリクを継いだバイエルンのクリストファに十分満足していたが、クリストファが後継ぎがないままに死んだとき、有力な

左は1397年のカルマル同盟の書類。デンマーク、ノルウェー、スウェーデン間の同盟がどう機能するかについての取り決めが含まれている。書類は紙に書かれ、修正も含まれている。これは、誰もが完全に賛成していたわけではないことを示している。

ポンメルンのエーリクは1397年にデンマーク、ノルウェー、スウェーデンの王となった。右側の戴冠の書状は羊皮紙に書かれ、67人の有力者の印章が付いている。

スウェーデン貴族のグループはカルマル同盟を抜けたかった。彼らは1人の王を選び、彼をノルウェーの王位にも据えた。

1448年からカルマル同盟がついに崩壊した1520年までの時代は騒乱だらけだった。デンマーク王のクリスチャン1世、ハンス、クリスチャン2世は力で以ってスウェーデンをカルマル同盟に戻そうと試みたが、果たせなかった。

ストックホルムの血浴

スウェーデンをカルマル同盟になんとしても戻そうと、クリスチャン2世は1517年、戦端を開いた。反対していたスウェーデンの領主たちは1520年に諦めた。スウェーデンの枢密院はクリスチャン2世を世襲の国王として認めなければならなかった。ストックホルムでは、数日続く戴冠の祝賀会が開かれていた。クリスチャン2世が戦ってきた領主たちも招かれていた。大きな和解の祝賀会だと誰もが思った。

しかしクリスチャン2世は別の計画を持っていた。祝賀会の4日目、王との戦いの先頭に立っていた領主たちは身柄を拘束された。80人以上がストックホルムの広場で斬首された。スウェーデン領主の1人、グスタフ・ヴァーサはスウェーデン人がクリスチャン2世に降参するのに反対していた。ストックホルムの血浴の後、多くの者が彼と団結した。すぐにハンザ同盟からも支援を取り付け、グスタフ・ヴァーサはスウェーデンの摂政となった。数年後には、クリスチャン2世の軍隊は完全に国外へ押し出されてしまった。

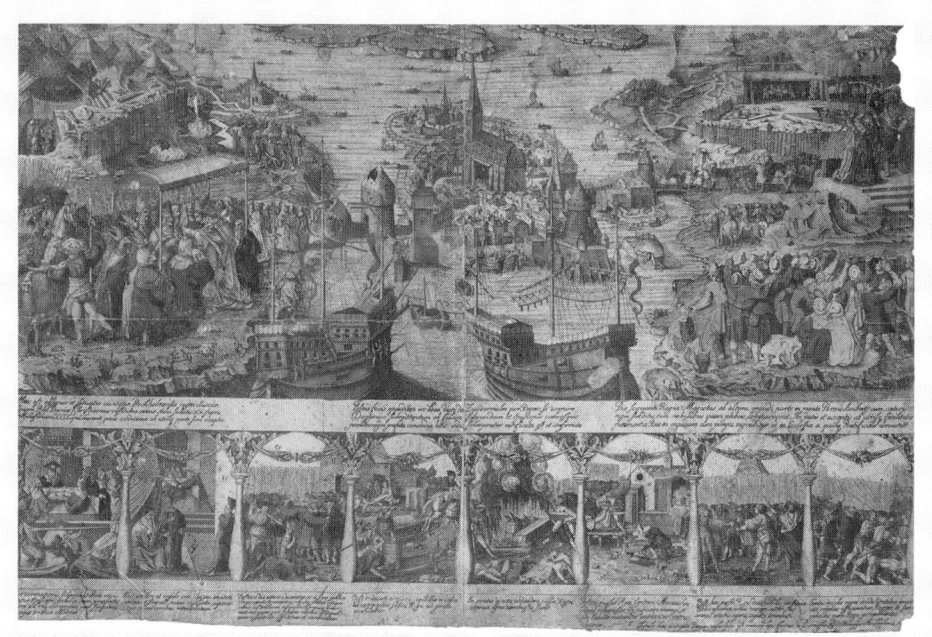

ストックホルムとストックホルムの血浴のスウェーデンの絵画

クリスチャン2世

　クリスチャン2世が1513年に王となったとき、すでに補助王としての経験を持っていた。父であるハンス王の代理として、ノルウェーを治めた。ここで、貴族やハンザ商人たちの特権を制限して、ノルウェーの市民とオランダ商人を支援した。クリスチャン2世はノルウェーでデューヴェケと出会い、一緒にデンマークへ戻った。デューヴェケはベルゲンで大きな商社を持っていたシグブリット・ヴィロムスの娘だった。シグブリットは賢明な女性で、クリスチャン2世はしばしば、彼女の助言に従った。クリスチャン2世は1514年に、権勢を誇った神聖ローマ皇帝、カール5世の妹、エリザベスと結婚したが、デューヴェケとの同居は続け、彼女の母親のシグブリットは最も重要な顧問として働いた。このことで、カール5世との関係に危機を招き、枢密院とデンマーク貴族の間に不満が高まっていった。

　1517年にデューヴェケは死んだ。クリスチャン2世は、彼女を毒殺したと、影響力を持っていた貴族、トーベン・オクセを非難した。枢密院はトーベン・オクセを無罪としたが、王は彼を絞首刑に処した。これによって、クリスチャン2世と枢密院、貴族との関係はさらに悪化した。同年、クリスチャン2世はスウェーデン征服に着手し、1520年に勝利とストックホルムの血浴（101頁参照）で終わった。戦争はクリスチャン2世にとって高くついた。農民からより多くの税を徴収しなければならず、北ユトランドで農民の反乱が起きた。ユトランド貴族の多くが反乱に加わった。1523年に枢密院はクリスチャン2世の廃位を決め、彼は国を去った。

　しかしクリスチャン2世は権力を取り戻したかった。カール5世と仲を通じ、経済的支援を取り付けた。1531年にノルウェーに大きな船で上陸し、王として賞賛を浴びた。デンマーク・ノルウェー王のフレデリク1世（1471〜1533年）はコペンハーゲンにクリスチャン2世を誘い出し、身柄を拘束した。そして彼は、1559年に死ぬまで、最初はソナボー城、次にカルンボー城で幽閉された。

　肖像画は1515年のもので、保存されている最古のクリスチャン2世像。

いつだった？

1300年ごろ：農業危機

1309—1417年：アヴィニョンの教皇

1330年代：デンマークが抵当にされる

1340年：ヴァルデマー再興王が王になる

1350年ごろ：黒死病

1375年：ヴァルデマー再興王が死に、娘のマルグレーテが権力を継ぐ

1300年代：北欧でのハンザ同盟の支配力が増す

1397年：カルマル同盟

1412年：マルグレーテ1世没す

1453年：オスマン朝トルコがコンスタンティノープル攻略

1513—23年：クリスチャン2世

1520年：ストックホルムの血浴

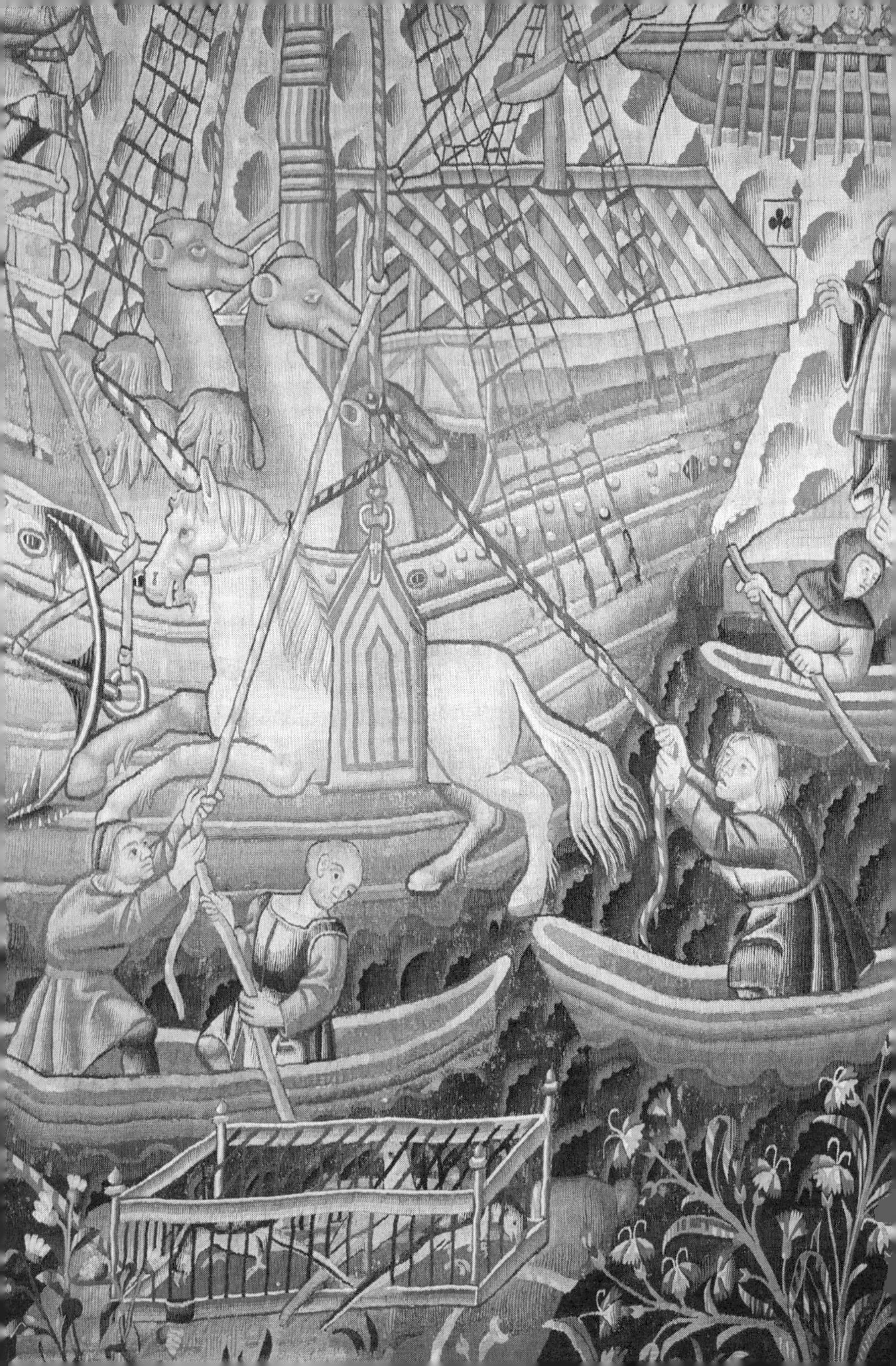

第9章
発　見
1450—1650 年

●●● ヨーロッパと周辺世界

　中世には、世界とは、聖書と教会の聖なる書物に描かれているようだと思われていた。聖書によれば、世界はエルサレムを中心とした円として表現されるものだった。この中心から3つの知られていた大陸：ヨーロッパ、アフリカ、アジアが拡がっていた。ヨーロッパ人はアフリカとアジアについて多くを知らなかった。1400年代はじめに、ポルトガル人がアフリカを探検しはじめた。北イタリアのマルコ・ポーロは1200年代後半に中国へ行った。

　全体的にみれば中世は、世界へ出かけたヨーロッパ人ではなく、他の民族がヨーロッパに侵入してきたことに特徴づけられる。東、中央ヨーロッパを1200年代半ばに荒らしまわったチンギス・ハーンと騎兵軍団がそれであり、ビザンチン帝国を食い散らかし、最後には1450年代に転覆させたオスマン帝国でもあった。

　北イタリアの商人都市は中世盛期とルネッサンスの最初の時期に、経済的かつ文化的なものが集中するセンターだった。アジアから輸入された香辛料、贅沢品、特に木綿があった。北イタリアの町では、包括的な織物製造が発展していった。すでに人は羊毛で布を作り出していた。アラブ人から－たとえばシチリア島－イタリア人は木綿の布の作り方を学んだ。アラブ人が木綿で贅沢な服を作る一方で、イタリア人は、市場が成長していたより安い日常服を作った。1400年ごろには、ミラノでは約6,000人が織物工場で働いていた。

　セルジューク朝は、東方から地中海への安定した物品交換を保証していた。しかし1300年頃、オスマン朝トルコに追い出され、オスマン朝は自ら商売に乗り出した。オスマン朝は隊商を襲ったり、商人に巨額の税を課したりした。結果として、木綿、香辛料、贅沢品の値段が甚だしく上がった。ヨーロッパの王と商人たちは、オスマン朝を避けて、アジアへ到達する海路を見つけることを真剣に考え始めた。

> **香辛料はよいもの**
>
> 　500—600年前、香辛料は今日よりもはるかに大きな役割を果たした。当時の値段ははるかに高かったことと関係している。そのため、香辛料の使用は金持ちの間でステータスとなった。クリスチャン4世の弟、ウルリクは1592年、ロストックに勉強に行ったとき、7—8kgの胡椒を持参した。
>
> 　当時はサトウキビから作られた砂糖もまた、香辛料とみなされた。スウェーデン王、グスタフ・ヴァーサ（1496—1560年）の娘たちは毎日500g以上の砂糖をそれぞれ食べていた。

第9章 発見

1400—1600年代には、裕福な者は莫大な量の香辛料を使った。絵は1400年代作で、公爵家の食事風景。

●●● 探検が始まる

　アジアへの探検を始めたのは、ポルトガル人、少し後にスペイン人だった。最初の大規模な発見の旅を企てたのが、イタリアの商人都市ではなく、彼らだったのにはいくつかの理由がある。

　両国の漁師は数百年の間、大西洋のはるか沖で魚を獲り、彼らの船はしばしば北ヨーロッパの海に達した。こうして、船員たちは大海を航海する経験を積んでいった。スペイン人とポルトガル人は、帆だけを使うキャラック船やキャラベル船のような、より少ない人員で十分な船を建造した。これらの船は長期の航海にとてもよく堪えた。しかし良い船を持つことだけでは十分ではなく、海を渡る航路を見つけることができなければならなかった。ポルトガル人とスペイン人は、航海、つまり海を渡る航路を見つけることに長けていた。彼らは数百年にわたって知られていた羅針盤を改良していた。

　ポルトガル人はアラブ人から、数学と天上の太陽と星の位置について学んだ。この知識を使って、一つの表を作り、航海者は船が海上のどこにいるのかを計算することができた。ポルトガル人はスペイン人より前にインドに到達した。これはポルトガル人が探検を用意周到に計画したからかもしれない。航海者の報告は書き表され、経験を次の探検者が使うことができた。

　1420年頃、ポルトガルの王子、エンリケが航海学校を設立した。ここに航海術と航

第9章　発見

　海について詳しい者を集め、ここから探検家を、アフリカ海岸に沿ってずっとずっと南へ送り出した。

　はじめのころは、実際にはエンリケにとって、インドとそのほかのアジアの地域に到達することは最重要な目的ではなかった。1400年代の他の多くの者同様、エンリケは、ずっと南にヨハネス王とともにキリスト教徒の人々が暮らしていると信じていた。この人々を見つけようと思った。当然成功はしなかったが、アフリカ海岸沿いの探検はポルトガル王室にとってよいビジネスとなった。船は金、象牙、奴隷をポルトガルに持ち帰った。

　エンリケは1460年に亡くなり、航海王子との称号が贈られた。しかしポルトガルの探検は続き、1498年にインドに到達した。船長はヴァスコ・ダ・ガマだった。翌年、彼は、自身の船4隻のうち3隻でリスボンへ戻った。東方からの胡椒、生姜、シナモン、ナデシコ、他の高価な品々を積んでいた。ヴァスコ・ダ・ガマは、これらを売りさばいて探検にかかったお金の60倍を稼いだ。ポルトガル人は、アフリカとアジアの海岸に沿って商売拠点を設置した。彼らは、それらの地域を征服しようとはしなかった。

エンリケ（1394―1460年）は自ら探検には出なかったが、エンリケ航海王子と呼ばれた。

　1500年ごろには、世界の別の場所には想像上の生き物がいると信じられた。絵は、インドからの品物が積まれたヴァスコ・ダ・ガマの船の一隻。伝説の動物、ユニコーンが吊り上げられて船に載せられている。

107

第9章 発見

●●● クリストファー・コロンブス

　スペインは1469年に一つの国に統一された。カスティーリャのイサベルとアラゴンのフェルナンドが結婚してなされた。即座にスペイン南部に住んでいたイスラム教徒のムーア人を追い出し始めた。フェルナンドとイサベルはスペインにキリスト教徒だけが住むのは神の意思だと言った。だからユダヤ教徒も追い出された。

　1492年にスペインの最後のムーア人の町が陥落した。同じ年にクリストファー・コロンブス（1451—1506年）は国王夫妻に西へ向けて航海する探検隊を準備するよう説得した。彼の計画では、地球を一周して航海し、東方に到達するというものだった。この道は南にアフリカを回るのより短いとコロンブスは断言した。コロンブスはスペインから3隻の小船で出航した。2カ月以上の航海の末、1492年の秋にバハマ諸島のひと

コロンブスは、サンタ・マリア号、ピンタ号、ニーニャ号の3隻で1492年にスペインのパロス・デ・ラ・フロンテーラを出航した。絵は1800年代初頭の作。

つの島に到達した。彼は、インドの近くか、もしかしたらその一部である島を発見したと確信していた。

　1493年にコロンブスは2度目の航海に出た。今回は17隻と1200人を連れていた。イスパニョーラ島にヨーロッパ最初の植民地を建設した。ここから探検隊を送り出し、いくつもの地域をスペイン王国の支配下に置いた。スペイン王はコロンブスを、スペインが新たに獲得した地の副王に任命した。

　1498年にコロンブスは3度目の探検をはじめた。しかしスペイン王はもはやコロンブスの植民地を支配するやり方に満足せず、彼の職を解いた。

　4度目ではなから失敗していた探検が1500年にはじまった。コロンブスは病気で弱り、スペインに4年後に引き返した。そして2年後に貧困と忘れられたまま死んだ。

クリストファー・コロンブスは1492年から1504年の間にカリブ海へ4回、発見の旅を企てた。1506年に死ぬまで、到達したのはアジアだとかたくなに主張した。絵では、コロンブスと従者が地域住民と出会っている。ある者は贈り物を持ってやって来て、別の者は恐れて逃げている。

●●● スペイン人が来る

　コロンブスは死ぬまで、アジアに到達したと主張したが、スペインの他の者たちは新世界の一部であり、アジアではないと理解していた。キューバが新世界におけるスペインの拠点になった。ここから、カリブ海、中央アメリカ、南アメリカの北岸へ探検隊が派遣された。スペイン人は、アジアへ航海できる通路を探した。

　ポルトガル人は貿易拠点を置くことで満足した。しかしスペイン人は新世界の各地を征服し、スペイン王の支配下に置いた。アメリカを通り抜ける通路を探す中で、スペイン人はまず、現在のメキシコにあったアステカ帝国に出会った。スペイン人はアステカ帝国が莫大な量の金と銀を保有しているという噂を聞いた。1521年にエルナン・コルテスと数百人のスペイン人がアステカ帝国の首都、テノチティトランを征服した。アステカ皇帝、モクテスマを殺害した後、スペイン人は帝国を完全に支配下に置いた。

　1530年代はじめに、スペインの司令官、フランシスコ・ピサロは180人の兵とともに、南アメリカの西岸に伸びた強大なインカ帝国に侵攻した。インカ帝国皇帝、アタワルパを捕まえて処刑し、国土にスペインの支配を確立した。

　ヨーロッパ人がアメリカに来たことはインディオに破滅をもたらした。南と中央アメリカの高度な文明は崩壊し、何百万人の先住民が死んだ－特に、天然痘、麻疹、チフスといった、ヨーロッパ人が持ち込み、インディオが抵抗力を持たなかった病気が原因だった。メキシコにはヨーロッパ人が来るまでは、450―2,500万人が住んでいたが、

アステカ帝国の首都、テノチティトランは島の上にあった。本土に渡る堤防があり、管を通って飲み水が町に運ばれていた。湖の上の漂う畑でアステカ人は野菜を作っていた。

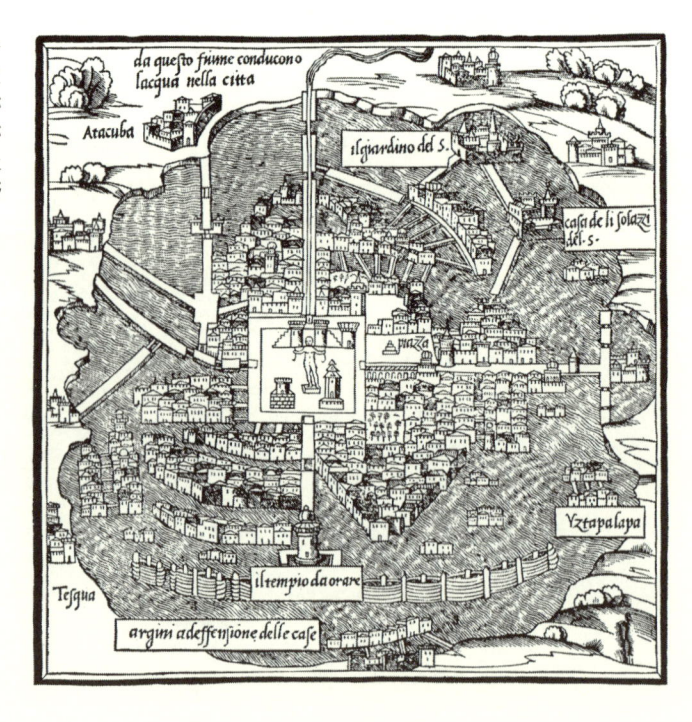

第9章　発見

1630年にはおよそ75万人になっていた。インカ帝国の約1,200万人の人口のうち、半分以上が亡くなった。

　スペイン人は新しい穀物の種類、木綿、サトウキビ、馬のような家畜をアメリカへ持ってきた。馬は縄を解かれ、よく馴染み、繁殖した。すぐにアメリカ中に野生馬の大きな群れが誕生した。これらの馬を北アメリカの大草原のインディアンが捕まえて馴らした。馬の使用は大草原のインディアンの暮らし方を変えた。それまでは、場所から場所へ移動するとき、引く動物としては犬しかいなかった。馬を持ったことでより長く旅することが可能となり、大草原のインディアンにとって最も大切な役畜となったバイソンを狩るのがより容易になった。

1531年にフランシスコ・ピサロと兵士180人はインカ帝国へ向かった。抵抗に出会うことなく、カハマルカの町まで到達した。ここにインカ帝国の皇帝、アタワルパが宮殿を持っていた。

　アタワルパは、ピサロとの会見に、金の椅子で運ばれ、数千もの官吏、僧、将軍たちを引き連れてやってきた。しかしこれは罠だった。スペイン人は4,000－6,000人のインカ人を殺害した。

壁画はメキシコの芸術家の作で、1519年のテノチティトランでのアステカ皇帝、モクテスマとコルテスとの会見。

第9章　発見

●●● どうやって可能だった？

　どうやって数百人のスペイン兵が強大なインディオの国々を崩壊させることができたのだろうか？　1500年代のヨーロッパ人は、神は勇敢で文明化されたキリスト教徒のスペイン人とポルトガル人が卑劣で文明化されていない異教徒のインディオを打ち破るのを助けてくれた、と主張した。今日ではこんな説明は誰も信じていない。巨大国家が崩壊したのにはほかに理由がある。

　1つの理由は宗教だった。アステカの僧たちは予兆を見ていた。予兆は、まもなく太陽が死ぬだろうと解釈された。アステカ人は、羽毛をまとった蛇の姿の神、ケツァルコアトルが彼らの社会を創造したと信じていた。ケツァルコアトルが消えた。しかしいつの日か戻ってくるだろう。現在の太陽が死んだ後、ケツァルコアトルは新しい、さらによい世界を建てるだろう。多くのアステカ人は、ヨーロッパ人がケツァルコアトルだと信じた。

　もう1つの理由は、スペイン人の武装だった。銃、クロスボウ、鎧、剣、馬を伴ったスペイン人は、こん棒、弓矢、投石器で戦ったインディオよりはるかに強かった。その上、両者は異なった方法で戦いを行った。スペイン人は可能な限り多くの相手を殺すことに努め、インディオは生贄や奴隷とする捕虜を捕まえようとした。武器と戦いを行う方法から、インディオは、白人は神だと信じ、それゆえにさほど頑強には抵抗しなかった。神と運命に逆らって戦うのは無益だった。

　また、アステカとインカの国内事情もスペイン人の勝利に意味を持っていた。アステカ帝国では、多くの部族がアステカ人に反乱を企んでいた。彼らはコルテスと結託した。ピサロがインカ帝国にやって来たとき、王位をめぐって争いが吹き荒れていた。アタワルパの異母兄が皇帝の名乗りを上げた。アタワルパはそれを容認するつもりはなく、反乱を起こし、5年続く血みどろの内戦が勃発した。アタワルパの勝利で終わり、彼が皇帝となった。しかし帝国は弱体化しており、多くの敵を抱えていた。

　国々の崩壊へのもっとも大きな理由は、スペイン人が持ち込んだ病気だった。天

テオドール・ドゥ・ブリュは、スペイン人がどれだけ残酷に原住民を扱ったかを示す絵を多く描いた。

奴隷

　スペイン人はインディオを奴隷として使った。しかし彼らは銀山での重労働には向いていなかった。1500年代にはすでに、数十万人の黒人奴隷がアフリカから送られてきた。何千というスペイン人が新世界に定住した。今日でも、メキシコとペルーの文化には、スペインの痕跡がそのまま残っている－たとえば言語と社会の仕組みなどで。

天然痘、インフルエンザ、麻疹、風疹、その他の病気はヨーロッパ人には危険ではなかったが、中央、南アメリカには存在していなかった。そのため、インディオは抵抗力を持たず、ハエのように死んでいった。

●●● ヨーロッパ人にとっての結果

　スペイン人は、本国と同じやり方で、征服した地を組織した。それには、官吏を抱えた大きくて金がかかる行政府と兵士が、その地を治めるのに必要だった。スペイン人は行政の中心だった新設の町に住んだ。土地は、アシエンダと呼ばれるスペイン人所有の大農園となった。そこでは、小麦、とうもろこしを栽培し、家畜を飼った。労働者はインディオで、後に黒人奴隷が使われた。また、メキシコとペルーの銀山がスペイン人の鉱山主に委ねられた。

　スペイン人は金と銀を手に入れるために現在のメキシコとペルーを征服した。それには、金と銀がたくさんかかったが、スペインに儲けをもたらした。ほとんどは、王と貴族が自分たちの城や豪邸を建てるのに使った。また、東方からの香辛料と他のヨーロッパ諸国からの品も買った。スペイン固有の企業と農業にはそれらの富からはほんのわずかしか恵みがもたらされなかった。

　しかしイングランドは恩恵を受けた。スペイン貴族と宮廷は衣服と陶器をイングランドから買った。これはイギリスの手工芸と産業の発展を生み出した。アメリカからスペイン人は、トマト、ピーマン、ズッキーニ、唐辛子、タバコ、とうもろこし、じゃがいもといった新らしい作物を輸入した。じゃがいもは、冷涼で湿気た北欧の気候でよく育った。

　インディオとの出会いはヨーロッパ人の考え方も変えた。探検までは、聖書と他の古書は知るべき価値があるものはすべて語っているとヨーロッパ人は信じていた。しかし、これらの文書はインディオとアメリカについてなにも語っていなかった。つまり聖書と古書に載っていたのは全てではなかった。人類が自ら見つけなければならないものがたくさんあった。

　科学者たちは探検、調査、実験をはじめた。ある者は星と惑星の運動を観測し、多くの新しいことを発見した。例えば、宇宙の中心は、地球ではなく太陽だったことが発見された。別の科学者は金と薬を作ろうと試みた。

チョコレート

　スペイン人は、アステカ人に出会ってはじめて、チョコレートを経験した。アステカ帝国では、チョコレートは飲み物の原料や料理の材料として使われた。

　アステカの皇帝、モクテスマはチョコレートについてこう言った。

　"抵抗力をつけ、疲れを癒してくれる神が賜うた飲み物。この高価な飲み物一杯で、人は一日中、なにかを食べる必要はない"。

　絵では、インディオがチョコレートを作っている。1500年代作。

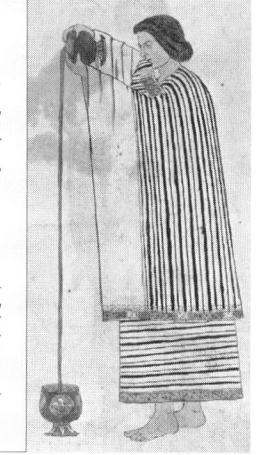

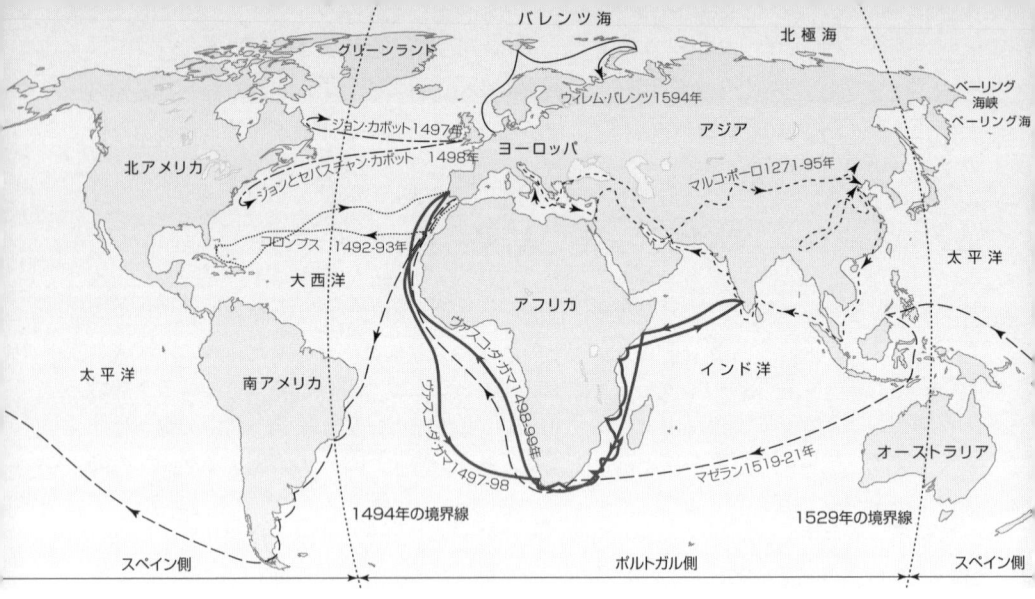

スペインとポルトガルの間に新発見の土地をめぐって不和が生じた。ローマ教皇が両者を取り持ち、1494年には、スペインとポルトガルの王は自分たちの間で世界を分割することで合意した。境界は、ヴェルデ岬諸島の西、2,000kmに引かれた（境界線）。スペインは境界の西側を、ポルトガルは東側を獲得した。1529年には、両者は太平洋でも同様の境界を引いた。地図は1500年頃のもっとも重要な発見の旅を示している。

●●● デンマークも参加

　デンマーク人もインドへの海路を探す試みに加わった。1400年代当時、ポルトガルとデンマークの王室はよい関係にあった。1470年代にポルトガル王がクリスチャン1世に、北西、つまりグリーンランドへ向けたデンマークとポルトガルの共同探検隊への参加を要請した。グリーンランドはアジアと陸続きだと信じられていたが、インドと中国へ航海できる通路が狙いだった。

　探検隊はグリーンランドの南端に到達したが、エスキモーに追い払われた。嵐によってニュー・ファンドランド島に運ばれ、ここから引き返した。しかし、グリーンランドを越えてインドへ達する海路を見つける試みは1500—1600年代に続いた。老練な船乗りは、グリーンランドを越えてインドへ達する航海は、南にアフリカを回るルートの5分の1に過ぎないと主張した。もし通路を見つけられれば、だったが。

　1618年には、クリスチャン4世（128頁参照）は2つの探検隊を送った。イェンス・ムンクの指揮の下、一つは北へ向かった。もう一つは、オーウェ・ギイェッデが先頭に立ち、アフリカ回りで南へ向かった。

　イェンス・ムンクは船2隻で、カナダのハドソン湾に達し、そこで越冬しようとした。しかし寒さと病気で、伴ったおよそ200人のほとんど全員がやられ、ムンク自身と2人だけが生き残り、1隻に乗ってベルゲンへもどることができた。オーウェ・ギイェッデはよりうまくいった。1620年にインドの東南海岸に達した。ここで、この地の支配者、タンジョール公との間で、デンマークの会社が小さな漁村に拠点を置くとの取り決めを交わした。この地はトランケバールと名付けられた。その後225年間、1845年にイギリスに売られるまで、デンマークのアジア交易の重要な拠点となった。

いつだった？

1200年代：マルコポーロの旅行

約1420年：エンリケ航海王子がポルトガルの航海学校を
　　　　　建てる

1492年：コロンブスのアメリカへの最初の航海

1498年：ヴァスコ・ダ・ガマがインドに到達

1521年：スペイン人がアステカ帝国を征服

1530年代：スペイン人がインカ帝国を征服

1618年：イェンス・ムンクとオーウェ・ギィエッデの探検

1620年：デンマークが植民地・トランケバールを獲得

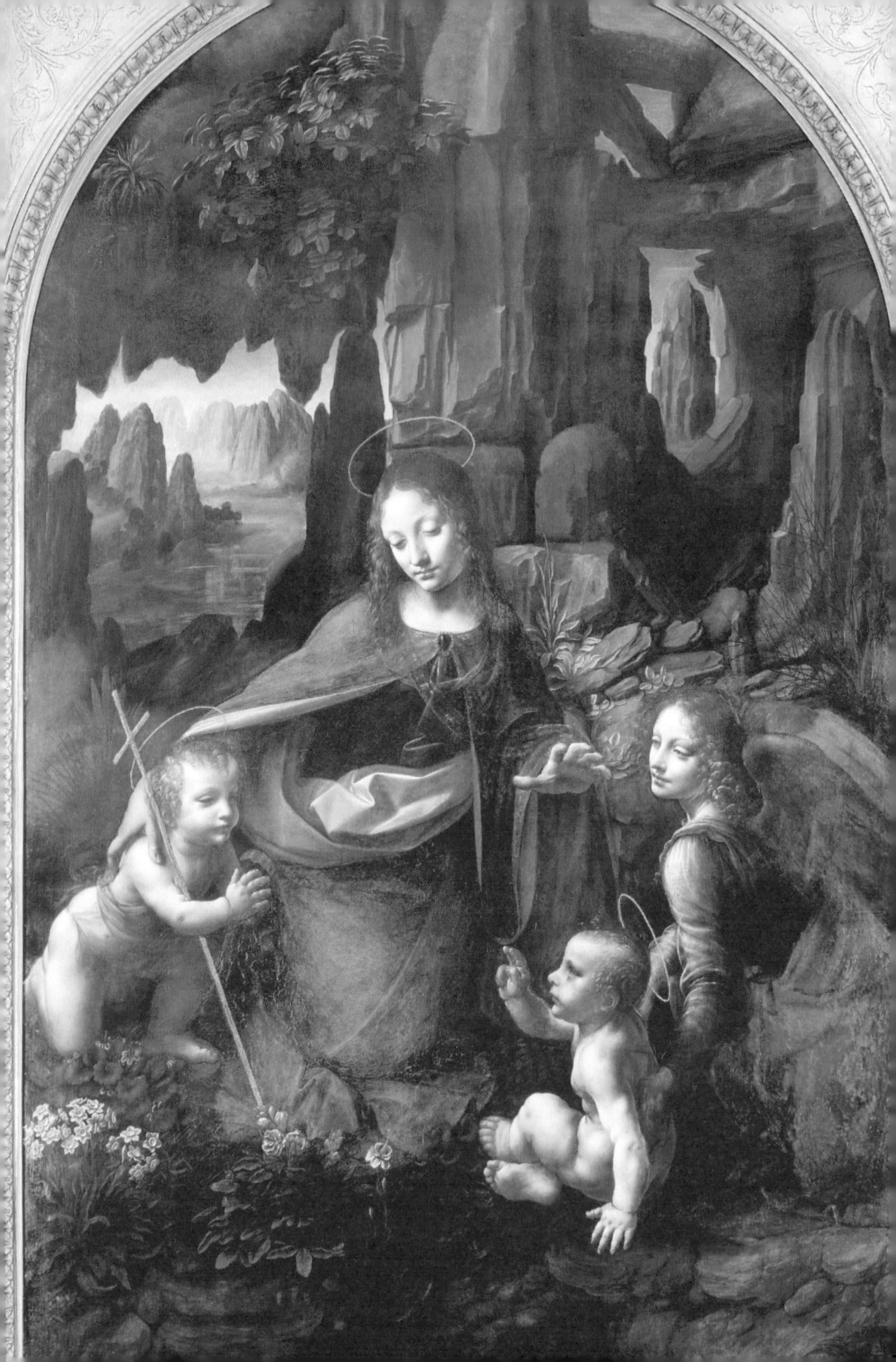

第10章
ルネッサンスと宗教改革
1300—1650年

●●● 古代の再発見

　フィレンツェ、ジェノヴァ、ピサ、ヴェネツィアの北イタリアの都市国家は、十字軍への物資の輸送と配達でかなりのお金を稼いだ。儲けは生産と商売に投資された。例えば、衣服の製造に投資された。その上、裕福な商家は、王、貴族、企業が利息を支払う代わりに金を借りられる銀行制度を作った。

　以前は、王、教会、裕福な貴族だけが、壮麗な家を建て、高価な芸術作品で飾り立てる余裕があった。しかし1300年代のはじめには、北イタリアの商人と工場主にも余裕ができ、ルネッサンスの経済的基盤を築いた。その言葉の意味は、再生または再発見だった。そして再発見されるべきなのは古代だった。

　1340年代にイタリアの作家、フランチェスコ・ペトラルカは、先の数百年を、"暗黒の時代"と描写した。暗黒時代は、古代ローマの理想に基づいて築かれた未来に取って代わられなければならなかった。裕福な市民はただ王と同じように建てるつもりはなかった。新たな時代がはじまっていた。古代ギリシャとローマの廃墟から知られていた建築と住居構造の様式を模倣した宮殿を建てた。

　文学と芸術でも、古代が流行となった。古代の作家は母国語に翻訳された。1400年代半ばには、印刷技術が発明された。本をコピーするのに、もはや筆写しなくてもよかった。そして、酷似した肖像画と彫刻で家を飾り立てた。

ルネッサンス建築は古代ギリシャとローマの建物に息吹を吹き込まれた。写真は、1500年代中期の元服飾工場：ヴェネツィアのカナル・グランデ沿いのファブリッケ・ヌオヴェ・ディ・リアルト。

ルネッサンス期には、カーニバルの開催が流行した。都市の広い通りと開かれた広場はルネッサンス期の典型だった。

●●● 人間、世界、権力の新しい見方

中世には、人生で成功するのは、ただ神の恵みのおかげだと広く信じられていた。ルネッサンスでは、人間についての見方が変わった。神が人間を創造したことを疑わなかったにもかかわらず、一人の個人は自由意思を持ち、自己の人生を自ら形作ることができた。それゆえ、たとえばもし金持ちであれば、個人の儲けでもあった。貧乏であれば、個人のせいであった。神は1人の人間にいくつかの能力を与えた。世界に関する知識を獲得するために、これらの能力を合理的にうまく広げて使うことは、個人の義務だった。だから理想的な人間は生活上のあらゆる分野についての知識を獲得しようとした―ただ一つの分野の専門家にだけなるのではなく―。

自身の多方面の才能を発展させて使うのが特にうまかったルネッサンス期の何人かは、その時代でも天才とみられていた。一人の例がレオナルド・ダ・ヴィンチだった。彼は画家、彫刻家、建築家、科学者、発明家であり、灌

イタリアの詩人、フランチェスコ・ペトラルカ（1304―74年）の詩集の表紙。

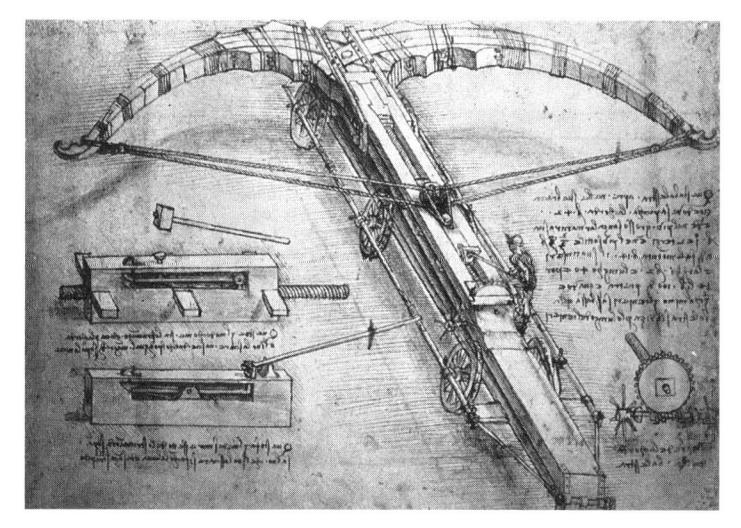

第10章 ルネッサンスと宗教改革

レオナルド・ダ・ヴィンチ（1452—1519）は、この巨大なクロスボウのような進んだ兵器を発明した。

澱の新しいやり方を考案し、先進的な武器を発明した。

　科学者は惑星と恒星を研究した。星たちがお互いに関連してどのように運動しているのかを観測した。こうして、ポーランドの天文家、コペルニクスは1500年代半ばに、太陽が宇宙の中心にあることを発見した。中心はそれまで信じられていた地球ではなかった。地球は太陽の周りの軌道を回っていた。

　中世には、教会は大きな権力を持っていた—時代によっては王よりも強大だった。中世後期には、頂点に立つ王の国家権力はほとんどのヨーロッパの国で強くなった。中世の初期には国境はしばしば征服などで変更されたが、1500—1600年代には国境はかなり固定されてきた。同時に国家は、かなりの程度でより密接に関連した地域で構成され、そこでは王たちが治め、保護し、税を徴収した。

　イタリアからルネッサンスが北へ向かって拡がっていき、様式は変化していった。1500年代半ばには、デンマークに浸透してきた。ルネッサンスの頂点はクリスチャン4世治世下だった（128頁参照）。

1508年のレオナルド・ダ・ヴィンチの絵画「岩窟の聖母」。聖母マリア、天使、幼児のイエスと洗礼者ヨハネ。

印刷技術

1300年代から、カットされ、彫られ、エッチングされた絵が印刷されてきた。それは大きく言えば、リノリウム印刷と同じやり方で行われていた。しかし、文字で1ページをカットすることは不可能だったため、本の印刷はできなかった。

1450年ごろ、ドイツの印刷業者、ヨハネス・グーテンベルグがひとつのアイデアを思いついた。金属でバラバラの文字を作り、文字を列に並べた。並べられた列をまとめ、1ページを印刷した。手法は単純だった。大きな問題は、紙に染み出さないインクの開発だったが、グーテンベルグと仕事仲間がそれも発明した。

グーテンベルグの発明は大成功となった。彼の最初の出版物は聖書で、200部印刷された。数年のうちに、ヨーロッパのすべての国に印刷所が建ち、本の価格は大きく下がった。印刷された本300部は、手書きの1部と同じ値段だった。1500年には、約3万5千の書名で1,000—1,500万部印刷された。

しかし、最初に本の印刷技術を手にしたのは中国人だった。800年代にはすでに、木版に文章と絵を彫って、紙に印刷されていた。この手法は、ヨーロッパ人が手法をみつけるまで約500年続いた。

1500年ごろの印刷工場。窓際の男たちは文字を単語に並べている。中央に2台の印刷機が置かれている。右側では1人の男がインクを文字に塗っている。手前には、印刷済みの紙の山が並んでいる。それらは製本業者へ送られ、本は完成する。

1530年ごろの南ユトランドのブロンス教会のフレスコ画。ローマ教皇、枢機卿、修道士が、いくつもの印章をぶら下げた空白の書類のまわりに集まっている。

書類の両サイドに2人の道化師がみられる。1人は教皇にメガネを差し出している。下には、2つのグループが立って議論している。贖宥状売買について議論しているプロテスタント教徒とカトリック教徒とみられる。

●●● 責められる教会

　中世には、カトリック教会は経済的かつ政治的な権力を握っていた。貴族や王は別として、大きく言えば、読み書きができたのは教会の関係者だけだった。書物を筆写してコピーを作れたのも僧だった。だから、教会は知識と教育も独占していた。

　1300年代以来、教会は批判にさらされてきた。特に贖宥状の売買（91頁参照）についてだった。印刷技術は教会が本を発行するという独占権を失うことを意味した。中世後期とルネッサンスでは、非識字者の数は減った。商人と企業主には読み書きは不可欠となった。都市人口の半分ほどが読むことができたと推測されているが、田舎ではずっと少なかった。

　印刷技術と多くの者が読み書きできるということは、議論と批判がより大きな教区に届くかもしれないことを意味した。聖職者（教会関係者）の間では、カトリック教会に関する議論があった。一部は、教会の教えはとても混乱してしまっていると主張した。年が経るとともに、教皇と彼のアドバイザーたちは新しい規則を作ったが、その多くは聖書にはまったく書かれていなかった。そこで、多くの聖職者は教会の教えを、聖書に書かれた内容に適合するように変えたかった。また、真実のキリスト教が何であるかをより多くの者が読めるように、聖書は翻訳されるべきだと考えた。

　1500年代はじめには、教会への批判は高まった。ローマのサン・ピエトロ大聖堂を新築する費用を捻出するため、教皇はエージェントを送り、ヨーロッパ中で贖宥状を販売させた。教会の教えによれば、聖人たちが善行によって儲けたものがあり、教会が自由にできた。この儲けが、贖宥状の形を取って販売された。こうしたやり方で、死後に煉獄で過ごさなければならない時間の短縮を買うことができた。多くの聖職者たちは贖宥状の販売は間違っていると考えていた。

●●● ルターと宗教改革

　カトリック教会が誤った方向へ進んでいると考えた聖職者たちは、彼らの批判が教会をよくすると期待した。批判的な聖職者の1人が、ヴィッテンブルクの大学で教えていたドイツの修道士、マルチン・ルターだった。

　当初、ルターが特に不満を持っていたのも贖宥状の売買だった。1517年に、贖宥状に対する「95ヵ条の論題」を大きな紙に書き著した。いくつかの記述によれば、ルターはヴィッテンブルクの教会のドアにこの紙を貼ったとされる。そこには以下のように書かれていた。「人は天国に行くために自分でなにかをすることはできない。どれだけ贖宥状を買おうとも、悪行を善行にすることはできない。神だけが人を救うことができる。罪を悔い、神を信じるならば、救われるだろう」。ルターはまた、「人は誰もが神の前で平等であり、それゆえ教会の牧師らが、神と人との関係を創造するために特別に選ばれた者ではない」と書いた。ルターは論題をラテン語で書いたが、印刷者がドイツ語に翻訳し出版した。

　たくさんの者がルターに賛同した。これによって、贖宥状の販売はより困難になった。そのため、販売していた者たちはルターを教皇に訴えた。ルターは、教皇は贖宥状の販売は誤りだと悟るだろうと期待した。ルターは実際に、教皇は贖宥状の売買について知らないと信じていた。しかし彼は失望させられた。しばらく後に、贖宥状は教皇が認めたものだと知るようになった。

　いまやルターは、カトリック教会がどれだけおかしくなっているのかを理解した。そこで一つの書を著し、こう主張した。「教皇自身も過ちを犯しうる。聖書を学ぶことでだけ、物事が真実か否かを決めることができる。聖書には贖宥状、煉獄、聖人信仰について何も書かれてない。つまりそれらは教会自らが考案したものだ」。教皇はルターがカトリック教会にとって危険となり得ることを理解した。そこで、教皇は、ルターに自説を広めることをやめるよう脅そうとした。

聖書をドイツ語に翻訳しているルターの絵

ルターが悪魔にそそのかされているとした反ルター派の絵

しかしルターはカトリックの教えと教皇の教会を批判し続けた。彼は、ドイツの大公たちに、教皇に依存しない新しい種類のキリスト教を立ち上げるよう持ちかけた。司祭と修道士は結婚してもよく、ドイツ語で礼拝は開かれる。司祭は聖書にあることだけを説かなければならない。もう聖人たちではなく、神だけを祈っていればよい。そのうえ、ルターはカトリック教会の聖なる儀式、秘跡のほとんどを廃止しようとした。洗礼と聖餐だけが残ることになった。

これは教皇にとって、とんでもないことだった。教皇はルターに対して破門大勅書を送った。ルターを捕らえ、ローマへ送り、さらにルターが書いた本を燃やすよう指示した。しかしルターは驚かなかった。自分の学生たちとヴィッテンブルクの郊外で破門大勅書を燃やした。ここに至り、教皇はドイツの皇帝に支援を請うた。皇帝はルターに、カトリック教会について話し、著したことを後悔していると言わせようとした。ルターがこれを無視したので、皇帝は教皇に代わって、彼の公民権剥奪を宣告した。これは、ルターは捕らえられ、火あぶりにされることを意味した。

しかしドイツにはルターを支持する者が多く、逃げることができた。1年間、彼は1人の選定侯のもとで身を隠さなければならなかった。この後、ヴィッテンブルクに引き返し、仕事を続けた。教皇の宣告は取り下げられていなかったが、ルターは捕らえられなかった。なぜならば彼はさらに多くの支持者を得ていた。次第に何千という人々が彼の教えを知るようになっていった。多くの場所で－特に北部ドイツで－大公たちと教会関係者は教会の**改革**を行った。

ルターは、司祭は説教の中で、福音書にあること、つまり、キリストの一生と業績について聖書で読み得るものに忠実でなければならないと主張した。だから、ルターの教えは、**福音派**とも呼ばれた。ルターの教えを広め、説いた人々は、伝道者と呼ばれた。ルターの支持者はルター派、または、**プロテスタント**、と呼ばれた。なぜなら、教皇に異議を申し立てていたからだった。

ローマ教皇はマルチン・ルターを破門にしたと宣告したが、ルターは教皇の破門大勅書を燃やした。1800年代の絵。

第10章　ルネッサンスと宗教改革

●●● プロテスタントが来る！

多くの人々が、ルターが新しい教えについて話すのを聴くために、ヴィッテンブルクに向かった。デンマークからも修道士と司祭が向かった。そのうちの1人がハンス・タウセンだった。1525年にヴィボーの修道院に戻った。始めの頃、彼はルターの教えを広めようとはしなかったが、十分な教育を受けていたので、修道院の修道士に教えていた。彼もたまに礼拝を行い、その際には修道院教会は最後の席まで埋まった。

次第にハンス・タウセンは自分の説教の中に、ルターの教えを少しずつ取り入れていった。他の司祭と修道士もルターの教えを広め始めた。彼らも、カトリック教会の莫大な財産と、カトリック教会が国家の運営にも口を出していると批判した。当時はカトリックの司教と高級貴族が、王とともに国を治める枢密院（96頁参照）に座っていた。

カトリックの司教は激怒し、ルター派の司祭と修道士の逮捕と、本物のキリストの教えに逆ったとして、異端者としての宣告を求めた。王であるフレデリク1世は公的にはカトリックだった。自分の憲章ではカトリック教会を守り、プロテスタントを打ち破る義務があった。しかし、ルターの教えにはとてもよいものがあると思った。例えば、王は教会に対して決定権を持つと唱える点でルターに賛成した。そのため、フレデリク1世は憲章を破って、ルター派の司祭と修道士に説教をする許可を与えた。もしかしたらフレデリク1世は、カトリックとプロテスタントが隣り同士平和に暮らせると思ったのかもしれない。

ハンス・タウセン（1494—1561）はデンマークに宗教改革を持ち込んだ立役者の1人。

説教を中心とした新しい礼拝

●●● 内乱

　1533年にフレデリク1世が世を去った。枢密院が後継者に、30歳の長男で、スレースヴィ・ホルステン公爵のクリスチャンを選んだとしたら、それは通常のことだった。しかしクリスチャンは根っからのプロテスタントで、ルターの教えを全土に導入したかった。枢密院ではカトリックが多数派だった。彼らにとって、次男の公爵、ハンスが王となることが好ましかった。ハンスはニュボー城で育ち、十分なカトリック教育を受けていた。しかしハンスはわずか12歳という問題があった。そこで枢密院は王の選出を延期し、ハンスが成人になる15歳までの間、枢密院が自ら治めると決定した。この延期は1534年から1536年までの血なまぐさい内戦の誘因となった。

　リューベックはハンザ同盟の盟主だった。市長のユルゲン・ヴーレンヴェーヴァーは王不在の期間を、ハンザ同盟のバルト海地域における立場を強化するのに利用しようとした。ヴーレンヴェーヴァーはリューベックの司令官、オルデンブルク伯のクリストファに傭兵を集めるよう指示した。廃位、投獄されていたクリスチャン2世を再び王位に就けるという公的な目的を掲げ、クリストファ伯はデンマークを攻めた。マルメ市民はクリストファ伯を支持し、枢密院に対して反乱を起こした。後に、コペンハーゲン市民も反乱に加わった。

　フュン島とユトランド半島北部では、市民と農民が結託して、貴族に対する反乱を起こし、クリスチャン2世を再び王にするよう要求した。ユトランド半島とフュン島の枢密院メンバーは、2人の邪悪なクリスチャンのうち、フレデリク1世の長男、クリスチャンが王となる方が好ましいと思った。クリスチャン公は反乱を鎮圧するために騎兵隊をユトランドへ北上させた。彼はリューベックと和平を結び、マルメは降参した。コペンハーゲンは1年の包囲の後はじめて降参した。クリスチャン公は、クリスチャン3世という名で王位に就いた。彼は即座に、彼を王に選ぶのを無視したカトリックの司教たちを捕らえた。しかしほとんどまもなく釈放されたが、カトリック教会は福音ルーテル派、またはプロテスタントによって解体されて終わった。

伯爵の争乱

　1534—1536年の内乱は、オルデンブルク伯のクリストファにちなんで、伯爵の争乱と名付けられた。彼は、リューベックがデンマークを征服するために雇った傭兵軍団の司令官だった。公的には、廃位されたクリスチャン2世を再び王位に就けることが目的だったが、クリスチャン2世と縁戚関係にあったクリストファ自身も、王位を継ぐことを目論んでいた。クリストファ伯の軍団は最初シェラン島とスコーネ地方を占領した。ここで、クリスチャン2世の王位を望むコペンハーゲンとマルメの大都市の支持を取り付けた。

　1535年終わりに、スウェーデン王によってクリストファの軍団はスコーネ地方から追い払われた。シェラン島でも押し戻され、クリスチャン公がコペンハーゲンを取り囲んだとき、クリストファと傭兵軍団は市内で籠城した。コペンハーゲンが降参したので、彼はリューベックへ戻った。

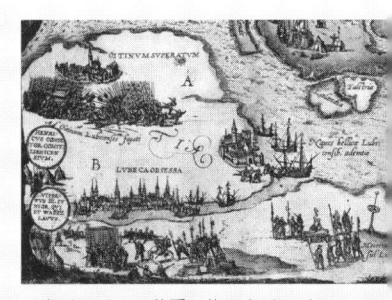

クリスチャン公爵、後のクリスチャン3世は、ヨハン・ランツァウという優秀な司令官を抱えていた。絵は、伯爵の争乱（1534—36）でのヨハン・ランツァウの手柄を示す銅板彫刻の一部。

第10章　ルネッサンスと宗教改革

●●● 新しい教会

　1537年にクリスチャン3世と枢密院は、教会令に同意した。この法律は、ルターの同僚、ヨハネス・ブーゲンハーゲンによって書かれ、プロテスタントの教会がデンマークでどのようにあるべきかを定めた。

　デンマークがカトリックだったとき、司祭は司教か貴族が任命していたが、いまでは教区の信者が司祭を選んだ。しかしながら司祭は司教に承認されなければならなかった。同様に、司教管区の司祭が司教を選び、王に承認されなければならなかった。礼拝は変わり、ラテン語の代わりにデンマーク語で行われた。説教は礼拝のもっとも重要な部分で、最低1時間続いた。説教では、司祭は聖書の言葉に忠実でなければならず、信仰が救いへの唯一の条件であると教区の信者たちに教えることになった。

　また司祭は、よいプロテスタントとして、神を信じるだけでは十分ではないと説いた。商人であろうと小作人であろうと、勤勉であり、社会の自分の場所に満足しなければならなかった。神はまさに社会を創造し、それぞれに社会の中のひとつの場所を与えくれていた。

●●● よいキリスト教徒と役に立つ市民

　国内のいくつかの学校はカトリック教会に属していたが、いまや王と枢密院が教育の責任を受け継いだ。あらゆる子供は何がしかの形で教育を受けなければならないと決めた。最低でも、子供は聖書になにが載っているかを学ばなければならず、そうすることでよいキリスト教徒と役に立つ市民になることができた。ダイネ（教会の演奏職員）は農民の子供への教育業務を受け持った。教育は週2日の午後と日曜日の礼拝後に行われた。しかしこれは大失敗となった。ダイネは通常教えるのは下手で、そのうえ農民たちは、子供が働くことの方が大切だと主張した。そのため、親はしばしば子供を家に止め置いた。

　商業都市では教育は決まってよりうまくいった、職人と商人は、子供が学校に行くのは有益だと考えた。特に、子供が、宗教の義務的教育のほかに、読み書きも学ぶのであれば。

　それぞれの商業都市には、少年だけを受け入れたラテン語学校が設けられた。名前からも分かるように、ラテン語はもっとも大切な科目だった。わずかな者だけがラテン語を理解したが、それは今日の英語とドイツ語のような国際的言語だった。多くの書物と重要な手紙はラテン語で書かれていた。ラテン語学校はとても人気が出た。教育は無料で、生徒は食事、服、寮が与えられた。しかしながら多くの生徒が数年でラテン語学校を去り、彼らの一部は、ダイネとして雇われた。全教育を修了するには8—9年間かかった。ある者は官吏になり、別の者は司祭になるために大学で学んだ。

スレーエルセの聖ミケル教会の旧ラテン語学校

●●●こうしてデンマーク人はそれを獲得した

　王は、市民と農民を、"誤った無思慮な犬の群れ"として、反乱を起こすことを大目にみていた。しかし、特に農民は、貴族と仲が良い王を持ってきたと感じるようになった。多くの農民は、農園を王に捧げ、王の小作人となることを強制されていた。そして貴族は小作人を思いのままに使う許可を得ていた。

　王は外国との貿易の大部分を貴族に委ねていた。たとえば、穀物と家畜をドイツへ売ることで、多くの貴族がとても裕福となった。

　古来、貴族は王の兵士だった。一方で、税金を払うことを免れていた。しかし今や、銃と大砲の時代だった。それは、鎧に身をまとった貴族軍は時代遅れとなったことを意味した。多くの貴族がその代わりに、王の高級官吏となった。同様に税金の支払いは免除されていた。

　1500年代は、商売と手工業の開花期だった。商人は国のためにたくさんのお金を稼いだ。そのため王は、都市の商売のためになる法を作ろうとした。少しずつ、コペンハーゲンの商人は外国との貿易を貴族から引き継いでいった。一部のこれらの商人はとても裕福になった。王と貴族が商人からお金を借りたので、商人もまた、次第に国家の運営への影響力を獲得していった。

　変化をもっとも感じたのは教会の聖職者たちだった。司教と修道院長はもはや、国家の運営に影響力を持たなかった。教会はその価値を失い、経済面で王に頼った。しかし聖職者は独立した身分として残された。その身分には、司教、司祭長、司祭、教師が含まれていた。彼らの仕事は、デンマーク人がルター派の教えに基づいて暮らすのを世話することだった。

　修道院には、これまで同様に修道士と修道尼がいた。王は彼らに、残りの人生を修道院にいる許可を与えた。しかしカトリックのミサを開いてはいけなかった。都市では、多くの修道院が病院になっていった。それらは、高齢者、貧困者、病人の面倒をみる一種のケアホームであった。しかし病院には貧困者と病人を受け入れる場所だけがあり、残りの者は、生きるために物乞いをしなければならなかった。物乞いを抑えるために、市民からの分担金で賄われる貧困基金が設立された。集まった額は必要性がある者の間で分けられた。しかし十分ではなく、多くの者が同様に物乞いしなければならなかった。2—5万人が物乞いをしてどうにか暮らしていたと推算されている。これは人口の5—10%に相当した。

中世にはカトリック教会が貧困者の面倒をみた。

第10章　ルネッサンスと宗教改革

●●● 肥えた時代－誰かにとって

　1536—1660年は貴族の富裕時代と呼ばれる1536年の宗教改革以降、教会は王の下に置かれ、独立した権力を全く持たなくなった。今や貴族だけがほとんどの土地を所有し、枢密院に座って王とともに国を治めていた。その時代の大部分は、経済的にはうまくいった。デンマークは農業国で、穀物の価格は1630年ごろまで上がり続けた。その成果が一番最初に貴族の地主に恩恵をもたらした。より多くの土地を買い占めて領地を拡大した。森を切り払い、牧草地を畑に変えた。多くの貴族が新しい屋敷を建てる余裕を持った。

　農民は穀物価格の高騰の恩恵はたいしてうけなかった。収穫物はこれまで同様に、蒔かれた種の3—4倍の穀物に過ぎなかった。主に農民自身で使い、一部は税金と支出に回った。ほとんどの農民は、農場と畑を地主から借りる小作人だった。小作人の数は増加し、1650年ごろには耕作地のわずか6%だけが自作農のものだった。王はおよそ半分、貴族は約40%を所有していた。残りのわずかな部分が都市の市民が所有する畑だった。小作人の生活は生存を賭けた日々の戦いだった。生産したものの主要な部分を自分たち自身で使い、残りを地主が、ランドギルデと呼ばれる小作料として受け取ったそのうえ、小作人は年間決まった日数、地主のために無償で働く義務があった。これはホウヴェリと呼ばれた。

　不作の年は、小作人が小作料を払うことができないことを意味した。もっともいい場合、地主から借金できた。最悪の場合、農場から追い出された。多くの戦争が農民に過酷な状況を強いた。農民はデンマークと敵の両方の兵士に食住を提供しなければならなかった。また、要塞建設と軍隊の他の仕事を強制的にさせられた。

●●● クリスチャン4世－ルネッサンス王

　1536年の宗教改革の後、国家、つまり王が、教会の莫大な富を引き継いだ。1500—1600年代のヨーロッパの他の王と大公のように、デンマーク王は城と他の建築物を建てることで権威と富を誇示しようとした。当時の最高の芸術家が装飾を行った。

　特にクリスチャン4世（1596—1648年）の時代に、ルネッサンスがデンマークに到達した。クリスチャン4世は、トイフーセ、ボースン商品取引所、円塔、ローゼンボー城などのいくつもの城と建物を建てた。大半はオランダのルネッサンス様式だった。王はしば

しば、建物のデザインに個人的な刻印を施した。例えば、ボーセンの捻れた塔は王の発明だった。自分の建築物で、王の誰にも頼らない権威を示そうとした。だから彼は何度も枢密院と衝突した。1620 年代まで、クリスチャン 4 世はヨーロッパのもっとも裕福な大公の 1 人だった。これは、オアスン海峡を通過する船からの通航税で得た莫大な収入のおかげだった。

1618 年から 1648 年まで、北ヨーロッパではいくつかの戦争が行われ、それらはあわせて **30 年戦争** と呼ばれた。神聖ローマ帝国のカトリックとプロテスタントの公爵と大公たちの対立が一因だった。クリスチャン 4 世は、カトリックのドイツ皇帝を打ち破ろうとするプロテスタント軍の先頭に立ちたかった。枢密院の反対にもかかわらず、参戦し、不名誉な敗北を喫した。敗北にもかかわらず、クリスチャン 4 世はより慎重な外交政策を取ろうとはしなかった。国庫を潤すため、オアスン海峡の通航税を引き上げた。これによってオランダ人と仲が悪くなり、スウェーデン人はデンマークを攻める根拠とした。

クリスチャン 4 世はデンマーク史上、もっとも知られた王の 1 人だ。特に彼の多くの建築物によるところが大きく、人々は王の時代にはそう関心はなかった。数多くの建築は莫大な額がかかり、多くの敗戦を理由に、国庫は次第に空になっていった。

30 年戦争の絵画。1632 年に起きたヴァレンシュタイン指揮下の神聖ローマ皇帝軍とスウェーデン王、グスタフ・アドルフ軍とのリュッツェンの戦い。絵は戦後数年して描かれた。

●●● ヴェストファーレン講和条約　1648年

　神聖ローマ帝国のほとんどの公国と王国で、1520年代以来、プロテスタントとカトリックの間で戦争が起きていた。1555年に諸侯は宗教の自由を取り決めた。取り決めでは、臣民がプロテスタントかカトリックかは支配者が決めるとされた。しかしながら、諸侯が信仰を変えればどうなるかははっきりされていなかった。

　ボヘミア（現在のチェコ）では、神聖ローマ帝国の皇帝が王を務めていた。皇帝はカトリックだった。1618年にボヘミアのプロテスタントは、皇帝を王と認めるのを拒否し、その代わりに自分たち自身の王を選んだ。これが、プロテスタントの諸侯たちと、皇帝とカトリックの諸侯たちとの一連の戦争のはじまりとなった。戦争はそれ以来、30年戦争と名付けられた。

　最初の間は皇帝にとってうまく進んだ。しかし、たとえばフランスとイングランドの王は、皇帝があまりに強くなることを面白く思わなかった。そこで両国は、クリスチャン4世が1625年に圧力を受けていたプロテスタントの諸侯を助けるために戦争に参加したとき、クリスチャン4世を支援した。しかしすでに指摘したように、クリスチャン4世は敗北を喫した。1630年に皇帝に対して参戦したスウェーデン王にとっても状況はあまりよくなかった。このため、フランスはプロテスタント側に立って参戦した。こうしてプロテスタント側はなんとかうまく凌いだ。しかし、誰も勝つことはできず、1年に渡る和平交渉がはじまった。

　1648年に、ヴェストファーレン（ウェストファリア）講和条約が結ばれた。ここでは、一斉に、それぞれの神聖ローマ帝国内のそれぞれの公国はカトリックかプロテスタントとなると決定された。これによって、主に帝国の北部はプロテスタント、南部はカトリックとなった。

　ブランデンブルクとバイエルンのような多くの公国は勢力を伸ばした。同時に、神聖ローマ帝国の王と大公は完全に皇帝の権力から独立した。講和条約は、帝国内の国々の絶対的な統治権を確立し、以来、国々の関係に関する基本原則となった。その時から1806年に神聖ローマ帝国が最後に解体されるときまで、皇帝は飾りにすぎなかった。

　多くのヨーロッパ諸国を巻き込んだ多年に渡る戦争の後、条約締結に携わった者たちは、ヨーロッパに平和と安定を確保できるように、ヨーロッパの大国間のバランスを築きたかった。これは成功した。個別の国同士の短期間の戦争はいくつかあったにもかかわらず、ナポレオン戦争（1792—1815年）以前には、ヨーロッパの大国間に広範囲な戦争は起きなかった。

ヴェストファーレン講和条約が1648年に締結された。

●●● スウェーデン人との騒動

　1520年代にスウェーデンは最終的に、デンマークとノルウェーとの同盟から去った。グスタフ・ヴァーサもデンマーク王、クリスチャン3世もいずれも、同盟にまつわる高価な戦争をもう望まなかった。

　1500年代はじめには、ノルウェーは経済的に弱体化していた。わずかな貴族が残っていたが、国を治めるのに十分な力はなかった。クリスチャン3世はこれを利用した。1536年に王位を継いだとき、ノルウェーの枢密院を廃止した。これによってノルウェーは独立国でなくなり、スコーネとユトランドがそうであったように、デンマークの一部となった。1560年代はじめには、フレデリク2世がデンマーク王位を、エーリク14世がスウェーデン王位を継いだ。両王は北欧全体の支配を欲したため、ここにデンマークとスウェーデンの間の平和な関係は終わりを告げた。

　1563年に、続く約100年間でデンマークとスウェーデンが戦った4回の大きな戦争の1回目が起きた。戦争の最も重要な理由は、北欧の統治権、バルト海貿易の支配権、デンマークが徴収していたオアスン海峡の通航税だった。戦争の結果として、デンマークは大きな領土を放棄しなければならず、国はもはや、北ヨーロッパの大国でなくなった。

戦争はまず最初に市民に降りかかった。イラストは兵士が農村を襲う絵の一部。市民は略奪、殺害、暴行された。

スウェーデンとの戦争　北方7年戦争　1563—70年

　1563年にフレデリク2世は、大部分が外国人傭兵(ようへい)で構成された軍隊でスウェーデンを攻めた。王は、短期間でスウェーデン王、エーリク14世を降伏させるだろうと思った。しかし、傭兵部隊がハランドに侵入したとき、前進は止まった。続く数年間、スウェーデン南部で戦争は波のように続いた。

　スウェーデンとデンマークの両軍は巨大な損失を数えた。そのため、どんどんお互いの市民を襲って略奪するようになった。概して、戦争は特に一般人を巻き込む。彼らは無償で軍隊への物資を提供しなければならなかった。そのうえ、多くの者が、傭兵が持ってきたペストと他の感染症に襲われた。1570年についに和平協定が結ばれた。協定に従って、両国は占領した地域を返還し、スウェーデンは賠償金を支払わなければならなかった。

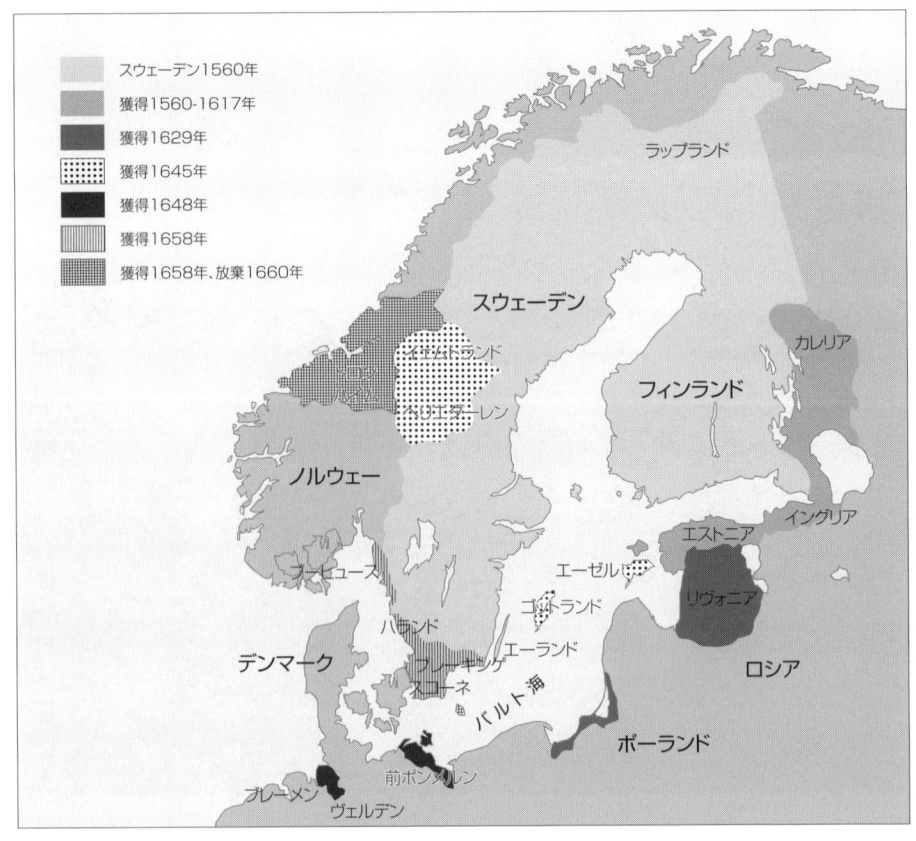

スウェーデンが1560〜1660年に獲得していった地域

カルマル戦争　1611―13年

　クリスチャン4世（1594―1648年）は北欧の支配権を再び獲得することを目論んだ。同時に、スウェーデン王はデンマークの包囲から抜け出し、バルト海での勢力拡大に努めていた。それゆえ、いずれの王も決着を望んでいた。

　戦争へ導いたのは、スカンディナビアの最北部をめぐる争いだった。デンマーク軍がカルマル城と他の重要なスウェーデンの城塞を占領した。しかしデンマークにはスウェーデン人を完全に屈服させる力はなかった。

　戦争はバルト海でのオランダ人の商売に邪魔となった。イングランドからの支援とともに、オランダは両者に和平を結ばせた。結果として、スウェーデンはより多くの賠償金を支払うことになった。しかしクリスチャン4世は、新同盟の王となるという夢を果たせなかった。そして和平協定ではスウェーデン人はオアスン海峡の通航税を支払わなくてもよいとなっていたにもかかわらず、スウェーデン人はこれまでと同様にデンマークにバルト海内に閉じ込められていると感じていた。

トルステンソン戦争　1643―45年

　クリスチャン4世はスウェーデンがバルト海に沿った広い地域を侵略するのではないかと心配していた。そのため、スウェーデン人の敵を支援し、オアスン海峡の通航税を引き上げた。スウェーデン人は我慢ならず、宣戦布告することなく、レンナート・トルステンソン将軍の指揮下、スウェーデン軍がまずユトランド半島、次いでスコーネを占領した。

　和平締結で、デンマークは、イェムトランド、ヘリエダーレン、並びにバルト海貿易を支配するために大切なエーゼル島、ゴットランド島を失った。その上、スウェーデンが30年間、ハランドを引き継ぐことになった。スウェーデンはもはやバルト海内に閉じ込められてはいなかった。スウェーデンが北ドイツの地域―デンマークの南部国境付近―も引き継いだので、デンマークが締め付けられる番だった。

　1644年にクリスチャン4世自らコルベアー・ハイデの海戦に参加した。これはデンマークが勝利した少ない戦いのひとつとなった。戦いの最中に王は目を負傷したが、戦い続けた。絵は1865年作。"クリスチャン王は高き帆柱の傍に立ちて"の歌はこの出来事を描いている。

カルマル戦争でクリスチャン4世が兵士を観閲するタペストリー。背景にカルマル城がみえる。
1657～60年：カール・グスタフ戦争

第10章　ルネッサンスと宗教改革

カール・グスタフ戦争　1657―60年

　スウェーデンは東ヨーロッパで侵略を続けた。しかし1650年代に、ポーランドとスウェーデンの他の敵が連合し、スウェーデン王、カール10世グスタフは窮地に陥った。デンマーク王、フレデリク3世はこの機会を利用し、スウェーデンに宣戦布告した。しかし戦線布告するやいなや、カール10世グスタフは兵とともにユトランドに攻め上がった。海峡が結氷したため、コペンハーゲンに氷を渡って進軍した。デンマークは和平を請わねばならなかった。和平条件は厳しかった。スウェーデンは、スコーネ、ボルンホルム、ブレーキンゲ、ブーヒュース、トロンハイムを獲得した。数ヵ月後、カール10世グスタフはデンマーク全土を保有しなかったことを後悔し、再び戦争を始めた。デンマークは即座に再び占領された。しかしながら、コペンハーゲン市民の協力で、フレデリク3世は首都陥落は防ぐことができた。

　オランダ人が包囲されたコペンハーゲンの救援のためにやって来た。彼らは、スウェーデンがバルト海貿易を支配するようになるのを邪魔しようとした。カール10世グスタフが亡くなったとき、スウェーデン人は和平締結を請うた。結果として、ボルンホルムとトロンハイムがデンマークへ返還された。

スウェーデン軍は凍ったリレベルト海峡を歩き渡った。軍が、イヴェアネス（現在のヴェーデルスボウ・ホーヴェ）に上陸したとき、デンマーク軍と戦いとなったが、デンマーク軍はたちまち破られた。絵では、ユトランド半島からシェラン島まで結氷した海峡を渡るスウェーデン軍の行進ぶりを示している。

いつだった？

約1450年：印刷技術の発明

1517年：ルターの論題

1523年：スウェーデンが最終的にカルマル同盟を離脱

1525年：ハンス・タウセンがデンマークでルターの教えを
　　　　説き始める

1534—36年：伯爵の争乱

1536年：宗教改革

1537年：教会令

1563—70年：北方7年戦争

1596—1648年：クリスチャン4世

1611—13年：カルマル戦争

1618—48年：30年戦争

1648年：ヴェストファーレン講和条約

1643—45年：トルステンソン戦争

1657—60年：カール・グスタフ戦争

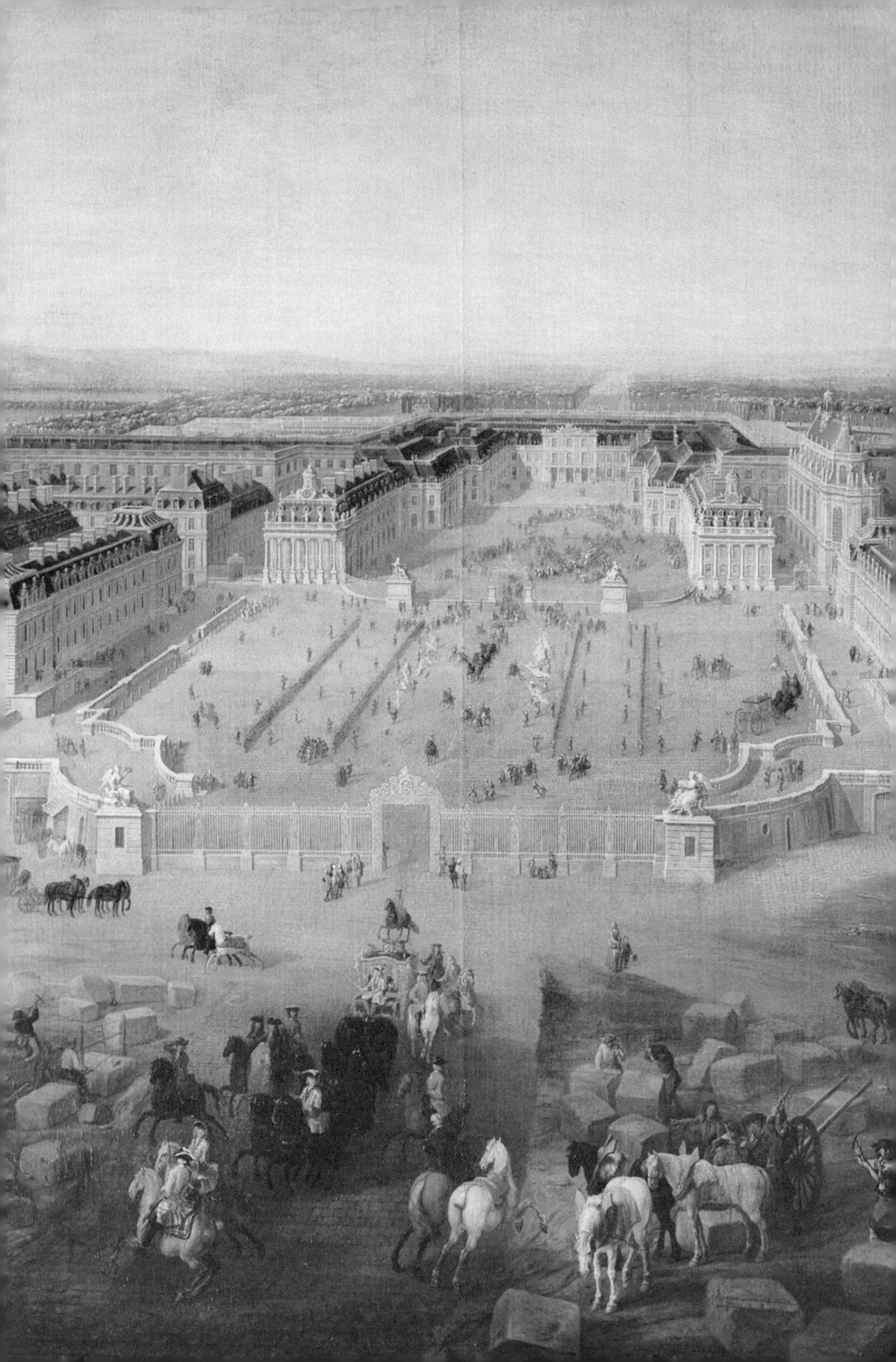

第11章
王へ全権
1650—1750 年

●●● 朕は国家なり！

　1600 年代には、多くのヨーロッパの国々で王が全体の支配権を獲得した。王は法を定め、国がどのように治められるかを決定し、官吏を任命し、戦争の宣言などをすることができた。王は貴族によっても選ばれず、長男が自動的に王位を継いだ。この統治体制は、**絶対王政**と呼ばれた。王は絶対的な権力を持った。平和と秩序を保つ権威によって国民が治められることは、社会にとって最良であるとされた。人々は簡単には自分自身を管理することはできない。強力な王権なくしては、混乱が生じ、社会は崩壊してしまうだろう。

　絶対王政は当時、自然の**法則**とみなされた。絶対王政は、社会を整えるのに最善で最も公正だと神が考えたやり方だった。神が全てを決める、ゆえに国家もまた絶対王政で治められなければならなかった。王を任命するのは神であり、例えば貴族ではなかった。それゆえ、神の恵みの王とされた。王は全権を持っているにもかかわらず、自分自身だけを考える暴君であってはならなかった。王の仕事は社会にとって最善な方法で治めることだった。

　フランスは絶対王政が導入された最初の国だった。1500 年代のいくつかの戦争の後、王権は強化された。1620 年代には、リシュリューが宰相となり、絶対王政の考えに触発され、貴族の負担をもとに王権を強化することに努めた。1643 年から 1715 年まで王だったルイ 14 世のもとで、フランスの絶対王政は絶頂に達した。それゆえ、彼が、"朕は国家なり"と言ったのは正しかった。

　←パリ郊外のヴェルサイユにルイ 13 世が 1620 年代、狩猟のための城を立てた。息子のルイ 14 世（1643—1715 年）は城を当時でもっとも壮大な王城に拡張した。建築様式は**バロック様式**と呼ばれ、特徴はきっちりとした左右対称で、広大な庭園もまた左右対称となっていた。ヴェルサイユの宮廷では貴族から使用人まで約 1 万人がいた。

　哲学者、トーマス・ホッブズ（1588～1679 年）は、**リヴァイアサン**を 1651 年に著した。その中で、絶対王政は最良でもっとも合理的な統治形態であり、社会の万人に恩恵があると断言した。本の最初のページでは、社会のメンバーが王の身体に描かれている。

137

第11章　王へ全権

●●● 国庫のお金

今日、全世界の国々から物を買うことができる。世界のほとんどの政府は、国境を越えた貿易を容易にする取り決めをしている。従って、国際的な貿易は増加している。それは経済にとってよいとほとんどの者が考えている。しかし400—500年前には、そうみられていなかった。当時は、1人の王が国庫に可能な限り多くのお金、とりわけ金を持っていることが大切だった。この経済的考えは、**重商主義**と呼ばれる。

満たされた国庫は権威を与えた。絶対王政の王の下で、徴税が効率化された。収入のかなりの部分が行政と防衛に使われた。以前に使われていた傭兵は、徴兵された農夫から成る国軍が、一部を補うか、またはすべて取って代わった。収入の一部は、威厳ある城を建て、巨大な宮廷を維持するのに使われた。こうやって王は自己の権威を誇示した。

国庫にお金を入れるためには、国民は熱心に働き、多くの税を払わなければならなかった。外国へ物を売ることができるのはいいことだった。そうやってまた国庫にお金が入った。しかし外国でものを買えば、お金は国外へ流れるため、可能な限り避けなければならなかった。それゆえ、国は**自給**、つまり、人々が必要とする全てのものは国内で作られるように仕向けられなければならなかった。

植民地は、一国が自給するために重要な役割を果たした。植民地からは、原料、金、銀、香料、絹などの、必要としながら自国にはないか、作ることができないものを手に入れることができた。そして植民地の住民は自身で使わないものを買わされた。余ったものを隣国よりむしろ、自分の植民地に売ることはしばしばメリットとなった。ヨーロッパ人は、植民地へ売りつけるときに、ものの値段を自分たちで決めた。

王は植民地を獲得するために探検隊を派遣した。王自身は滅多に探検隊に出費しなかった。決まって、民間企業、"カンパニー"に船団を準備させた。代わりに、カンパニーに特定地域で商売する**独占権**を与えた。植民地の住民にこの意味を問うものは誰もいなかった。1600—1700年代には、植民地からの物資狩りが他の国民への抑圧

植民地は重商主義の体制の中で重要な役割を果たした。1950年代と1960年代にはじめて植民地は独立した。1920年代のフランスの学校の教科書の絵は、フランス人がどの物品を植民地から得ているかを示している。

と搾取を意味するとは一般的に誰も考えなかった。アフリカからアメリカへ奴隷として何百万人という黒人を輸送することが問題であると考えるヨーロッパ人はほとんどいなかった。しかし、黒人と他の非ヨーロッパ人は文明化されたキリスト教徒のヨーロッパ人よりはるかに遅れているとみられていた。実際には、これらの原始的で未開の者を、地域獲得とキリスト教を教える際の使役人として使った。

植民地と三角貿易

植民地とは、一つの国が別の国に設置した居住地、または貿易拠点。植民地を獲得するいくつかの理由があり得る。目的は、貿易を増やし、原料を確保、または国民の余りで入手するのを可能とすることだった。

王は植民地との貿易を、特定地域での商売の専売権（独占権）を持った民間企業に委ねた。1500—1600年代には船舶は改良され、全貿易は海路で行われた。

船は、支配している風と海流が前へ進むのをもっとも容易にする決まったルートを通った。次第にヨーロッパ、アフリカ、西インド間の貿易ルートのネットワークが発展し、**三角貿易**と呼ばれた。

船はヨーロッパから織物、武器、弾薬、酒を積んで出航した。西アフリカ海岸に沿ってヨーロッパの植民地政府がいくつもの貿易拠点を設置していた。ここで持参した商品で奴隷、象牙、金を買った。そして大西洋を越えてアメリカ、まず西インドへ渡り、ここで奴隷を売った。木綿、タバコ、ラム酒を積み、ヨーロッパへ針路を取った。

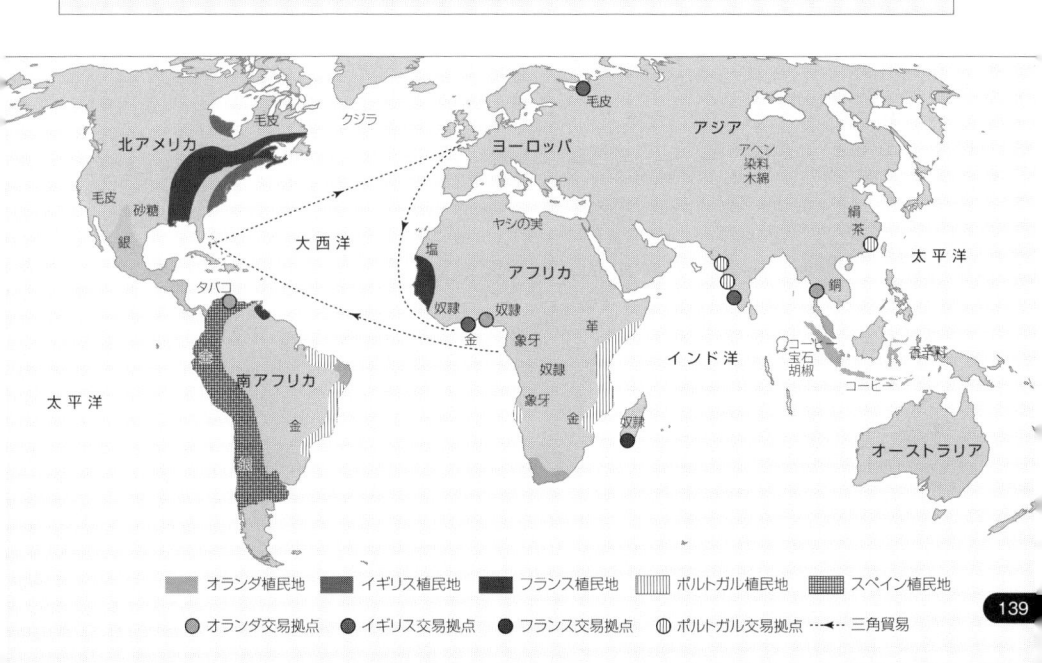

第 11 章　王へ全権

●●● 危機の国

　カール・グスタフ戦争（1657—60 年〈134 頁参照〉）の後、デンマークはより小さくなった。破壊された貧しい国でもあり、国は莫大な借金を負った。傭兵部隊に支払わなければならず、戦時下に調達された物資にかかった多額の費用を商人に支払わなければならなかった。国の財政が苦しくなったとき、王と枢密院は国民に、とりわけ農民に増税を強いた。しかし国民は簡単により多くの負担を担うことはできなかった。デンマークは 1500 年代には穀物と牛の輸出が好調だったが、この時代には需要とそれに伴う価格が落ち込んだ。これは、農民がより貧しくなったことを意味した。

　断続的にペストが国を荒廃させた。1654 年には、コペンハーゲン市民の約 3 分の 1 がペストで死んだ。そこに戦争が略奪と破壊をもたらした。そして 1600 年代を通して気候は冷涼となり、状況はよりよくはならなかった。全体的に死亡率は上がり、1645 年から 1660 年までの 15 年間で人口は 5 分の 1 減少したとみられる。このため、フレデリク 3 世にとっての問題は、農民が国の借金を支払うことができなかったことだった。

国家クーデター　1660 年

　クリスチャン 4 世は貴族の出費に対する権限を強化しようと試みた。1648 年に王が死んだとき、枢密院は、息子で後継者であるフレデリク 3 世へのコントロールを強めたかった。そのため、フレデリク 3 世は枢密院と貴族により大きな権限を与える憲章に署名しなければならなかった。しかし 1660 年に国の借金は支払われることになっており、この問題を解決するために、フレデリク 3 世と枢密院は、階級会議（4 階級：貴族、聖職者〈教会関係者〉、市民、農民）を招集した。1660 年秋にコペンハーゲンで、貴族、聖職者、市民の使者が集まった。農民は代表ではなかった。王は、各階級は協力して、税金を余分に支払って借金を返済することを提案した。市民と聖職者は受け入れたが、貴族は拒否した。税金を支払わなくていいというのは貴族の権利だった。中世以来、貴族階級は、王のために戦役を果たす代わりに税金が免除されていた。しかし、スウェーデンとの戦いではわずかな貴族だけが戦い、さらに戦争中には、多くの貴族は国外へ逃げていた。1658—59 年の冬にコペンハーゲンが包囲されたとき、市民と王だけで首都を防衛した。

　貴族への声が敵対心を帯びるのは言うまでもないことだった。市民と聖職者は、王の長男が常に王位を引き継ぐこと（世襲王政）を提案した。王権が世襲となれば、枢密院はもはや王の憲章を作成しなくてもよかった。これは、枢密院と貴族が影響力を失うことを意味した。貴族はもちろん、世襲王政の導入に反対した。しかし、フレデリク 3 世が兵を呼び、コペンハーゲンの城門を閉じるように命令したとき、貴族は屈した。

　フレデリク 3 世は自分の憲章を返還させ、無効になった印として、憲章をナイフで裂いた。各階級は、国が治められる法の作成を王に委ねた。1661 年初めには、王は絶対－世襲制法を公布し、ただの世襲王ではなく、絶対君主となった。

絵は1666年のもので、1660年に世襲王となって喝さいを浴びるフレデリク3世（1648—70年）を描いている。王と王妃はボースンの前の玉座に座っている。空からは太陽の光線が玉座に注いでいる。つまりフレデリク3世は神の思し召しの王だった。赤いじゅうたんが現在のクリスチャンスボーがある城まで敷かれている。左にはホルメン教会がみられ、左下の隅には芸術家、ウォルフガング・ハインバッハがサインしている。

政府

絶対王政は、権限が王に集まることを意味した。しかし王は、デンマーク、ノルウェーを1人で治める余裕はなかった。そのため、新しく強力な政府が設けられ、コペンハーゲンに本庁が置かれた。

政府は複数の委員会で構成された。一つの委員会は8—12人のメンバー（委員）が統率する政府の事務所だった。現在の省の総数は政府によって変わる。同様に、委員会の総数は変化した。委員会は王が決定する案件を準備した。決定はゲハイムコンシール（後の内閣）で行われ、王と委員会の長で構成されていた。

カビネットは、個人的アドバイザーを持つ王自身の事務所だった。何人かの絶対君主はゲハイムコンシールの代わりにカビネットで決定した。

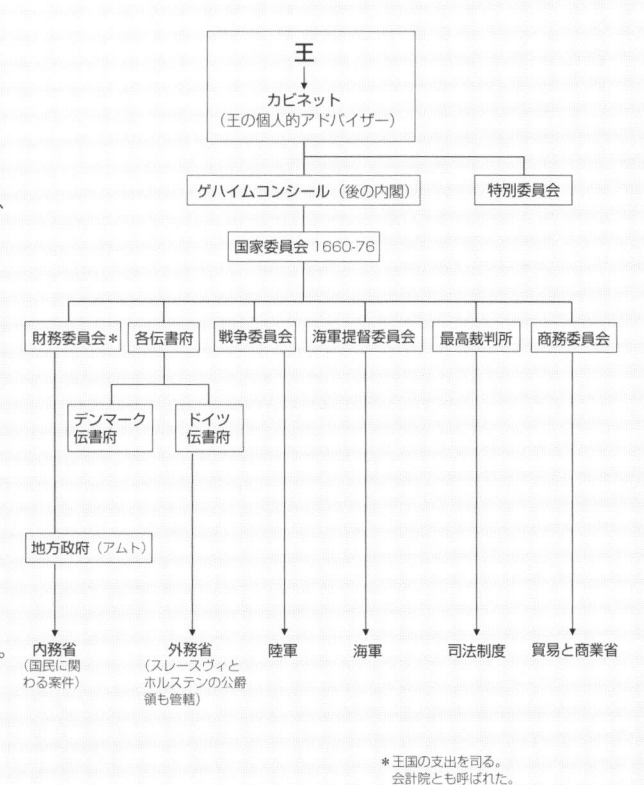

```
                    王
                    │
                カビネット
            （王の個人的アドバイザー）
                    │
        ┌───────────┴───────────┐
   ゲハイムコンシール（後の内閣）    特別委員会
            │
     国家委員会 1660-76
            │
    ┌────┬────┬────┬────┬────┬────┐
  財務  各伝  戦争  海軍提  最高  商務
  委員会*  書府  委員会  督委員会 裁判所 委員会
    │    │
    │  ┌─┴─┐
    │ デンマーク ドイツ
    │ 伝書府  伝書府
    │
  地方政府（アムト）
    │    │    │    │    │    │
   内務省  外務省  陸軍  海軍 司法制度 貿易と商業省
  （国民に （スレースヴィと
   関わる  ホルステンの公爵
   案件）  領も管轄）
```

*王国の支出を司る。会計院とも呼ばれた。

第11章 王へ全権

●●● 変化の下での社会？

　王の個人秘書官、ピーダー・シューマッカは、**国王法典**を編纂した。法典は、国がどう治められるかに関する一種の憲法だった。以前のデンマークとノルウェーの憲法は、王が戴冠前に署名しなければならない憲章だったが、国王法典は憲章を引き継いだものだった。これは1665年に完成し、フレデリク3世によって署名された。法典は絶対王政が廃止される1849年まで有効だった。

　国王法典は、絶対君主にほぼ無制限の権限を与えた。王が法律を制定し、最高裁長官、教会と陸・海軍の長を務め、官吏の雇用と解雇ができた。法典が王の権限に与えたただ一つの制限は、王がその権限を放棄してはならないことだった。また、兄弟や息子に、王国の一部を公国のような形で譲渡してもいけなかった。さらに王はプロテスタントでなければならなかった。

　絶対王政の導入後、貴族は特権を失った。余裕があった誰もが領地を購入しなければならなかった。一部の裕福な大商人たちはこれを利用した。そして貴族は免税権も失った。もっとも、免税権は部分的に1671年に再導入された。王はまた、国家の奉公人、つまり官吏に、貴族の息子だけを任命するのに代えて、裕福な市民の息子を雇い始めた。しかし教育を受けた官吏は1700年代まで不足していた。そのため、多くの貴族はそのポストを保持していた。王は、多くの領地を購入する余裕がある者に、伯爵や男

フレデリク3世と国王法典を手にしたピーダー・シューマッカ。

　フレデリク3世が1648年に王になったとき、これまででもっとも厳しい憲章に署名しなければならなかった。枢密院は単にクリスチャン4世のときよりも大きな実権を握りたかった。

　カール・グスタフ戦争（1657—60年）の際、フレデリク3世は、賢明で精力に満ちた王であることをみせた。枢密院の多くのメンバーが戦争中に国から逃げ出す中、フレデリク3世はコペンハーゲンにとどまり、1658—59年の包囲戦の中、首都の防衛に積極的に参加した。そのため、戦後、王はとても強くなり、そのことが絶対王政の導入に決定的な意味を持った。

　当時の王の一部と異なったことに、フレデリク3世は才能に富み、博学な人物だった。巨大な私的書庫を設け、後に王立図書館の土台となった。

ピーダー・シューマッカ

　ピーダー・シューマッカ（1635—98年）はコペンハーゲンの裕福なワイン商人の息子だった。若いころ、ヨーロッパの多くの国々で学び、訪れたフランスでは、ルイ14世の絶対王政に強く感銘した。フレデリク3世の個人秘書官として雇われ、王は**国王法典**、つまり絶対王政下で有効な法の編纂を命じた。

　ピーダー・シューマッカは大きな影響力を獲得し、とても裕福になった。グリッフェンフィルドという称号が贈られた。しかし、フレデリク3世の後継者であるクリスチャン5世（1670—99年）を辱めたとして、1676年に死刑を宣告されたが、最後の瞬間に王は死刑を取り消し、グリッフェンフィルドは牢獄につながれた。ここで22年間を過ごし、釈放後数ヵ月でこの世を去った。

爵のような貴族の称号を与えることができた。絶対王政は社会のトップの変化を意味したが、大部分の国民にとって、絶対王政の導入はごく限られた変化に過ぎなかった。

　農業はデンマークの最も重要な職業だった。国家的財政危機を克服するためには、生産に取りかからなければならなかったが、困難だった。1650年代の戦争と、後に続いた飢餓と疾病で、8分の1の国民が命を落とした。そのうえ、多くの屋敷、畑、家畜が戦争で失われた。そこへ、穀物の価格が下がり、穀物を外国へ売って稼いでいたデンマークにとって問題が生じた。1600年代前半のヨーロッパの戦争によって、人口が少なくなり、それゆえに穀物の必要性もより少なくなった。こうして価格はより下がっていった。また価格の下落は、イングランド、ポーランド、ロシアがヨーロッパの市場で穀物を売り始めたせいでもあった。1730年ごろにはじめて、穀物の価格は上がりはじめ、農民にとってよりよい時代となった。

●●● 可愛い子供たち

今日、デンマークの人口のおよそ20%が子供であるが、1600年代には、35—40%だった。平均して1人の既婚女性は2、3年おきに子供を産んだ。女性は28-30歳でしばしば最初に結婚したにもかかわらず、何人かを出産した。しかし子供の数は、乳児の死亡率が恐ろしく高かったので限界があった。1歳になるまでに5分の1から10分の1が死亡した。10歳に達するまでに、さらに5分の1が、飢え、ペスト、そのほかの疾病で死亡した。最貧家族の子供の死亡率はさらに高かった。子供が死ぬ危険が高いので、親は、子供が生き残るとなにがしか確信するまで、子供に感情を移入するのを避けた、と一部の歴史家は指摘する。別の歴史家は、子供が死ぬ危険の有無にかかわらず、親は子供への感情を持っていたと主張する。

しかしながら、いくらかの子供たちが生き残ることは大切だった。農場では子供たちの労働力を本当に必要としていた。子供たちは何かを命じられ、すぐにそれができる力があった。4-6歳で、年下の兄弟の面倒をみて、カモやガチョウの世話をすることができた。歳を経るごとにより多くの大きな仕事を持たされ、13-14歳で大人と同じように仕事した。農場で子供の労働力が必要であれば、農場で暮らしていた。そうでなければ、9-10歳で作男か女中として別の家で働いた。

親とほかの大人が子供がなにをするかを決めた。子供は言うことを聞くか、さもなくば、殴られたり、鞭で打たれた。子供は罪を負って生まれ、罰で悪を身体から追い出すことができると言われた。当時は、普通の人々は、思いやりと愛情が子供が正しく成長するには必要であるということを知らなかった。

また、年老いたときの安心のために、子供－最も好ましいのは男子－を持たなければならなかった。国民年金もケアホームもなかった。農民がもはや働けなくなったとき、養ってもらうことを条件に、農場を息子の1人に任せた。貧しい家庭では、もう1人の子供を養うのは不幸となりえた。そのため、新生児を殺すことも選ばれた。親は死因について、寝てたら子供に覆いかぶさってしまった、または、ふとんの中で窒息していたと言うことができた。そんな事故は自然に起き得た。子供は親とともに小さなベッドで寝ていた。小さな子供は長い布にくるまれ、動くことができなかった。しかし"事故"はしばしば起きたので、事故は「抑え付け」と呼ばれた。罰として、親は教会で罪を告白しなければならなかった。繰り返せば、わずかな罰金を支払わ

病気、飢餓、戦争で、子供の約3分の1が、大人になる前に死んだ。国民の最貧層では、ほぼ半分が子供のときに死んだ。"ノーと言っても助からない。死神とともに我々はさまよわなければならない"。1600年代の終わりの絵にはそう書かれている。死神が運ぶ乳飲み子は布にくるまれている。

なければならなかった。しかし、罰金はもう1人の子供を食べさせるよりはなんとかなるものだった。

●●● スコーネ戦争

　1670年にフレデリク3世が死去し、息子がクリスチャン5世として絶対君主となった。新しい王は特に才能はなく、統治にたいして興味がなかった。権限の大部分を高級官吏に、とりわけピーダー・グリッフェンフィルドに委ねた。しかし、ただ一つのことには熱心だった。スウェーデンに奪われた領土を取り戻すことだった。カール・グスタフ戦争の後、デンマークはスウェーデンと同盟国のゴトープ公爵領に挟み込まれていた。そのため、クリスチャン5世は、スコーネ、ハランド、ブレーキングを取り戻し、ゴトープ公爵の支配を打ち破ることを願った。しかし簡単にはいかなかった。スウェーデンの軍事力は強大で、そのうえ、フランスと同盟を結んでいた。

　1670年代にフランスは戦争し、スウェーデンは同盟国を支援しなければならなかった。クリスチャン5世はこれを利用し、スペインと複数のドイツ諸国から支援を受け、戦争遂行のための戦費を送る約束を交わした。スウェーデンへの攻撃は、デンマークもまたフランスと戦うことを意味した。これにグリッフェンフィルドは反対した。彼はフランスをヨーロッパ最強国にしたルイ14世を賛美し、この国はデンマークを誰が支援しようと打ち破ることはできないと主張した。その代わり、ルイ14世に、スウェーデンとの同盟を破棄し、デンマークと同盟を結ばせるよう説得を試み、その後でならばスコーネを征服することができると提案した。

　この点では、クリスチャン5世とグリッフェンフィルドはまったく意見があわなかった。傭兵で主に構成された陸軍で、クリスチャン5世はスコーネとスレースヴィ・ホルステンの大部分を占領した。スウェーデン王は反撃のために兵をまとめ、ルンドでの大会戦後、デンマーク軍はスコーネの大部分から退かなければならなかった。海ではデンマークがよりよく戦った。コーイェ湾の戦いが最も有名で、スウェーデン軍は軍艦20隻と海兵4,000人を失った。戦争は長引いた。デンマークはゴットランド島とエーランド島、最も重要な要塞都市、ヘルシンボリとランスクローナを占領した。しかしいずれも最終的勝利を得ることができず、1679年に和平交渉がはじまった。クリスチャン5世は征服した地域の保持を要求したが、フランスは、同盟国・スウェーデンが譲渡することに賛成しなかった。和平が成った時、国境は変わっていなかった。

　1676年12月にルンドでスウェーデン軍とデンマーク軍が会戦した。約2万人の兵士が北欧史上もっとも凄惨な戦いに参加した。8,000人が戦死し、デンマーク軍は負けた。戦いの絵は1696年に描かれ、明るい帽子をかぶった騎士はスウェーデン王カール11世。

第11章　王へ全権

●●●大北方戦争

　1600年代終わりには、スウェーデンは北欧で最強国だった。しかし、スウェーデン王が死に、わずか15歳の息子、カール12世が王位を継ぐと、ロシア皇帝とザクセン・ポーランド王、デンマークのフレデリク4世は、この王位交替を領地獲得に利用しようとした。秘密裏に、反スウェーデン連合を形成した。

　1700年にポーランド軍がリヴォニア（以下の地図参照）に侵入し、デンマークは北ドイツのゴトープを占領した。それからデンマーク王はスコーネ、ハランド、ブレーキンゲを占領しようとしたが、オランダとイングランドは、デンマーク王にオアスン海峡の両側を支配させたくなかった。そこで、両国はスウェーデンがシェラン島に上陸するのを支援した。スウェーデンと和平を結ぶためにフレデリク4世は反スウェーデン連合を離脱しなければならなかった。今やスウェーデンのカール12世はロシアとポーランドに対する戦争に集中することができた。数年間、スウェーデンにとってうまく回り、最後にはザクセン・ポーランドもまた和平を乞わねばならなかった。しかし1709年に

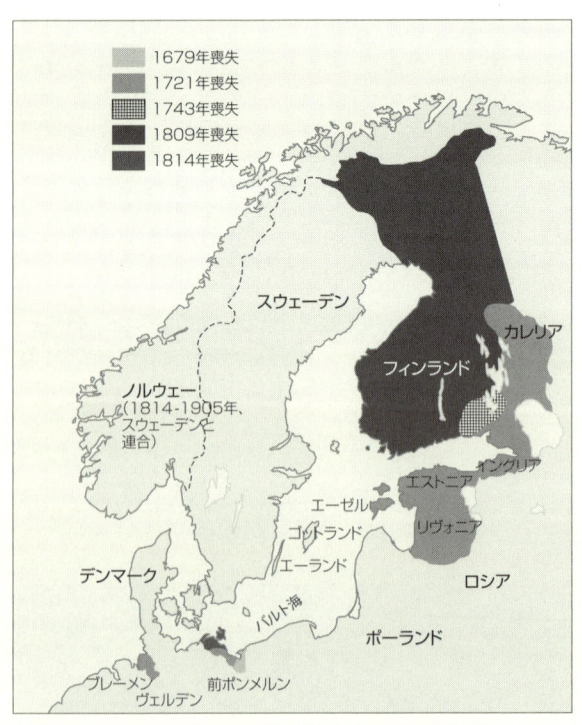

1660年にスウェーデンはバルト海地域の支配者だった。しかしロシアのような多くの敵を持っていた。ロシア皇帝もまたバルト海の覇権を握りたかった。1700年代には、スウェーデンは征服した地域の大部分を失った。地図はスウェーデンが放棄しなければならなかった地域を示し、年号はいつ起きたかを語っている。

第 11 章 王へ全権

カール 12 世は南ロシアのポルタヴァで惨敗を喫した。この敗戦後、デンマークとザクセン・ポーランドは再びスウェーデンとの戦争に参戦した。大北方戦争の後半戦がはじまった。

以前よりはデンマーク軍にとってうまくいった。しかし、1720 年に和平が結ばれたとき、デンマークは、大国・フランスとイングランドが和平条件を決めるのを受け入れなければならなかった。両国はロシアがバルト海の支配権を獲得するのを防ぎたかった。そのため、スコーネ、ハランド、ブレーキンゲをデンマークに戻させてスウェーデンをあまりに弱体化させることはしたくなかった。結果として、スウェーデンはデンマークに 60 万リクスダラーの賠償金を支払い、デンマーク王は世襲公爵領としてスレースヴィを獲得した。

スウェーデン王カール 12 世はフレデリクスハルドで殺害された。1884 年に描かれた絵では、王の遺体を母国へ運ぶ兵士たちを想像させる。

●●● アイスランドの植民地

対スウェーデン戦争はデンマークにとってそううまくいかなかったが、デンマーク王たちは重商主義的経済政策（138頁参照）を遂行し、植民地獲得に乗り出していた。カルマル同盟（97頁参照）の設立以降、フェロー諸島、アイスランド、グリーンランドはデンマーク王国領となっていた。クリスチャン4世はアイスランドを優良ビジネスにしようと、アイスランドとの貿易の独占権をコペンハーゲンの商人グループに与えた。アイスランド島はおよそ20の貿易区に分けられ、商人の間で分割された。商人たちは規則的にアイスランド人に物品を供給する義務を負う一方で、アイスランド人は貿易区の商人とだけ取引をしなければならなかった。

こうして商人たちは貿易を独占し、干しタラ、羊の皮、硫黄といったアイスランド人の品物をいくらで買うか、そしていくらで売るかを決めた。商人たちは勇みこんで稼いでいったが、アイスランド人は貧しくなっていった。問題は、1600—1700年代に頻繁に火山噴火と地震という天災に見舞われて、悪化して行った。

1800年代はじめから、独占権廃止の要求がアイスランド人の間で高まっていった。全体的に、アイスランド人は自らについて決める許可を得たかったが、デンマーク王はその気はなかった。1874年にはじめて、アイスランドの議会「アルシング」が復活し、アイスランド人は一定の自己決定権を獲得した。1904年にアイスランドは自治権を獲得し、1918年に独立国となった。王室だけデンマークと共有していたが、1944年には完全にデンマークから離れ、共和国となった。

●●● グリーンランドの植民地

グリーランドもまた植民地となった。北西通路（北アメリカの北を回ってアジアへ通じる航路）を見つけようとする探検家たちはグリーンランドのエスキモーと接触するようになった。次第に船団がエスキモーと交易しはじめた。エスキモーは、イッカクの皮と牙と引き換えに鉄の道具を得た。イッカクの牙はヨーロッパの宮廷で莫大な額で販売された。人々は簡単に、イッカクの牙は伝説の獣、ユニコーンの角と信じた。

ヨーロッパでは、鯨油をランプに使い始めた。鯨油はクジラの脂肪から作られた。特にオランダの捕鯨船はグリーンランドでクジラを捕獲した。このことはクリスチャン4世にグリーンランドへの関心を抱かせ、探検隊が送られた。しかし、交易の面倒をみるカンパニーを商人に作らせることには失敗した。

1720年代はじめ、牧師だったハンス・エー

1800年代まで、フェロー諸島はデンマークの植民地として治められていた。そこでは貿易会社が貿易を独占していた。絵は1500年代に描かれ、クジラをさばくフェロー諸島の捕鯨民。

第11章 王へ全権

グデが、グリーンランドへの探検隊を整備するようデンマーク王、フレデリク4世を説き伏せた。ハンス・エーグデには、キリスト教布教とグリーンランドを優良ビジネスにする思いがあった。100年間で、グリーンランドには約20ヵ所の植民地が設けられた。しかしごくわずかな商社だけがグリーンランドで金を稼いだ。1774年にはデンマーク国自身が独占権を引き継ぎ、会社を設立した。この会社は後に、**王立グリーンランド貿易会社**、略してKGHとなった。グリーンランドの植民地を優良ビジネスにすることに国もまた成功しなかった。

第2次世界大戦（1939—45年）後、ヨーロッパ諸国は植民地を清算しはじめた。250年間に渡るデンマークの植民地支配の後、グリーンランド人はKGHによる物資交換と売買に依存しきっていた。もしデンマークがグリーンランド人に自治をゆだねれば、破滅に至るかもしれなかった。一方では、グリーンランドは植民地であり続けることはできなかった。1953年にグリーンランドはデンマークの県となることが決められた。20年の間にグリーンランドは狩猟社会からデンマークをモデルとした現代的社会に変わらなければならなかった。

グリーンランドを現代化するために、数十億krが使われた。グリーンランド人は特に、漁業や鉱山の原料採掘に従事していた。グリーンランド人をばらばらに広がった居住地から、工場、新しい住宅、病院、学校などが建てられた大きな町に移すことだけが実行できた。熱に浮かされたような発展は大きな問題を生んだ。この発展は主にグリーンランドの一般住民の頭越しに実行されていた。ほとんどすべての建築はデンマークの業者が行った。教育を受けているグリーンランド人はごくわずかだった。教育と医療分野の新しい職のほとんどがデンマーク人によって占められ、おまけに彼らはグリーンランド人の同僚よりも高い給料をもらっていた。1970年代には、グリーンランド人のデンマークの政策に対する不満が高まって行った。グリーンランド人は発展を自分で管理したかった。こうして1979年にグリーンランドは自治権を獲得した。

2009年にグリーンランドは自治を導入した。自治にあたり、グリーンランド人は、ひとつの国の国民として認められ、グリーンランド語が公用語となり、地下への権利を獲得した。デンマークからの経済的補助は、持続可能な経済を持った時に打ち切りとなる。2007年にグリーンランドは約40億kr(約700億円)をデンマークから受け取った。自治は独立への一歩である。写真は首都・ヌーク。

第11章　王へ全権

●●● 熱帯地方の植民地

　1600年代半ばにクリスチャン4世と枢密院は、デンマークもアフリカの王国に領地を持つことを決定した。アフリカとの貿易の独占権を持つカンパニーが設立された。カンパニーは、ギニア海岸の大地を、地域の王から購入し、クリスチャンスボー要塞を設置した。のちに海岸に沿って多くの要塞が設置された。デンマーク兵にとって、ギニア海岸の要塞での駐屯はまったく面白くないものだった。多くが熱帯病にかかって死んだり、他のヨーロッパ人や先住民との衝突で殺されたりした。最初のころに現地の部族長から主に購入したのは、象牙、金、香辛料だった。しかしすぐに別のものになっていった。

　1660年にフレデリク3世が絶対君主となり、王はもっと多くの植民地獲得を欲した。数年後、1隻のデンマークの船が西インド諸島の一つに到達した。島は小さく、わずか約83km²だった。オランダ人が以前に島を植民地にしようと試みたが、すでに島を去っていた。島はセント・トーマス島と名付けられ、デンマークの植民地にされた。島を治める総督が置かれた。デンマーク人をセント・トーマス島へ移住して島を耕すことを説得するのは難しかった。島に植民したわずかの人々のうち、ほとんどが病気で亡くなった。そのほか、その地域を襲った海賊に殺された。

　1670年代はじめに、王は再び島を植民地化しようと試みた。ほぼ200人がコペンハーゲンから出航した。多くが受刑者だった。島の到着時には3分の1が死んでいた、半年後にはわずか約30人しか残っていなかった。しかし島の総督は諦めなかった。他の島の植民地では黒人奴隷が重労働を行った。セント・トーマス島でもそうでなければならなかった。1680年にはすでに、45の農場が設けられており、住民は白人156人、奴隷175人で構成されていた。1718年にはセント・ジョン島もデンマークの植民地となった。1773年にはフランスからセント・クロイ島を購入した。

黒人は奴隷として売られるために海岸へ運ばれた。何百万人もの黒人が奴隷としてアフリカからアメリカへ運ばれた。奴隷船の船上での状況は非人道的で、多くが船中で命を落とした。デンマーク船は輸送に参加し、1670年から1800年代はじめまでの間に、デンマーク船は約8万5,000人の奴隷をアフリカからアメリカへ運んだ。ギニア湾のデンマークの要塞からは、さらに約1万5,000人の奴隷が他国からの買い付け人に売られた。

奴隷は製糖工場での労働やさとうきびの収穫という重労働をさせられた。

いつだった？

1620年代：ヴェルサイユ宮殿建設

1643—1715年：太陽王・ルイ14世

1657—60年：カール・グスタフ戦争

1660年：デンマークで絶対王政

1665年：国王法典

1675—79年：スコーネ戦争

1700、1709—20年：大北方戦争

1718年：セント・ジョン島がデンマークの植民地に

1720年代：グリーンランドにハンス・エーグデ

1733年：デンマークがセント・クロイ島購入

1774年：KGH（王立グリーンランド貿易会社）設立

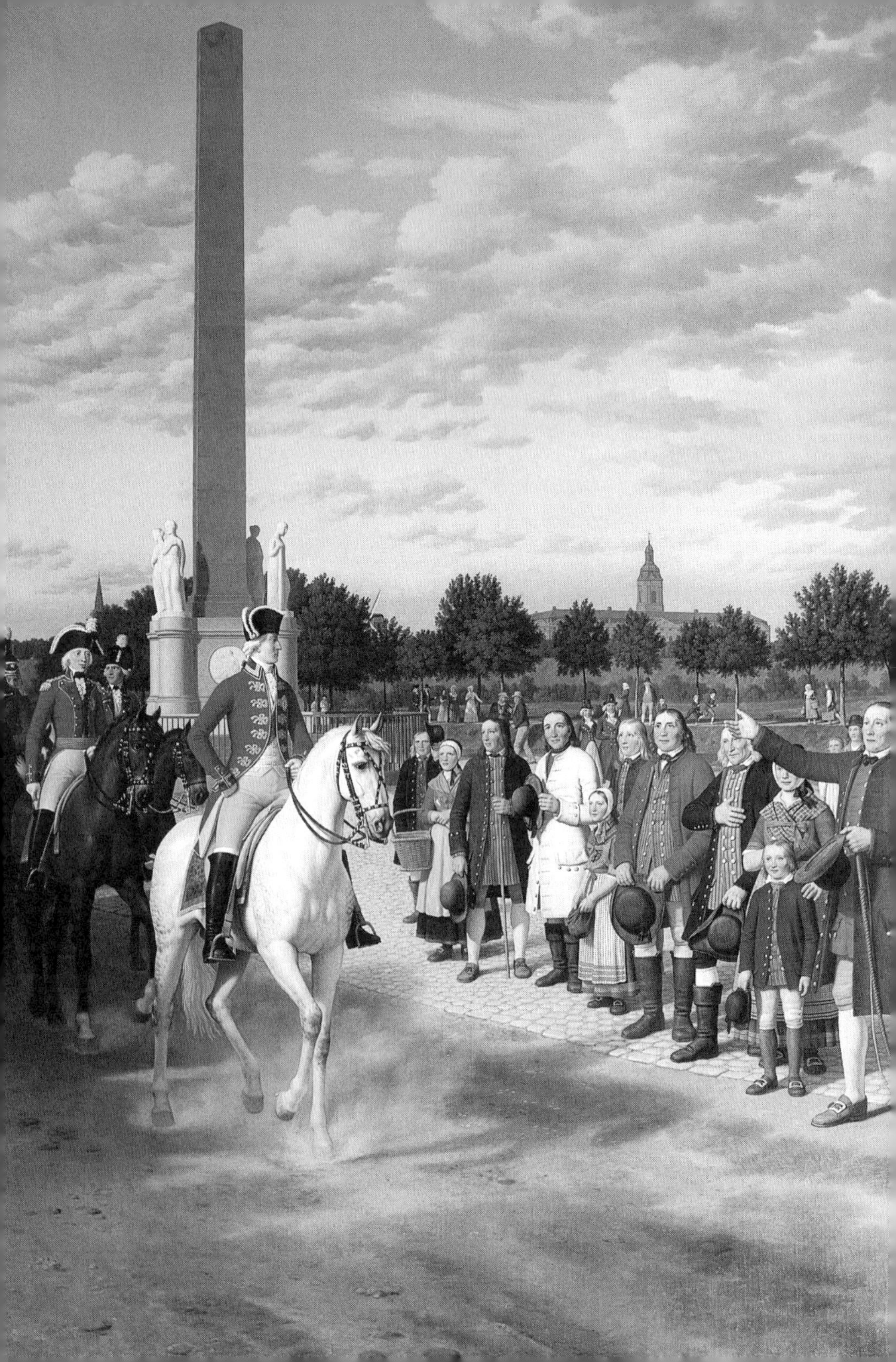

第12章
啓蒙と革命
1700—1800 年

●●● 自然の権利

　1600年代終わりから1700年代終わりまでの時代は啓蒙時代と呼ばれる。その時代が固有の名前を持つのは、当時の哲学者、科学者、作家が、人間は理性の助けを借りてすべてを見つけ出すことができると確信していたからだった。研究者が発見した知識は、検閲されることなく、すべての人々に引き継がれなければならなかった。このやり方で人々は無知と迷信を克服し、そして自由となることができ、よりよい生活を獲得し、社会は前向きに発展していった。

　啓蒙哲学者は絶対王政の王が神の思し召しの支配者であることを受け入れることはできなかった。代わりに王は国民の意思に基づいて治めなければならいと考えた。それはつまり、国民がいくつかの自然で必須の権利を持っていることを意味した。最も重要なのは、所有、自由、平等の権利だった。これらの権利を保護するのは国家の（王の）仕事だった。ひとつの重要な権利は、人が所有する家、会社、ほかのすべてのものにかかわっていた。これは国家またはほかのものが取ってはならなかった。所有権は不可侵なものだとされた。

　自由とは、たとえば、自身の信念に基づいて話し、書き、信じてよいという意味を含んでいた。思想と理性は発展には自由でなければならない、と哲学者たちは主張した。自由は、判決を受けるまで罰せられないことも意味した。平等では、誰もが等しく生まれているとされた。しかし、恵みは分割され、誰もが等しく金持ちになるとは意味しなかった。反対に、多くの啓蒙哲学者は、富は自身の理性を使ったことへの褒美だとした。

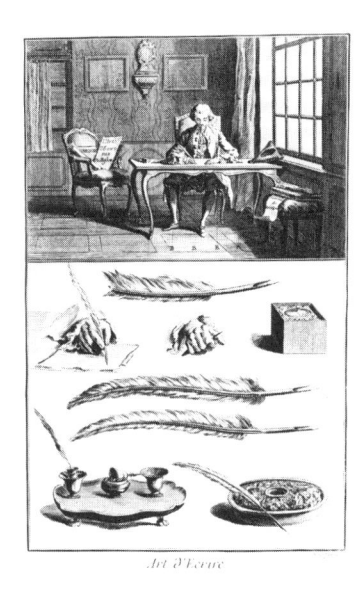

啓蒙時代の哲学者は、誰もがもっと知識を持たなければならないと主張した。こうやって人は理性を使うことが上手となり、社会に恩恵をもたらすだろうとした。絵は、文具を紹介した絵付き百科事典から。

153

第12章　啓蒙と革命

イングランドの哲学者、ジョン・ロック（1632―1704）は医学と科学を学んだ。後にイングランド貴族の家庭教師となった。1690年に国がどのように統治されるかについて著した本を出した。この本は、後の啓蒙哲学者に大きな意味を持った。

シャルル・ド・スコンダ・ド・モンテスキュー（1689―1755）はフランスの哲学者。1748年の著書、"法の精神"で、個人の自由を保護する国の義務と立法、行政、司法の権力分立について著した。

●●● 権力の分配

　啓蒙時代は、ヨーロッパのほとんどの国で絶対王政の君主が治めていた時代と一致する。啓蒙哲学者は、市民が統治にどのように関わるべきかについて考えた。1690年ごろには、イングランドの哲学者、ジョン・ロックは、人間の認識についてと、統治体制についての2冊の本を著した。ロックは、「すべての人間は平等に、自由に、他人に依存することなく生まれたが、一人では生きて行くことはできない。それゆえ、共同して結託し、社会を形成している」と書いた。ロックはこれを社会契約と呼んだ。

　ロックによれば、社会の一員であることは、個人は自身の自由の一部を放棄しなければならなかった。それゆえ、人はもはや、望むことをまったくそのとおりには実行することはできない。しかしながら、共通した最善のため、つまり社会が機能するために必要なわずかな自由を放棄するだけでよい。ロックはこれを公益と呼んだ。公益であるものは国民の意思によって決められなければならない。国民の意思は社会の多数派のものでなければならない。市民によって選ばれた集会は立法権をもち、法は国民の意思のひとつの表現でなければならない。行政権は法が執行されるように努めなければならなかった。ロックは、王は行政権を持つと想定していた。

　フランスの哲学者、モンテスキューは、古代ギリシャに存在していたような民主主義に関心を寄せた。民主主義に関するギリシャ思想を、ロックの考えを発展させるのに使った。ロックは権力を2つに分けたが、モンテスキューは3つに分けよ

フランスの哲学者、フランソワ・マリー・アルエ・ヴォルテール（1694―1778）は、誰もが自分の見解について表現する権利を持たなければならないと主張した。ある議論の中で、かれはこう言ったとされる。"私はこれについての貴殿の意見を軽蔑する。しかし、それを表現する貴殿の権利を命に替えて守るつもりだ"。

うとした。**立法**、**行政**、**司法**の権力または当局。モンテスキューは、3つの当局はお互いに独立し、相互バランスの状態になければならないと主張した。

権力分立というモンテスキューの考えは今日でも有効である。民主制国家は3権分立でなければならない。デンマークでは、国会が法を採択するので、立法権を持つ。政府は各大臣で構成され、行政権として、法が実行されるよう努めなければならない。最後に裁判所が司法権を持つ。

ロックとモンテスキューは、国家（当局）は、1人の人間が可能な限り大きな自由を持つことを保障しなければならないことで一致した。2人いずれも、国家は寛容でなければならないとして、社会を損なう行為を行った場合のみ、国家は市民の信仰と倫理に介入すると主張した。ヴォルテールのような他の哲学者もこの寛容さについて書いており、寛容とは、信教の自由、のちに表現の自由、結社の自由、集会の自由として定義されている。

効率的な仕事

万人はより学ばなければならないと哲学者たちは主張した。教育を通してのみ、一般の人々は理性的に考え、幸せになることができる。それゆえ、世界中の知識が集められて書きとめられ、エンサイクロペディアと呼ばれた17巻に及ぶ一種の百科事典のような読みやすい形で出版された。

アダム・スミスのような哲学者たちも、どのようにものは製造され、販売されるかについて研究した。スミスは、「国家が生産に関わるのをやめ、企業は受け取り得る価格で自由にものを売らなければならない。これは企業と社会の両方に恩恵をもたらすだろう」とした。

スミスは、生産方法も変えようとした。例としてミシン針を製造する工場を使った。工場では、各職人が針を最初から完成まで作っていた。これは効率的でなく、だから非合理的かつ不自然だ、とスミスは言った。代わりに労働は分割されるべきだとした。たとえば、ある者が鉄片を適当な長さに切断し、別の者が針になるまでたたき、別の者が針穴をあける。このやり方で、同じ時間でより多くの針を作ることができる。仕事を小さな単位に分割することで、熟練していない者が働くことができる。それゆえ、工場主は、給料が高い熟練職人を雇う必要がない。これは合理的であるとスミスは考えた。

イングランドの哲学者、アダム・スミス（1723—90）は特に経済と生産に関心を持った。彼の思想は、どうやって物を作り、売るかについて大きな意味を持った。

製造過程の分割についてのスミスの考えは、工場で使われた。最初の工場は1700年代にイングランドに現れた。絵は1835年ごろの織物工場。

啓蒙時代には医学においても大きな進歩があった。1796年に医師、エドワード・ジェンナー（1749—1823）は、天然痘の予防接種をはじめて行った。しかしこの科学を信用しない者もいた。この風刺画は天然痘の予防接種を行っているジェンナー。成果は大きく、予防接種を受ける列は延びていった。

●●● 変化の中での絶対王政

　絶対王政の君主は哲学者たちに別の統治形態について書くことを禁じたかったと考えるかもしれない。しかし実際には、多くの君主たちは哲学者の考えを採用し、国の公益と発展に役立つように治めようとした。君主たちは、たとえば万人のための学校を設置しようとした。デンマークの君主たちも1720年代と1730年代に、大きな成功にはならなかったが、学校を設けた。農業と手工業は近代化され、信教分野ではより寛容になった。デンマークの君主は、プロテスタントを信仰していない者、たとえばユダヤ教徒が、特定の町でならば定住することを許した。法律はより緩和され、多くの国では尋問中の拷問は禁止された。

　これらの変化は啓蒙専制君主制と呼ばれる。しかし君主はすべての哲学者の助言に従ったわけではなかった。自分の権力の一部を放棄する特別な意思はなかった。思うことを表現できる自由をある程度獲得したとはいっても、検閲が同様にあった。

　啓蒙専制君主制は特にプロイセン王国で花開いていった。1700年代には、プロイセンはヨーロッパの最強国のひとつに成長していった。特に1740年に即位したフリードリッヒ大王の下で特に成長した。大王は農業と手工業がより効率よく生産できる改革を実施した。プロイセンはプロテスタント国だったにもかかわらず、フリードリッヒ大王はカトリック教徒とユダヤ教徒に国内で働き、企業を持つことを認めた。

●●● デンマークの啓蒙専制君主制

　クリスチャン6世（1730—46年）、フレデリク5世（1746—66年）、クリスチャン7世（1766—1808年）が王だった1730年以降は、デンマークでは啓蒙専制君主制の時代だった。この時代の啓蒙専制君主制の下で、国家と国民のためになる施策がたくさん実施された。

　クリスチャン6世は信仰心がとても厚く、すべての子供は学校に行き、堅信礼（けんしんれい）を受けなければならないと定めた。学校では、キリスト教、国語、書き方、計算、そして従順であることを学ばなければならなかった。しかし学校を建てさせるのはそううまくは行かなかった。誰が金銭負担するのか簡単には意見はまとまらなかった。しかし堅信礼はキリスト教の一種の試験として導入された。もし堅信礼を受けていなかったら、結婚や屋敷を相続してはならなかった。

　啓蒙専制君主制では、デンマーク語も強化した。それまでは宮廷と政府内ではフランス語とドイツ語が当たり前だった。ほとんどの大臣と官僚たちは外国で教育を受けていたせいだった。フレデリク5世の時代に、デンマークで教育を受けることも可能となった。

　およそ1750年からヨーロッパの人口は増加しはじめた。同時にイングランドは次第に工場で大量にものが生産される工業国となっていった。これは、デンマークが外国により多くの穀物と肉を売ることができることを意味し、そして農産品の価格は上がっていった。つまりデンマークにとっては良い時代になり、人々はこの時代を、**フロリッサンテ（開花）時代**と呼んだ。

　戦争に参加することは国の貿易を壊すかもしれなかった。だからデンマーク政府は他国と争うことを避けようとし、中立政策を取った。この政策はヨーロッパ諸国が戦争状態にあった1760年ごろ、試練に耐えた。実際にそれらの戦争によって、デンマークの貿易が成長した。中立だったので、デンマークの船は沈められる危険なく、自由に航海できた。そのうえ、戦争を行っているすべての側と商売することができた。

1772年のアルジェ沖のデンマークの貿易船

第 12 章　啓蒙と革命

いくつかの戦争

　プロイセン7年戦争（1756—63）では、イングランドと連合した新興強国、プロイセンがオーストリア、フランス、ロシア、スウェーデンと戦った。プロイセンは負けたが、領地は失わなかった。同時期にイギリスとフランスが植民地をめぐって植民地で戦った。最後にはフランスが和平を乞わねばならなかった。その結果、フランスは北アメリカとインドのもっとも価値がある植民地をイギリスへ譲渡しなければならなかった。

　1770年代には、北アメリカ諸州がイングランドからの離脱を欲した。こうしてアメリカ独立戦争（1775—83）が起きた。フランスはアメリカ側で参戦した。

1757年のフランスとイギリスの戦艦同士の海戦を描いたイギリスの絵画。戦いから数年後に描かれた。

●●● 村落共同体

　1700年代には、デンマークの人口の80−90％が農民だった。中世以来そうだった。全部でおよそ6万軒の農場があり、ほとんどがおよそ5千ヵ所の大小の村落に集まっていた。農場を自己所有しているのはわずかで、ほとんどが小作農だった。つまり、小作農は、国内に散らばっていた700−800の大農場（農園）のひとつから農場を借りていた。ほとんどの農園は貴族が、残りは王が所有していた。小作農は農園主に金か穀物、他の生産物の形で賃料を払った。そのうえ、小作農は年間で決まった日数、地主のために無料で働かなければならなかった。

　村落の耕作地は3つのヴァンゲ（区画）に分けられるのが典型的だった。2つの区画ではライ麦と大麦が植えられ、1つは休耕地となった。農民は一緒に土地を耕したが、どの畑がどの農場に属しているかは知っていた。耕された畑は分けられ、すべての農場がもっとも実りある土地と悪い土地それぞれを取った。これによって、農場1軒は異なる20−30ヵ所の畑を持つ可能性があり、一つの畑はしばしば小さく細長かった。大きな耕作地が村落にあれば、長くなるかもしれず、外側の畑に到達するのに手間取った。

　村落では農民がものごとを決めた。何の作業を週内にしなければならないかの取り決めをするために、教会での礼拝後に会合を持った。会合では、約束を守らない者へ罰金を科したりもした。罰金は決まりとしてビールで支払われた。罰金は即座に出席者に飲まれた。

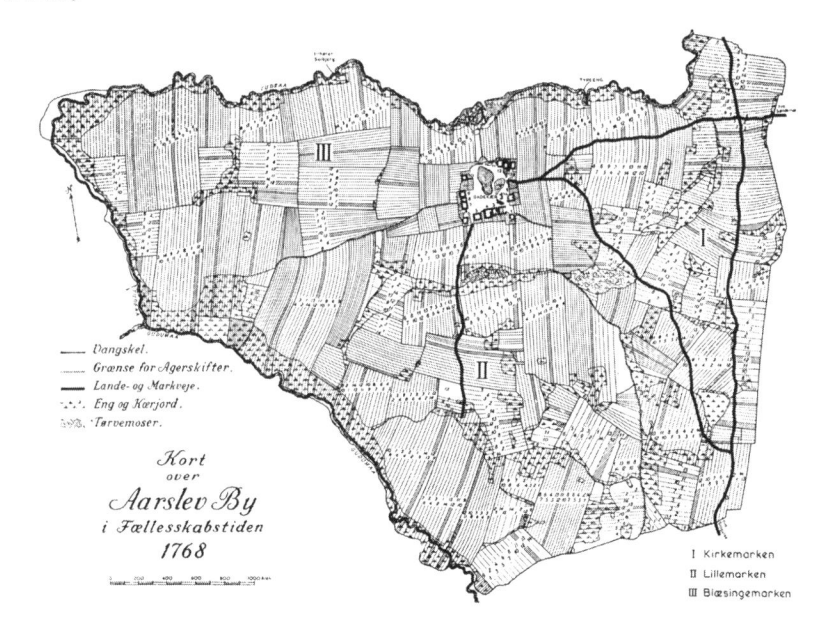

　地図はオースレウ村。すべての農場は村に集められ、3つの区画に分けられた畑が周りに広がる。番号が振られた細長い畑はそれぞれ一つの農場に属している。

第12章　啓蒙と革命

●●● 土地緊縛制

　デンマークでも、専制君主と政府は生産物を増やそうとし、多くの金が国庫にたまった。他の専制君主と同じように、デンマークの君主は国の軍隊を持とうとした。1701年にフレデリク4世は約1万5,000人の農夫から成る農村軍団を作った。農村軍団は、主に外国人傭兵から成る職業軍団を補助することになっていた。

　各地主は一定数の兵士を提供しなければならなかった。兵士数は、領地で取れる穀物の量に比例した。ほとんどの農夫は兵士になることを是が非でも避けたかった。地主が農民兵に指名するのがわかったとき、多くの農夫が出奔した。農夫の出奔は労働力が欠けることを意味し、問題となった。地主は王にこの窮状を訴え、1733年にクリスチャン6世は土地緊縛制を導入した。この制度では、14—36歳のすべての男子は生まれた農園にとどまらなければならなかった。後に、年齢は4—40歳に拡大された。

　しかし土地緊縛制は農業をより効率的にはしなかった。1700年代後半には穀物と肉の価格が上がったため、王と地主は生産を増やすことを欲した。そこで王は、どうやって農産物をもっと多く生産できるかを検討する委員会を設置した。委員会は、たとえば、

年間の多くの日々を、農民は縛られた農園で働いた。日曜日ごとに、他の者が自由なときに、農夫は教会の礼拝後、伍長のどなり声と鞭の中で兵士の訓練をしなければならなかった。イラストは半分農民、半分兵士の男を紹介している。

第12章 啓蒙と革命

1人の農民の土地を集約させることを提案した。これは個別の場所でだけ行われた。多くの農園では、新しい耕作方法を試みた。新しい耕作方法によってしばしば小作農の仕事が増えた。しかし成果はなく、不満が高まり、農民は王に訴え出た。

1786年に王は、農民の状況がどうやれば改善できるか、農民がより効率的だと十分感じられるにはどうすればいいのかを検討する新しい委員会を設置した。委員会は、自由と個人所有権についての啓蒙期の思想に感化されていた。もし農民自身が農場を所有すれば、より多く働くメリットを自ら得ようとするだろう。こうして農民がお金を借りることができる一種の銀行が設立され、農民は農場を買うことができるようになった。

1787年の法では、裁判所が裁くことなしに、農民が小作地を放棄することに地主は口を出すことはできない、とされた。地主はもはや農民を罰してはならなかった。翌年の1788年、土地緊縛制は廃止された。同年、農民階級のすべての男子に一種の兵役が課せられた。別の社会層の男子は兵士にならなくてもよかった。土地緊縛制廃止の実質的な意味は限定されたものだったが、大きな象徴的意味を持った。

1788年の土地緊縛制の廃止は、1700年代後半の農業改革のもっとも重要なものと強調されるが、実際にはそのほかの改革がずっと大きな意味を持っていた。

ヴェスターポートの外にある自由の記念碑は、土地緊縛制の廃止を記念して1792年に建てられた。絵は、クリスチャン7世とフレデリク皇太子が喜びと感謝に満ちた農民に自由の記念碑のそばで喝さいを浴びている場面。

第12章 啓蒙と革命

●●● アメリカの自由

　1500年代末からヨーロッパ人は北アメリカへ移住していった。ここでインディアンを東海岸から追い払い、いくつもの植民地を建てていった。1700年代後半には、北アメリカの東海岸沿いに13の植民地があり、これらは大英帝国に属していた。アメリカ人、つまり植民地の住民は、イギリスの総督と役人に統治され、イギリスで決められた法に合わせないといけないことに次第にどんどん嫌気がさしてきた。支払う税金が植民地ではなくイギリスで使われることにも憤っていた。

　1776年に植民地の代表が集い、植民地はイギリスから独立することに合意し、アメリカ独立宣言が起草された。宣言は、新合衆国の国民が持つべきいくつかの権利からはじまっていた。"我々は以下の真実が自明であるとみなす。万人は等しく創造され、神は人々に、絶対に不可侵な権利を与えた。これらの権利に、生存、自由、幸福の追求は属し…"。しかしこれは奴隷が自由になるという意味ではなかった。そのため、新合衆国で権力を握った白人の新住民は即座に、権利は黒人とインディアンのいずれにも有効ではないと定めた。

ベンジャミン・フランクリン（1706—90）、ジョン・アダムズ（1735—1826）、トーマス・ジェファーソン（1743—1826）が1776年に独立宣言を起草した。絵は1800年代終わりのもの。

　1700年代半ばからアメリカ人のイギリスへの不満はくすぶって来た。たとえば、アメリカ人はイギリスからの品物の関税を払わなければならないが、イギリス人は植民地からの品物の関税を払わなくてもよかったことにアメリカ人は憤っていた。

　多くの抗議活動があった。もっとも著名なものは1773年にボストンで起きた。茶を載せたイギリス船が港に停泊していた。インディアンの服をまとったアメリカの植民地人が船を襲い、茶を海に投げ捨てた。事件は衝突をエスカレートさせ、1776—83年の独立戦争で終わった。

第 12 章　啓蒙と革命

●●● バスティーユ襲撃

　バスティーユの日、7月14日はフランス国家の日であり、1789年のバスティーユの襲撃の記念日だ。バスティーユは1300年代からの古い要塞で、1700年代に国が牢獄として使っていた。1789年春に、専制君主、ルイ16世は、国の大きな財政問題を解決するために、フランスの各階級から代表を招集した。聖職者（教会）と貴族は、彼らもある程度の税金を払い、市民も影響力を持つことになかなか同意しなかった。王は、表面的には権力の一部を放棄することを受け入れた。

　しかし夏の間、ルイ16世が田舎に引きこもろうとすると、パリの市民は激怒した。自由、平等、博愛、のスローガンの下、彼らはバスティーユを襲った。囚人を解放するためではなく、保管されていた武器を手に入れるためだった。バスティーユの襲撃はまず第一に象徴的な意味を持ち、専制君主制への市民の最初の勝利となった。そのため、多くの者は、フランス革命がはじまった出来事だったとする。

1789年のバスティーユの襲撃

第 12 章　啓蒙と革命

●●● フランスの自由

　フランス市民は社会と人権についての哲学者の思想に夢中だった。フランス人は、貴族と教会の特権は廃止されるべきだと求めた。たとえば、貴族と聖職者も税金を支払うべきだったとした。こうして 1789 年に**フランス革命**が起きた。革命中に市民はフランスの権力を勝ち取り、1793 年にルイ 16 世を処刑した。市民はより自由な社会を作ったが、自由は最貧層のフランス人には恩典とはならなかった。革命は、ナポレオン（169 頁参照）が権力を握り、一種の軍事独裁をフランスに敷いた 1799 年に終了した。

　1789 年の革命のはじまりに際して、**人間と市民に関する人権宣言**が採択された。これは万人に永遠に有効とされた。これらの"自然で不可侵な"権利とは、自由、所有、安全、圧制への抵抗権、だった。これらの権利は、市民権と政治権と呼ばれた。権利は宣言に 17 条に渡って細かく記されており、そのうちのいくつかは国家に対する個人の人権を保障していた。たとえば、法の前での平等、公正な裁判、裁判なくして投獄されてはならないなどが含まれていた。別の条項では、表現と信教の自由といった民主主義の権利も扱っていた。

　これらの自由の権利は市民だけに適用された。市民とは男子であり、"自身の机の下に足を持つ"、つまり、世帯の主でなければならなかった。アメリカの黒人奴隷とインディアンが諸権利に含まれなかったのと同様に、自由の権利は女性、下僕、貧民には適用されなかった。のちにフランス革命の中で、国民の貧困層

1793 年．フランス革命の真っ只中に、ルイ 16 世は処刑された。

フランスの人権宣言は17条から成る。右の天使が手に持っている杓(しゃく)は、王権のシンボル。杓は、絶対王政の足かせを壊した左の天使へ渡される。

人権について書かれた黒板の真ん中に、木の枝が棒に巻きついている。これは、古代ローマの権力のシンボルである束桿(そっかん)。棒の頭には、革命を起こしたフランス市民の印として赤い帽子がかかっている。

空には、目がついた三角がみえる。神か、もしかしたら3面：自由、平等、博愛、を持った理性を象徴しているのかもしれない。

は、富める者は富を彼らと分けなければならないと求めた。それゆえ個人所有権は制限されなければならず、そうすれば経済的平等にもなるとした。

1795年にパリの労働者とほかの貧民が**平民宣言**を出した。その中には、"生活に必要なもの以外に個人が獲得したものすべては社会からの盗みだ"と記載された。つまり、個人が所有し、生きるのに必要なもの以上に稼いだ富は社会に引き渡されなければならないということだった。富は貧しい者に分けられなければならなかった。しかし裕福な市民は権力と富を持ち、貧しい者と分けあうつもりはなかった。そのため、貧民の首謀者たちは逮捕、処刑され、神聖なる所有権を打ち壊そうとする試みは停止させられた。

第12章 啓蒙と革命

●●● 奴隷貿易の廃止

　1500年代にポルトガル人とスペイン人は、アフリカから黒人奴隷を連れて来て、中央、南アメリカの植民地で使い始めた。1600年代にイギリス人、フランス人、オランダ人、ある程度デンマーク人も奴隷貿易を続けた。奴隷貿易は1700年代に最高潮に達し、1800年ごろまでに1,000—1,200万人の黒人が奴隷として大西洋を越えて運ばれたとされる。ほとんどは西インド諸島のサトウキビ農園かブラジルの銀山で働くことになった。一部の奴隷は北アメリカにも来て、煙草や綿農園で働いた。

　デンマークは1600年代後半に西インド諸島に86km²の大きさのセント・トーマス島を獲得した。1700年代はじめにはさらに、セント・ジョン島（50km²）とセント・クロイ島（218km²）を獲得した。1800年ごろには、3つの島には、奴隷約2万5千人と白人約4千人がいた。1700年代には西インド諸島は儲けを出したが、同世紀の終わりから植民地のビジネスは悪くなった。まず第一に、ヨーロッパでテンサイから砂糖が作られ始めたせいだった。

　1700年代後半を通して、ヨーロッパ人の人間への理解が変わっていった。誰もが自由の権利を持つと言われ始めた。それゆえ、黒人を奴隷として大西洋を越えて運ぶことへの批判が高まっていった。1790年代はじめに、もっとも多くの植民地を持っていたイギリスは奴隷貿易を禁止した。1792年にデンマーク王、クリスチャン7世は同じ決定を下した。しかし禁止は1803年から有効だったので、奴隷を供給するのに十分な時間があった。禁止されたのは奴隷貿易だけで、奴隷制度ではなかった。しかしながら禁止は奴隷に恩恵をもたらした。奴隷の数を保ち続けるには、農園主はより長く生きるようによりよく扱わねばならなかった。そして自分の奴隷に子供を作るよう促すこともできた。

　ヨーロッパでは、ものを製造する方法の見方も変わった。奴隷は常に可能な限り少なく作ろうとしたので、奴隷を働かせるためには、監督者が必要だった。その代わりに、作った量にもとづいた賃金をあげれば、より効率的に働こうとするだろうと考えられた。

　1833年にイギリス議会はすべての奴隷は自由とならなければならないと決定した。農園主は補償をもらった。セント・クロイ島で騒動が起きた後、それらの島のデンマーク奴隷は1848年に解放された。

アフリカ海岸での奴隷貿易。絵は1830年代に描かれた。左には、アフリカの酋長がヨーロッパ人に戦争捕虜を売っている。机では、何人かのヨーロッパ人がアフリカの金とほかの高価な品を調べている。右には、収容施設に入れられた奴隷たちがみえる。

いつだった？

およそ1690年：ジョン・ロックの統治形態に関する本

1733年：土地緊縛制導入

1730—46年：クリスチャン6世

1746—66年：フレデリク5世

1756—63年：プロイセン7年戦争

1750—1800年：フロリッサンテ開花時代

1796年：天然痘の予防接種

1766—1808年：クリスチャン7世

1776年：アメリカ独立宣言

1788年：土地緊縛制廃止

1789年：バスティーユ襲撃、フランス革命はじまる

1789年：人間と市民の権利に関する宣言

1795年：平民宣言

1803年：デンマークが奴隷貿易を禁止

1833年：イギリスの奴隷解放

1848年：デンマークの奴隷解放

Le Petit Journal

Le Petit Journal
CHAQUE JOUR — 6 PAGES — 5 CENTIMES
Administration : 61, rue Lafayette
Les manuscrits ne sont pas rendus

5 CENTIMES **SUPPLÉMENT ILLUSTRÉ 5** CENTIMES
Le Petit Journal agricole, 5 cent. — La Mode du Petit Journal, 10 cent.
Le Petit Journal illustré de la Jeunesse, 10 cent.
On s'abonne sans frais dans tous les bureaux de poste

ABONNEMENTS
	SIX MOIS	UN AN
SEINE et SEINE-ET-OISE	2 fr.	3 fr. 50
DÉPARTEMENTS	2 fr.	4 fr.
ÉTRANGER	2 50	5 fr.

Dix-neuvième Année   DIMANCHE 17 MAI 1908   Numéro 913

L'ACTION FÉMINISTE
Les « suffragettes » envahissent une section de vote et s'emparent de l'urne électorale

第13章
民主主義への道
1790—1920 年

●●● ナポレオン戦争（1792—97）

　1792 年から 1815 年までヨーロッパを席巻した戦争はナポレオン戦争と呼ばれる。デンマークは直接関わらなかったにもかかわらず、戦争はデンマークに破滅をもたらした。

　戦争はフランスではじまった。1789 年にはじまったフランス革命（164 頁参照）は甚だしく変化していった。市民は専制君主だった王から権力を奪った。オーストリア皇帝とヨーロッパの他の専制君主の支配者たちは革命が広がらないか心配した。そこで、力でフランス革命を止めようと考えた。1792 年にフランス王はオーストリアに宣戦布告した。王は実際には戦争で負けることを狙っていた。敗北は革命の崩壊を意味し、権力を再び握れると期待した。数ヵ月後、この計画は明るみに出て、王は処刑された。

　しかし戦争は続き、フランス人は夢中になった。戦争で革命はヨーロッパ全土に広がる可能性があった。しかし戦争は次第に、新しい領土の獲得が大半の目的になっていった。1792 年の終わりに、フランスの古くからの仇敵、イギリスが戦争に加わった。ロシア、オランダ、オーストリア、ポルトガル、スペインなどとともに、フランスを打ち負かす同盟を結んだ。しかしフランスは切り抜けた。有能な将軍、ナポレオン・ボナパルトが 1794 年に陸軍を統率してから、連勝に次ぐ連勝となった。そして一国一国と同盟のメンバーはフランスと和平を結んでいき、1797 年にはイギリスだけが残った。ここでナポレオン戦争の第一部は終わりを告げた。

ナポレオン

　ナポレオン・ボナパルト（1769—1821 年）と彼の軍事参謀。ナポレオンはコルシカ島で生まれ、パリのミリタリーアカデミーで教育を受けた。戦争中の業績によって、陸軍のトップへ急速に駆け上がった。1799 年に、第一頭領となり、一種の軍事独裁を敷いた。1804 年には皇帝に即位した。
　1814 年の敗戦後に退き、エルバ島に公国をもらった。1815 年の数ヵ月間、権力を取り戻そうと試みた。しかしかならワーテルローで敗北を喫し、戦争捕虜としてセント・ヘレナ島に収監された。ここで 1821 年に死んだ。

第13章 民主主義への道

●●● 第2部はじまる

　ナポレオンは、イギリスにきっぱりと勝利することを願った。しかしイギリス艦隊は世界最強で、イギリスへの上陸はあまりにリスクが高かった。そこでイギリスをまず飢えさせようと、イギリスに物資を供給していた重要な植民地を押さえようとした。ナポレオンは最初にエジプト、それからインドを取るつもりだった。エジプトへの遠征は1798年に行われ、エジプトを占領した。しかしながらナポレオンの計画は失敗した。というのは、ネルソン提督率いるイギリス艦隊が地中海の大海戦でフランス艦隊を打ち負かしたからだった。これでフランスがエジプトとの関係を維持するのは不可能となった。

停泊地の戦い

　1800年にデンマークは幸運にも戦争の外に身を置いていた。戦争を行っている両サイドの国に物資を供給していたデンマークの貿易会社にとってよいことだった。商船を保護するため、デンマーク、スウェーデン、プロイセン（現在のドイツとポーランドの北部の国）、ロシアは武装中立同盟を結んでいた。中立を守るためには武力を使うつもりだった。そのため、商船は戦艦に同行された護送船団で航海した。

　イギリスはヨーロッパ最強の艦隊を持っていた。つまりイギリスがヨーロッパの海を支配していたのだった。武装中立同盟はイギリスの制海権に脅威となる

1798年のアブキール湾の海戦で、フランスの地中海艦隊は壊滅。フランス軍はこの後、エジプトから退却しなければならなくなった。

とイギリスは主張した。デンマークは、イギリスに次いでヨーロッパでもっとも大きな艦隊を持っていた。デンマークはさらに艦隊を増強する計画を持っていた。もしデンマークが自由意志か強制されてフランスと結託し、イギリスに戦争を挑んできたら、イギリスは海の支配権を維持できるだろうか？　そこでイギリスはデンマークが中立同盟を脱退するよう要求した。フレデリク皇太子（後のフレデリク6世）はこれを拒絶した。1801年にパーカーとネルソンに率いられたイギリスの大艦隊がオアスン海峡を通ってやって来て、コペンハーゲンに碇泊していたデンマーク船を襲った。停泊地の戦いは6—7時間続き、イギリス軍はかなり前進し、残りの艦隊と港すらも砲撃することができた。

ここでフレデリク皇太子は降参した。皇太子がデンマークが中立同盟を脱退し、艦隊建設を中止することを約束したので、ネルソンとパーカーは帰っていった。デンマークは、デンマークの船舶がどの積み荷を載せているかを監視する権利をイギリスの戦艦に与えなければならなかった。このころ、ロシア皇帝が殺害された。新皇帝はイギリスに対してより優しく、好意を抱いていた。イギリスでは、戦争を終わらせることを願った新政府が樹立された。1802年にフランスとイギリスの間に和平が結ばれ、これによってナポレオン戦争の第2部が終わった。

停泊地の戦い（英名：コペンハーゲンの海戦）は短い時間だったが、凄惨なものだった。デンマーク軍の1,000人以上が死傷した。この停泊地の戦いの絵は、クリスチャン・モルステッド（1862—1931年）が1901年—戦後100周年—に描いた。マストの左側では、わずか17歳の海軍将校、ピーター・ウィルモース（1783—1808年）が戦いを続けるよう兵士たちを鼓舞している。ウィルモースは数年後、シェラン・オッドゥの海戦で戦死する。

第13章　民主主義への道

●●● コペンハーゲン砲撃

　1800年代はじめ、ロシア皇帝とフランス皇帝・ナポレオンは、イギリスに対抗する同盟について秘密裏に話していた。イギリスのスパイが計画の痕跡をみつけ、イギリスは、フランスとロシアがデンマーク艦隊を簡単に奪うだろうと恐れた。問題となるかもしれない。そこでイギリスは先手を打つことを決め、1807年にデンマーク艦隊を戦争が終わるまでの間、引き渡すことを要求した。

　いまやデンマークは解決困難な問題を再び抱え、皇太子と政府は延々と議論した。イギリスの要求を受け入れれば、フランスとスウェーデンが攻めてくるだろう。イギリスにはデンマークの回答を待つ時間はなかった。イギリス大艦隊がオアスン海峡にやって来た。2万6千人の兵士がコペンハーゲンの北と南に上陸し、すぐに首都は海陸から包囲された。

　数週間がイギリスの包囲軍とデンマーク兵との間の小競り合いで過ぎた。ところが皇太子はイギリスの要求に屈するつもりはなかったので、イギリスは忍耐を失った。イギリス軍は5昼夜に渡って、焼夷弾と砲弾の雨を降らせた。こうしてコペンハーゲンの司令官は降伏し、イギリス軍はデンマーク艦隊とともに去って行った。砲撃は1,200人のコペンハーゲン市民の命を奪った。さらに多くの者が傷を負い、市の大きな部分が破壊された。これは、世界最初の一般市民への大型テロ砲撃だった。それ以来、こうした砲撃は戦争遂行のための一般的な方法となっていった。

1807年にイギリス軍がコペンハーゲンを砲撃した。

●●● ノルウェー喪失

　砲撃の後、イギリス政府はデンマーク・イギリス同盟を持ちかけたが、皇太子は拒否した。皇太子はイギリスに激怒しており、その代わり、フランスと同盟を結んだ。これによって、デンマークはイギリスと戦うことになった。クリスチャン7世の後、皇太子は1808年にフレデリク6世という称号で専制君主となった。艦隊が欠けていたので、王は砲艦を装備し、デンマークの領海を航行するイギリス船と戦おうとした。

　1812―13年のロシア遠征の失敗後、ほとんどの者にとって、ナポレオンが戦争に負けるだろうことは明らかだった。一国一国、以前の同盟仲間が寝返っていった。最後にはナポレオンを支援していたのはデンマークだけとなった。フレデリク6世の大臣たちは、ナポレオンと袂を分かつように王を説得しようと試みたが、無駄だった。

　イギリスへの戦争はデンマークにとって高くついた。これによって、オアスン海峡を通過する商船が支払う通航税収入を手放した。その結果、1813年にデンマーク国家は破産した。同年の秋には、フランス軍は北部ドイツから追い払われた。イギリスと同盟していたスウェーデンがスレースヴィとホルステンを占領した。1814年にフレデリク6世は降伏し、スウェーデンとイギリスと和平を結んだ。値段は高かった。スウェーデンにノルウェーが譲渡された。傷口に貼る絆創膏として、フレデリク6世は、ドイツの小さなラウエンブルク公爵領を獲得した。しかし、ホルステンとラウエンブルクのいずれも新しく出来たドイツ連邦に参加することに同意しなければならなかった。

フランス軍はロシアの酷寒に驚いた。1812―13年の遠征は大失敗となった。

第 13 章　民主主義への道

フレデリク 6 世

　1784 年にフレデリク皇太子（1768―1839 年）はわずか 16 歳で、事実上の専制君主としてデンマーク連合王国の元首となった。1808 年に父の死によって、フレデリク 6 世として即位した。

　ナポレオン戦争の最後の数年間におけるフレデリク 6 世の愚かなまでの頑固な外交政策は、国家財政の破綻とノルウェー喪失という破滅的結果を招いた。だが国を再起させようとする精力的な活動で、王はとても人気があった。しかしながら、階級会議を通して得た以上の影響力を国民に与えるつもりが王にはないことが 1830 年代に明らかになった。とりわけ都市の自由主義者の間では王は不人気となった。

　1813 年のライプツィッヒの戦いで、ナポレオンは、イギリス、ロシア、オーストリア、プロイセン、スウェーデンからなる連合軍に壊滅的敗北を喫し、退位させられ、地中海のエルバ島に追放された。

　1815 年にナポレオンはパリに戻り、大軍を集めることに成功した。絵には、同年にワーテルローの戦いでナポレオン軍を破った連合軍が描かれている。

　デンマーク王国、または**連合王国・**デンマークは、1814 年には 4 地域で構成されていた。王国と 3 つの公爵領：スレースヴィ、ホルステン、ラウエンブルク。

第13章　民主主義への道

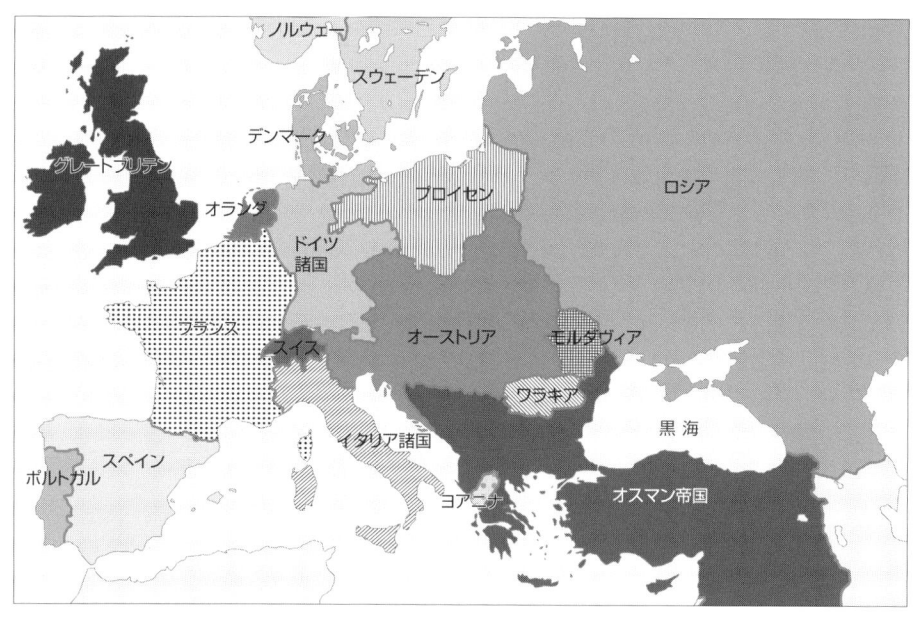

1800年ごろのヨーロッパ

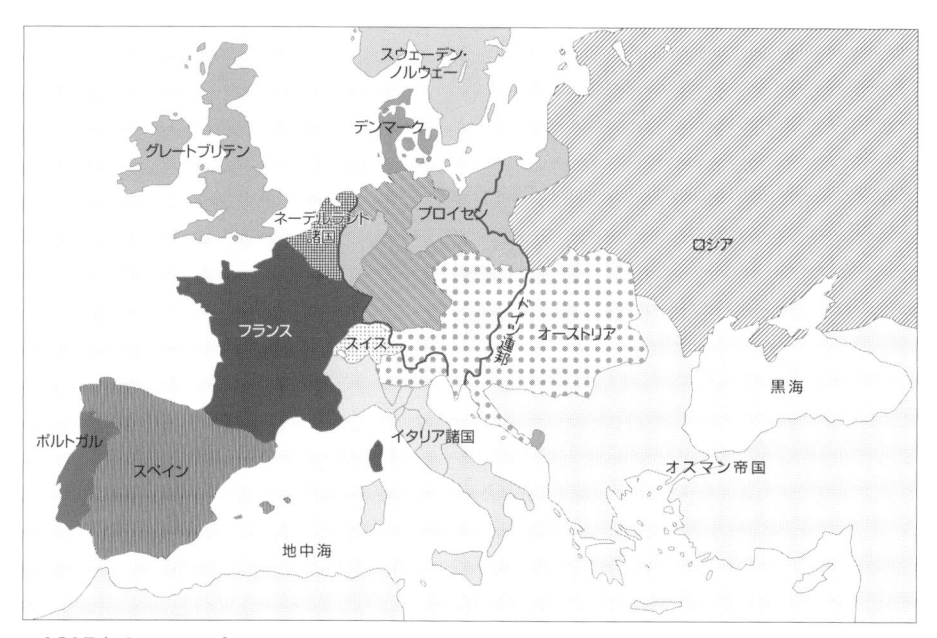

1815年のヨーロッパ

1815年にナポレオンが最後の敗北を喫する前に、君主らはウィーンで会議を開いた。この場で、ヨーロッパの国境がナポレオンの敗戦後にどのようにあるべきかを取り決めた。

●●● デンマークの生活

　1830年ごろのデンマークの人口は約120万人だった。そのうち、ちょうど100万人が農村に住んでいた。10万人余りがコペンハーゲンに、同じぐらいの数がより小さな都市に住んでいた。農村人口の一部は農民で、約6万5,000軒の農場を所有するか、地主から借りて小作していた。穀物の価格が上がった時、このグループはうまくやっていけた。しかし農村人口の大部分は、小自作農と農村労働者だった。小自作農は決まって小さな土地を持っていたので、牛1頭と豚数匹への餌を耕すことができた。やっていくためには、彼らは農民と地主のために働かなければならなかった。農村労働者は耕す土地も家畜も持たなかった。言葉が示すように、農民と地主のために働いた。食糧、服、他の必需品の価格は上がったが、賃金は固定したままだった。そのため、小自作農と農村労働者の生活条件は1830年代と1840年代に悪化した。本人と家族は、飢餓の限界ぎりぎり－しばしば超えながら－貧しく暮らした。

　都市では1830年ごろから、経済発展によって、まず第一に上流階級、たとえば高級官僚、大商人、大きな職人頭、企業主に恵みがもたらされた。コペンハーゲンの10万人の市民の中で、これらのグループと家族は2、3千人に過ぎなかった。普通の職人や商売人はなんとかやっていけたが、労働者と使用人はみじめな環境の中、暮らしていた。

　最下層－社会からはじき出された者－は極貧だった。まったくたしかに法では、教会区の地域は自分でやって行くことができない貧しい者を支援しなければならない、と定められていたが、地域が法を遵守するのは難しかった。だから彼らは乞食をすることでなんとかやっていかなければならなかった。デンマークが破産したナポレオン戦争直後のような悪い時期には、貧しい者のグループはとても大きくなり、もしかしたら5万人にまで達していたかもしれない。1835年にコペンハーゲン住民の6%が貧困支援を受けた。貧困支援を受ける者は年平均4リクスダラーを受け取った。1人の職人が2－3週間で稼ぐ額で、貧困支援だけで生き抜くのは不可能だった。餓死を遠避けるためには、乞食をしたり、犯罪を犯すことは不可欠だった。

1800年代はじめには多くの者が貧しかった。飢餓と疾病を避けるために、国は、パン、バター、肉、薪のような必要物資を配給した。絵には、マッチを売ろうとしている貧しい少女が描かれている。

●●● 新思想

　1814—15 年に、ヨーロッパの大国、オーストリア、イギリス、ロシア、プロイセン、フランスはウィーンで、ナポレオン戦争後のヨーロッパの平和を取り決めるため会議を開いた。国境が引かれることに諸国は合意し、大国の君主は満足した。さもなくば、再び戦争が起きるだろう。またウィーンの交渉者たちは、1700 年代終わりに出てきた自由主義的（リベラル）な、特に国民主義的な思想は抑圧されるべきだと合意した。リベラルの Liber とは自由を意味する。**自由主義の信奉者**は専制君主制を廃止し、法を制定する集会を市民に選ばせるつもりだった。**国民主義の信奉者**は、国はもっとも重要な共同体であり、1 人の国民は、共通言語、共通の歴史・文化を持つ 1 人の人間だとした。多くの者が自由主義と国民主義の両方の思想に賛同した。そのため、**国民自由主義**と呼ばれた。

　ところが、自由主義と国民主義の流れは抑圧されることはできなかった。1830 年にフランスで暴動が起き、王は亡命しなければならなかった。新しい王は、市民に大きな権力を与える自由憲法（基本法）に署名しなければならなかった。パリの暴動は、ヨーロッパの他の場所を、騒乱と自由憲法の要求へと導いていった。騒動はデンマークに広がらなかったにもかかわらず、専制君主のフレデリク 6 世は神経をとがらせていた。スレースヴィとホルステンでは、多くの者が、公爵領を合併し、共通の自由憲法を持たなければならないと話し始めていた。1831 年に王は 4 ヵ所で階級会議を開くことを決めた。一つは島嶼部（フュン、シェラン、ローラン、ファルスター、モンなど）、一つは北ユトランド（コンゲ川以北）、一つはスレースヴィ公爵領、一つはホルステンとラウエンブルク公爵領だった。

　階級会議のメンバーは、25 歳を満たし、一定規模の不動産か財産を自由にできる男子によって選ばれた。つまり、地主、一部の農園主、都市の富裕層だけが投票してもよかった。国民の 3% 弱が選挙権を持った。階級会議は、それぞれの地域の状況について王によい助言を与えることだけができた。しかし決まりとして、王は会議の助言に基づいて方針を定めた。階級会議によって、専制君主は市民が一定の影響力を持つことに門戸を開放していた。

　国民自由主義にとってそれでは不十分だった。彼らの新聞、「祖国」には、専制君主制を完全に廃止し、自由憲法（基本法）を導入する願いが書かれた記事が掲載された。そのためフレデリク 6 世は横やりを入れ、詔書（王の決定）を出した。王はそこで、なにが国に取って最善かを"我々（つまり王）だけが知っている"、と明言した。

全ヨーロッパに渡って、国民自由主義思想が 1800 年代はじめに花咲いた。絵は、オーストリア（ハプスブルク王国）からハンガリーを独立させるために活動したコシュート・ラヨシュ（1802—94 年）。

●●● 国民自由主義者とスレースヴィ

コペンハーゲンの上流階級は、大学教育を受けた高級官僚で構成されていた。彼らの多くは1840年代に国民自由主義に加わった。彼らは連合王国（174頁地図参照）を解体したかった。彼らは、ホルステンとラウエンブルクの公爵領は、言語と歴史的理由からドイツであり、それゆえ国から完全に切り離されなければならないとした。一方で、スレースヴィの公爵領は王国に合体されなければならないとした。根拠は、ヴァイキング時代と中世にはスレースヴィはデンマークの一部だったというものだった。国境はアイダー川（スレースヴィとホルステンの両公爵領の境界の川）で引かれなければならなかった。

国民自由主義者は、専制君主制が自由憲法に取って代わられることを欲した。つまり、国の法を決める議会を市民が選ぶ政治体制だった。国民自由主義者は、万人が選挙権を持つとは想定していなかった。国民自由主義者のスポークスマン、オーラ・リーマンが後に表現したように、"才能がある者、教養がある者、富裕な者"だけが王国の統治に参加できた。国民自由主義者の考えに基づけば、このグループには、都市の市民、農村の地主、農園主が属した。

農園主が政治に加わる者に属していたにもかかわらず、国民自由主義者は農民にだけ支援を限定していた。専制君主である王は1700年代終わりから、農民が農園を所有できるような（156頁参照）改革（変化）を実施していた。そのため、専制君主は農民の間で人気だった。より多くの農業改革についての農民の願いを支援することで、国民自由主義者は1840年代終わりに農民の後援を得た。

スレースヴィとホルステンでも、1830年代と1840年代の自由主義と国民主義の流れに住民は影響を受けた。スレースヴィ・ホルステンの国民自由主義者は、スレースヴィとホルステンは自由憲法を持ったひとつの国家に合併するべきだと願った。しかしながらデンマーク王国とスレースヴィ・ホルステンはお互い連合しており、2つの国家は1人の共通の王を持っていた。

デンマークと公爵領の国民自由主義者は結局、専制君主制を廃止することで一致していたが、スレースヴィの運命についての命題には一致していなかった。問題は解決するものではなかった。北部スレースヴィでは、ほとんどがデンマーク語を―少なくとも農村では―話す一方で、ヘーダースレウとオーベンローのような都市ではドイツ語がより普及していた。南部スレースヴィでは、ドイツ語がもっとも普及した言語だった。

●●● 衝突は頂点に

1848年にクリスチャン8世が世を去り、息子がフレデリク7世として王となった。同じころ、専制君主制に反対する騒乱がヨーロッパ中で起きていた。フランスでは王が亡命し、王制は廃止された。国は共和制、つまり大統領を頂点とし、21歳以上のすべての男子に選挙権を与えるようなとても自由な憲法を持った。オーストリア、イタリア、

フレデリク7世（1848―63年）とダナー伯爵夫人（ルイーセ・ラスムセンとして生まれる）（1815―74年）。

ダナー伯爵夫人は未婚の女中の娘で、幼くして王立劇場のバレエスクールに入った。1830年代にフレデリク皇太子と出会い、愛人になった。1848年に正式に王のもとに移り、ダナーと称された。2年後に2人は結婚した。

ダナー伯爵夫人は王の飲酒癖を和らげるのに成功したが、王が王室の親戚でない女性と結婚したことは、上流階級の物議を醸した。彼女は財産を慈善のために使うよう遺言を残した。たとえば、貧しい女性のための家の設立：コペンハーゲンのギュルデンルーヴェスゲーデにあるダナー伯爵夫人福祉施設。

ドイツ連邦に参加していた国々では、暴動が起きていた。しばしば王と大公たちは暴動に対して軍隊を送った。しかし支配者たちは、国民の自由を保障し、一般男子に政治への影響力を与える憲法の導入を約束した。

騒乱は公爵領にも広がった。レンスボー（アイダー川沿いの町）の集まりでは、スレースヴィ・ホルステンの住民は、スレースヴィとホルステンは合併し、共有の自由憲法を持ち、そのうえスレースヴィはドイツ連邦にも参加し、軍備することを要求することで合意した。幹部たちは王に要求を示すためにコペンハーゲンへ旅立つことになった。スレースヴィ・ホルステンの派遣団が到着する前に、彼らの要求に関する噂がコペンハーゲンに届いた。デンマークの国民自由主義者たちは素早く処理した。王と政府がスレースヴィ・ホルステンに屈することを危惧した。そのため、国民自由主義者たちはコペンハーゲンで大きな集会を開いた。

ここで、王に以下の要求を提出することで合意した。「スレースヴィは王国の一部であり、全国土が自由憲法を持たなければならない」。翌日、国民自由主義者の幹部たちは1万5,000人に伴われ、王に向かって行進した。王宮に集まった多くの群衆をみて、王は要求に屈した。王は、自由憲法を作成する新政府を樹立した。政府は、スレースヴィはデンマークの中になければならないと願う国民自由主義者で主に占められていた。数日後、スレースヴィ・ホルステンの派遣団が王の前に進み出た。王は、ホルステンが自由憲法を持つことにだけ同意することができたが、2つの公爵領が合併し、スレースヴィがドイツ連邦に参加することは却下した。

1848年2月22日から24日の間に、パリで市民と労働者が暴動を起こした。軍隊が派遣されたが、多くの兵士が暴動に加わったので、王はイギリスへ亡命した。王権は廃止され、フランスは、財産にかかわらず、すべての男子が法を制定する国会への選挙権を持つ共和国となった。

●●● 内戦

　スレースヴィ・ホルステンはいまや、デンマークから力づくで自由になることを決意した。政府を樹立し、7,000人の軍隊を作った。だがほとんどは未訓練の志願兵だった。最初の大きな戦いでスレースヴィ・ホルステンは、スレースヴィに駐屯していた1万人のデンマークの大軍に敗北を喫した。しかしスレースヴィ・ホルステンは、プロイセンとドイツ連邦から総勢3万人の兵の支援を受けた。いくつかの大きな敗北の後、デンマーク軍はフュン島へ退き、スレースヴィ・ホルステンとプロイセン軍は北ユトランドを占領した。

　ここにロシア皇帝がデンマークを助けにやってきた。皇帝はプロイセンが勢力を拡大するのを容認できなかった。宣戦布告すると脅し、プロイセン軍を北ユトランドから撤退させた。プロイセンとデンマークは休戦協定を結んだ。デンマークは休戦協定を、普通徴兵制（すべての若い男子の兵役義務化）を導入して軍隊を強化するのに利用した。同時に政府は、スレースヴィの住民がデンマークに属したいかどうかをはっきりさせるため、スレースヴィで住民投票を行うか議論した。投票の結果次第で、スレースヴィは

分割されるかもしれず、これによって問題は解決されるだろうと考えた。イギリス、ロシア、他のヨーロッパ列強はいい解決策だと思った。

ところがフレデリク7世はスレースヴィの分割に同意するつもりはなかった。そのため、スレースヴィの課題は戦場で決定されなければならず、デンマークはプロイセンとの休戦協定を破棄し、戦争は再開された。最初のうちはデンマークにとって戦況は芳しくなかったが、1849年7月にデンマーク軍がフレデリシアで勝利した。プロイセンは次第に戦争に飽き、デンマークと再び休戦協定を結び、1年後に和平協定が結ばれた。

いまやデンマークとスレースヴィ・ホルステン軍が単独で対峙していた。デンマークが優勢だったにもかかわらず、スレースヴィ・ホルステンは戦い続けた。戦いの場はいまやスレースヴィにまで下がっていた。スレースヴィ・ホルステンはいくつかの敗北を重ねながらも、諦めるつもりはなかった。ロシアとオーストリアが、プロイセンにスレースヴィ・ホルステンが軍備を解くように説得させて初めて、和平が結ばれた。デンマークは戦争に勝ったが、実際には問題はなにも解決されなかった。ロシア、プロイセン、オーストリアはスレースヴィがデンマークに併合されることに同意しなかった。公爵領はそれぞれで治められることに決まり、あらゆる衝突を抱えたままホルステンは続いていった。

1848年6月5日のドゥッブルでドイツ兵に攻撃を仕掛けるデンマーク兵たちの絵。1849年にヨーン・ソンネが描いた。自身は戦いに参加していなかったが、参加した兵士から情報を集めた。

第13章 民主主義への道

●●● 憲法

　1849年6月、戦争の最中、デンマークは最初の自由主義憲法を獲得し、規定が"憲法"に書きとめられた。

　立法権を持つ国会が開設された。国会は二院制（上院と下院）だった。しかし、採択された法は、王が署名して初めて有効となった。それゆえ、王はこれまで同様に立法権の一部を有していた。

　自身で生計を立てられる30歳以上の男子だけが国会の選挙権を持っていた。そのため、彼らのもとで生活する農夫と奉公人は選挙権を持たなかった。貧困支援を受けて生活している者も選挙権を持たなかった。25歳以上で自身で生計を立てられる男子だけが、下院の被選挙権を有した。上院の議員は40歳以上で比較的裕福でなければならなかった。

　王と政府はともに行政権を有し、独立した裁判所が司法権を持った。

　憲法は、デンマークが**国民統治**、つまり法を決定する者を国民が選ぶようになったことを意味した。1849年には国民の一部が選挙権を有しただけだったが、1915年初めに女性と貧しい者が国会の選挙権を獲得した。次第に選挙権年齢は下げられ、現在は18歳。王、現在は女王、はもはや行政権の一部も持たない。

1848～49年に憲法を制定するための国民会議が開かれた。

憲法制定国民会議

　本来の計画では、憲法は王国とスレースヴィで効力を持つことになっていた。1851—52年の最後の和平締結で、デンマーク政府は、「連合王国が保持される」との大国の要求に屈しなければならなかった。これによって、憲法は王国だけに効力を持ち、階級会議を有していた公爵領では王は専制君主であり続けた。

第 13 章　民主主義への道

3 権分立
民主主義では、権力は、立法権、行政権、司法権に分割される。

立法権：選挙人によって選ばれた国会で、投票を通して法案が決議されるかどうか決める。

行政権：政府は法を施行させなければならない。しばしば政府は法案を提出する。

司法権：立法権と行政権から独立し、法に基づいて判決を下す裁判所。

●●● 女性の選挙権

国民統治が1849年にデンマークに導入されたとき、女性は選挙権を持たなかった。30歳以上で自身で生計を立てられる、つまり自宅か賃貸の家で暮らす家族を持つ前科がない男子だけが投票できた。この頃はわずかな女性だけが男女平等を求めていただけだったが、1880年代からはじめて、男女平等への要求は力を増していった。とりわけ、1871年に設立された団体、デンマーク女性社会が考えを先鋭化させてきたことによるものだった。

当初は、選挙権が女性たちのもっとも重要な目標ではなかった。夫婦間に生じる抑圧への戦いだった。そのうえ、女性は教育と公的セクションでの雇用の権利を獲得したかった。次第に女性の選挙権も議題に上ってきた。デンマーク女性社会がこの案件について十分取り組んでいると思わない者がおり、彼女らは、**女性進歩協会**と**女性選挙権協会**を設立した。

男性はゆっくりながらも、女性が選挙権を持つことを受け入れ始めた。1903年に教区評議会の選挙で女性は投票権を持った。1908年には地方議会、1915年には国会への投票権を獲得した。1918年の下院の最初の選挙で、男性とほぼ同じ数の女性が投票した。しかし、女性候補者が多数いたにもかかわらず、ほとんどの女性は男性に投票した。この結果、下院議員140人のうちわずか4人だけが女性だった。

ヨーロッパとアメリカの至るところで、女性は1900年ごろ、平等を求めた。いくつかの国では過激化し、この絵は、フランス女性たちが1908年、投票用紙が入った箱を空にした場面。デンマークでは闘争は平和的に行われた。ほとんどの国で女性は1920年ごろに投票権を獲得したが、フランスでは1944年だった。

●●● 列強の影で

　ヨーロッパの列強－ロシア、プロイセン、オーストリア、イギリス、フランス－は、デンマークがどんな可能性を持つかについて決定的な役割を果たした。列強が1848—51年の内戦後、和平条件を決めた。列強は、後継ぎを持たなかったフレデリク7世が没し、グリュックスブルク家のクリスチャンの王位継承を認可することにもなった。デンマーク政府の椅子に誰が座るかについても口を挟んだ。たとえば、ロシアは、国民自由主義党の閣僚は連合王国に賛成する者に取って代わられることを要求した。

　1850年代終わりまでに、デンマーク政府は連合王国の政策を実施した。国の3つの地域―王国、スレースヴィ、ホルステン―はそれぞれ独自の法を持っていた。しかしながら政府は、全土に通じる法を持つ共通憲法を施行しようとした。このやり方で、デンマークをアメリカのような一種の連邦国家にするつもりだった。しかし、スレースヴィ・ホルステンは、プロイセンとオーストリアに支援されていたので、共通憲法に反対した。

　政治的問題にかかわらず、1850年代と1860年代はデンマークにとって経済的に発展した時代だった。鉄道建設、電信導入、郵便制度の確立によって、農村地域間の関係が改善された。1857年には商売の自由に関する法が導入された。以前は、職人と商人は職人組合と商人組合に組織されていた。これらの組合が、誰がどれだけ、どんな価格で、ひとつの物を製造し、販売してよいかを決めていた。今やこれらの組合は力を失い、誰もが、ものを製造、販売する会社を設立する権利を得た。自由競争によって、新たな企業や工場が台頭してきた。蒸気機関が多く使われた。蒸気は、水力や風力のような以前の動力源よりはるかに効率的だった。産業革命がデンマークではじまった。

1860年代にデンマークでは鉄道建設がとても盛んになった。

第13章　民主主義への道

●●● 破滅へ向かって

1863年に国民自由主義党のコンシール議長（首相）、C.C. ハルは、連合王国、王国、3つの公爵領への共通憲法を作ることをあきらめた。その代わり、国会は、ホルステンとラウエンブルクを除いた、王国とスレースヴィへの共通憲法を採択した。これは、**11月憲法**と呼ばれ、3年戦争後の和平協定の明らかな違反だった。

しかし国民の声は強く、デンマーク国境をアイダー川とすることを支持した。この案件を解決するために、戦争する意欲に満ちていた。たしかに3年戦争ではうまく行ったし、スウェーデン王はドイツ諸国と戦争となれば軍事的にデンマークを助けると約束していた。そのうえ、ハルは、列強が11月憲法を受け入れるだろうと確信していた。フレデリク7世はハルを支持していたが、11月憲法が署名される前に没した。後継者のクリスチャン9世は連合王国に賛同し、さらに戦争を恐れていた。王は3日間抵抗したが、最後に国民自由主義党からの圧力で署名した。

反応が返って来た。1864年1月にはプロイセンとオーストリアはデンマークに最後通牒を突きつけた。11月憲法が48時間以内に取り下げられなければ、宣戦布告すると。クリスチャン9世は先立つ数週間前に、ハル政府を解散させ、D.G. モンラッドをコンシール議長とする新たな国民自由主義党政府を指名していた。しかしながら11月憲法は取り下げられなかった。新政府は、イギリス、ロシア、フランスは憲法がスレースヴィ問題の最善の解決策だと理解し、プロイセンとオーストリアに圧力を掛けてくれることを狙っていた。しかしそうはならなかった。

クリスチャン9世（1863—1906年）と家族。彼はヨーロッパの祖父と呼ばれた。なぜならば、彼の子供たちは他のヨーロッパの王室の王子や王女と結婚したからだった。クリスチャン9世は一番右側に立っている。

●●● ドゥッブルの戦い

　デンマーク軍はまったく戦争への軍備を整えていなかった。軍事費は3年戦争後削られていた。プロイセン軍とオーストリア軍は数的に優勢で、特にプロイセン軍は性能のいい近代的な武器を装備していた。

　デンマーク軍は最初、スレースヴィにある古代からの防塁、ダーネヴィアケで迎え撃った。しかし戦闘に入る前に、メッツァ将軍は、この防塁はもたないと見て取り、ドゥッブル堡塁まで退却する命令を下した。プロイセン軍とオーストリア軍は後を追い、ドゥッブルを包囲した。

　数ヵ月に渡って計画的に遠距離砲でドゥッブルを砲撃したが、デンマーク軍は10週間持ちこたえた。状況はどんどん絶望的になっていったが、政府はなんとしてでもドゥッブルを守り抜くよう求めた。列強がスレースヴィとホルステンに関する会議でロンドンに集まった。政府は、軍にドゥッブルを守り続けさせることで、列強がデンマークにスレースヴィの大半を保持させるだろうと期待した。

　しかし会議がなにがしかの決定を下す前の4月18日、オーストリア軍とプロイセン軍は、数週間の砲撃で破壊されていたドゥッブル堡塁に突撃をかけた。数時間後、デンマーク軍は降伏し、休戦協定が結ばれた。和平会議がロンドンで、列強を調停国として始まった。和平交渉の中で、スレースヴィの分割についてさまざまな提案がなされた。プロイセンもスレースヴィを言語境界にもとづいて分割することを提案した。コンシール議長のモンラッドはそれについてあえて何の態度も取らず、クリスチャン9世に決定を委ねた。王は分割案を拒否し、戦争は再び始まった。

　ドイツ軍とオーストリア軍はアルス島からデンマーク軍を追い払い、全ユトランド半島を占領した。1864年秋に、クリスチャン9世は、王国の存続が脅かされていることを理解した。なんとしてでも和平が結ばれなければならなかった。そしてそれは高くついた。コリン南部、リーベ周辺、エロー島を除いて、王は全スレースヴィ、ホルステン、ラウエンブルクを失った。数年後、公爵領はプロイセンの州となった。

ダーネヴィアケから退却するデンマーク兵の絵。ニールス・シモンセン作。

第 13 章　民主主義への道

ヨーン・ソンネのドゥップルを守るデンマーク兵の絵。

1864年にスレースヴィは完全にデンマークから分離し、スレースヴィのデンマーク系の少数住民はドイツにいることを余儀なくされた。悲しみにくれる南ユトランドの少女は少数住民の運命の象徴となった。ポスターは何千枚も販売された。

●●● 戦争の結末

1864年の戦争は短かったが、大きな意味を持った。デンマークは、5分の2の面積、100万人以上を失い、縮小された。これによって、人口は250万人から170万人に低下。いまやデンマークはヨーロッパの最小国の一つに過ぎなかった。しかしながら、デンマークは本物の

第13章　民主主義への道

オットー・フォン・ビスマルク（1815—98年）は1800年代の最も優秀な政治家の1人。彼は、プロイセンはドイツ連邦を一つの真の強国へと改造する先頭に立たなければならないと主張した。これは成功し、1864年のデンマークへの戦争後、スレースヴィとホルステンはプロイセンの支配下に入った。オーストリアはプロイセンがドイツ連邦で支配権を握るのを妨げようとしたが、1866年にプロイセンはオーストリアとの戦争に勝利した。同年、ビスマルクは北ドイツ連邦を設立した。

1870—71年には北ドイツ連邦はフランスと戦争になった。フランスは敗れ、フランス人を愚弄するかのように、パリ郊外のヴェルサイユ宮殿の鏡の間でドイツ帝国が発足した。壇上にはドイツ王・ヴィルヘルムが立ち、皇帝と称した。ビスマルクは絵中央で白い服装をして立っている。

国民国家となった。国境内に、別の国に属することを願う少数派はいなかった。これは、1864年から数十年の間に国民意識が強まっていったことへのもっとも本質的な理由であった。ほとんどのデンマーク人は自分のことを、神、王、祖国のもとに共に暮らす、小さいながらも誇りを持った国民であると自覚した。これにより、国民としての共同体意識がより強くなり、ドイツへの憎悪が増していった。1864年の戦争後、プロイセンはドイツ連邦の最強国となった。オーストリアはこれを受け入れ難く、1866年に両国の間で短期間ながら凄惨な戦争が行われ、オーストリアは敗北した。ビスマルク（1815—98年、プロイセンとドイツの政治家）は、ドイツ連邦の加盟国を一つの国家にまとめようと働いていた。これはフランスに危惧を抱かせ、1870—71年にフランスは、プロイセンの指揮下にある北部と南部ドイツ諸国と戦争になった。フランスは敗北し、1871年に成立したドイツ帝国に国土を明け渡さなければならなかった。

　ドイツは、ヨーロッパの真ん中にある新強大国となった。これは列強間のパワーバランスを崩し、緊張が増していき、最後には第一次世界大戦（1914—18年）に至った。ドイツは第一次世界大戦で敗北し、講和締結に際し、スレースヴィの住民は、デンマークとドイツのいずれに属するかについて住民投票することになった。その結果が、現在の国境となった。

●●● 再統合

　ドイツは第1次世界大戦で敗戦国の一つとなった（189頁参照）。講和交渉の中で、アメリカ大統領・ウィルソンは、戦勝国は敗戦国から領土を奪わないよう提案した。「領土を奪えば新しい衝突につながる。その代わり、住民が帰属したい国を決めるべきだ」と提案した。デンマークが1864年の戦争で敗北して以来、北部スレースヴィのデンマーク系住民約20万人は、ドイツの国民であることを受け入れなければならなかった。ドイツの敗北後、多くのデンマーク人はデンマークが全スレースヴィを獲得するだろうと考えた。しかし国会は、最終的な国境は住民投票後に確定されると決定した。

　1920年にスレースヴィで住民投票が行われ、住民はドイツとデンマークのいずれに属したいかを示すことができた。結果として、国境は現在のものに変更された。つまり、1864年の和平交渉でプロイセンが提案したが、クリスチャン9世が拒否したスレースヴィの分割案にかなり似たものだった。

写真では、クリスチャン10世（1912—47年）が北スレースヴィ（南ユトランド）への国境を馬に乗って越えている。この地は1920年の住民投票後にデンマークの一部となった。

いつだった？

1792—1815 年：ナポレオン戦争

1801 年：停泊地の戦い

1807 年：コペンハーゲン砲撃

1814—15 年：ウィーン会議

1848 年：パリの暴動が他のヨーロッパ諸国の首都に広がる

1848—51 年：3 年戦争

1849 年：憲法

1857 年：商売の自由に関する法

1863 年：11 月憲法

1863—1906 年：クリスチャン 9 世

1864 年：プロイセンとオーストリアとの戦争。スレースヴィとホルステン放棄

1870—71 年：普仏戦争

1871 年：ドイツ帝国発足

1914—18 年：第一次世界大戦

1912—47 年：クリスチャン 10 世

1920 年：再統合

SCANDINAVIAN AMERICAN LINE

FREDERIK VIII

CONVENIENT ROUTE
TO AND FROM
ALL PARTS OF EUROPE

第14章
近 代
1850—1940 年

●●● 産業革命

　産業とは、同じものを大量に生産する機械の利用である。産業革命は1700年代半ばにイギリスではじまり、1800年代に西ヨーロッパのほとんどとアメリカに浸透していった。産業革命は社会の大きな変化を意味した。

　第一に、より単純な道具の代わりに、機械が使われた。昔の農村社会では、風、水、人、動物、植物がエネルギーを生み出した。産業社会では、エネルギーは石炭、石油、天然ガスから生み出された。第二に、産業社会ではものは工場で製造された。ここでは、1人の労働者はものが完成にいたるまでのわずかな工程だけに携わった。以前はひとつのものは同じ職人によって作られていた。第三に、機械による労働工程の分割と単純化によって熟練労働者の必要性は減り、女性と子供も工場で働くことができた。これによって、労働力の大量供給がもたらされたため、工場主は賃金を抑えることができた。第四に、産業革命は都市を成長させた。都市には工場があり、それゆえ労働者はここに引っ

ヨーロッパの至るところで1800年代、工場が建てられた。絵はデンマークの鉄鋳物工場。不健康な場所で働かなければならなかった。

第14章 近代

越して来なければならなかった。

　ヨーロッパの至るところで、都市における住宅投機によい時代となった。何十万という新住民は頭上に屋根を持たなければならなかった。医師は、劣悪で不健康な住居が住民を病気にしていないか注意を払った。しかし当局は、建築業者によりよい住居を建てさせる法律を作らなかった。それどころか、家の大きさや隣家からの距離などを定めた昔からの規則の適用もしばしば免除された。

　コペンハーゲンでは、横や後ろにいくつもの棟を持った高層建物を建てることで、家主は莫大な金額を稼いだ。多くのアパートが入ったこれらの建物は、廊下集合住宅と呼ばれ、特に建てるのが安かった。すべての階では、長く狭い一本の廊下が横に伸び、廊下の両側にアパートが並んでいた。こうした手法で、建築業者は、建物の90室に対し、廊下の両端にそれぞれひとつの階段を取りつけて終わらせた。廊下は暗く、換気の可能性はなかった。アパートはとても小さく、しばしば25平方メートル以下だった。部屋が大きくなければ、家主は建築税の支払いを免れた。

移住

　1700年代終わりからヨーロッパではどんどん人口が増えていった。たとえば、健康状態が次第に良くなり、医者が上手な治療ができるようになったおかげであった。

　だが、多くの人々にとって仕事を見つけるのは難しかった。そこで、一部の者はアメリカやオーストラリアへの移住を選択した。1800年代と1900年代初めには、ヨーロッパから約5,000万人が移住した。デンマークからは約30万人、つまり人口の約10分の1が移住した。

蒸気機関で動く船を使用しはじめるまで、デンマークからアメリカまでの航海には5—7週間かかった。蒸気船では、わずか2週間になった。移動手段がよくなり、より多くの者が移住するようにもなった。

第14章 近代

1700年代の蒸気機関の発明は産業革命の土台だった。絵では、蒸気機関とさまざまな使用方法を開発したジェームズ・ワット（1736―1819年）が描かれている。

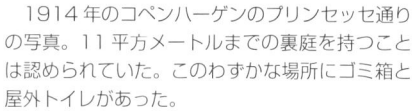

1914年のコペンハーゲンのプリンセッセ通りの写真。11平方メートルまでの裏庭を持つことは認められていた。このわずかな場所にゴミ箱と屋外トイレがあった。

大ざっぱに見積もれば、20軒に対してトイレ3つだった。子供は、路地や通りにいられなければ、陽光が滅多に、またはまったく届かない不健康な場所で遊ばなければならなかった。

多くの工場では、労働者の大きな割合が女と子供だった。男とまったく同じぐらい働いたが、賃金は低かった。絵は1800年代の衣服工場。

第14章 近代

●●● デンマークの産業

　1800年代終わりにデンマークで産業革命がはじまった。農業で仕事を探すのは難しかったので、何千という人が新しい工場で働くために農村から都市へ移って行った。農業では決まった給料と労働時間はなかった。作男や女中は決まりとして半年ごとに雇われた。そして、農家との間に、いくら稼ぎ、どれだけの仕事をこなすかの取り決めを交わした。工場では、雇用期間も含め、まったく決まった取り決めがなかった。最低賃金で働きたい男または女はしばしば仕事を得た。工場主には都合がいいことだったが、労働者には悪いことだった。実際には工場に、あらゆる者への仕事があるわけではなかった。そして失業しても救済はなかった。そのため、人々はしばしば、他人より安く働くと申し出ることで仕事を得ようとした。

　憲法は国民に組合を設立する権利を与えた。それゆえ、労働者は自らを組織し、ひとつの団体に集まり、こうやって雇用主により強く立ち向かった。コペンハーゲンのレンガ職人は、いわゆる労働団体を最初に設立したグループのひとつだった。1851年にレンガ職人はよりよい賃金と労働条件を求めてストライキを起こした。しかし憲法の規定にもかかわらず、警察は指導者たちを逮捕した。

　デンマークよりもはるかに産業革命が進んでいたイギリス、フランス、ドイツでは、職業を超えて労働者がお互いを支え合う労働運動が生まれていた。ほとんどの運動は**社会主義思想**を帯び、多くの国では社会主義政党が設立された。1870年代はじめには、コペンハーゲンでも労働運動が始まった。指導者はルイ・ピオ、ハラルド・ブリックス、ポウル・ゲレッフだった。彼らもまた社会主義政党を創設した。彼らは、ほとんどの労働者が選挙で同党に投票するだろうと期待した。同党は新聞「社会主義者」を発行した。

1886年のストライキする者たちの絵。労働者は階段に立つ工場主と交渉している。

●●● フェルデンの戦い

　1872年にコペンハーゲンのレンガ職人は賃金引き上げを求めてストライキを起こした。「社会主義者」に、ルイ・ピオがストライキを支援する記事を書いた。レンガ職人は当然、ストライキ中は給料をもらわなかったので、レンガ職人への資金を手に入れるため、デンマークの社会主義政党は、ノア・フェレで集会を招集した。"目標達成！"というタイトルの下、ピオはコペンハーゲンの全労働者に集まるよう訴えた。ところがコペンハーゲンの警察署長は、パリで前年に暴動が発生したのと同様、この集会は暴動の始まりと考えた。そこで政府に照会し、集会を禁止する認可を得た。

　何千人という労働者が禁止をものともせずにノア・フェレに集まった。署長は、警官と騎馬隊に集会を引き裂くよう命じた。結果として執行側と労働者間の激しい衝突となり、これは"フェルデンの戦い"と呼ばれるようになった。死者は出なかったが、両者に多数のけが人が出た。社会主義政党の指導者たち、ピオ、ブリックス、ゲレッフは、暴動をそそのかしたとして、有罪判決を受け、数年の懲役刑が言い渡された。

ノア・フェレは、フェレ公園が現在ある場所。絵は同時代に描かれ、騎馬隊と警察が労働者を攻撃している。

第14章 近代

社会主義

　1800年代半ばにカール・マルクス（1818〜83年）とフリードリッヒ・エンゲルス（1820〜95年）は、当時の**資本主義**社会について著した。そうした社会では、一部がわずかの工場と他の企業を所有していた。マルクスとエンゲルスは彼らを**資本主義者**と呼んだ。彼らは大きな権力を持っていた。ひとつの理由として、政府と当局が彼らを支援しているからだった。

　労働者は社会の最も大きなグループであり、階級だった。彼らは自分の労働力以外持たなかった。彼らはその労働力を、日々を生きるために、資本主義者に売らなければならなかった。しかし、労働者が製造するものは、労働力に対して受け取る賃金よりもはるかに価値あるものだった。これは不条理だとマルクスとエンゲルスは主張した。2人は、労働者が共同して工場を所有すれば、より公正な社会を獲得するだろうと主張した。そうした社会は、**社会主義**と呼ばれた。

　だが資本主義者たちは当然、自由意思で自分たちの工場を手放すつもりはなかった。政府は資本主義者を守るために軍隊と警察を使った。そのため、労働者階級は、運営と工場を引き継ぎ、社会主義を導入するには、力に訴えなければならなかった。

カール・マルクス（1818—83年）

　ヨーロッパの労働運動は社会主義の思想を帯びた。1871年にパリの労働者が暴動を起こした。町の大部分を手中に治め、社会主義社会、パリコミューンを宣言した。

　軍隊が投入され、数週間でパリコミューンは敗北した。約3万人が殺害された。

●●● 労働組合

　政府、警察、工場主は、指導者たちが消えたので、社会主義労働運動は解体に向かうだろうと期待した。ところがそうはならなかった。逆に、もっともっと多くの労働者が労働組合に加わっていった。社会主義政党が社会民主党に名前を変えたとき、さらに多くの者が同党に加わった。まさに名称の変更は、同党が、革命や暴力的手法ではなく、民主主義的方向での権力把握を願っていることを物語っていた。

　労働組合と社会民主党が取り組むべきことはたくさんあった。工場の労働時間は、1日10—12時間、週6日だった。賃金が低かったので、しばしば夫、妻、年長の子供が働かなければならなかった。多くの労働者家族は、狭くてじめじめした不健康なアパートに暮らしていた。

　1800年代の終わり、各労働組合は頻繁にストライキを起こした。企業主は"ロックアウト"で労働者たちの要求に答えた。"ロックアウト"とは、労働者を仕事場から閉め出すものだった。これは労働者が稼げないことを意味した。19世紀末には、デンマークのほとんどの都市で労働組合が出来ていた。これらは、**協同労働連合**－現在のLO－にまとまった。雇用主は、**デンマーク雇用主組合**を組織した。

　頻繁なストライキとロックアウトは、労働者と企業主のいずれにもいいことではなかった。1899年に雇用主が労働者約4万人をロックアウトした数ヵ月に渡る長い労働闘争の後、協同労働連合とデンマーク雇用主組合は、労働市場に関するルールに合意した。たとえば、両者は2年ごとに賃金と労働条件について交渉することにした。両者が同意せず、交渉が決裂した場合にだけ、労働組合はストライキし、雇用主はロックアウトしてもよかった。労働市場のルールは時代とともに変更されている。しかし両者は同様に賃金と労働条件について取り決めをしている。たとえばフランスと比較すれば、デンマークでのストライキとロックアウトは数が少ない。

第14章 近代

●●● よりよい時代

　自身で生活できない高齢者と病人は貧困支援を受けることができたが、とても屈辱的なことだった。貧困支援を受ければ、たとえば投票権を失うような別階級の人間とみなされた。1891—92年に状況を改善する法が制定された。60歳以上は誰でも自治体に高齢者救済制度に申し込むことができるようになった。当局は以前、貧困者、高齢者、病人を、意思に逆らって、救貧院などに送っていた。しかしいまでは、もはや自分で暮らせない者は支援を得られ、可能であれば、自宅で暮らすことができるように決められた。

　しかしながら、自治体当局が、"価値ある貧者"かどうかを裁定し、どういった支援を受ける権利があるかを判断した。1922年には、65歳に達した者すべてに、決まった金額が渡される、高齢者年金の制度が出来た。1800年代終わりには、労働組合は失業基金を設立した。しかし、基金は失業者に最小限の手当しか出すことはできなかった。1907年からは、失業基金は国から支援を受け、手当は引き上げられた。

　貧しい者、高齢者、病人の状況改善は、第一に、労働運動とその政治的スポークスマンである社会民主党がより大きな影響力を獲得したおかげであった。また、労働時間が次第に短縮され、休暇の権利を獲得したのも労働運動の賜物であった。しかし地方の労働者にとって、状況改善はゆっくりしたテンポで進んで行った。

1890年代に、貧しい者と病人の状況を改善する社会改革が実施された。しかし彼らは最低限必要な支援だけを受けた。写真は1900年ごろのクヴェアケビューの救貧院。

●●● 福祉国家

　福祉国家は1880年代にドイツに生まれた。労働者は保険をかけなければならないという法が制定され、高齢や病気になった時、保険によって救済を受けた。しかし、出発点からデンマークの福祉国家は別のものとなった。デンマークでは、自分で自分を養うことができない60歳以上のすべての男女は、1891年に"高齢者扶養"の権利を獲得した。高齢者扶養への費用は税金から支出された。

　1920年代には、社会民主党が政権を担当した。同時に労働組合は、困った国民を支援する法の制定に向けて圧力を掛けた。以前は、公的支援は、自治体が必要があると認めるかどうかによった。1933年に、大きな社会改革が行われ、必要がある誰もが支援を受ける権利を得た。

　第2次世界大戦後、福祉国家への社会の支出は増加した。ひとつの重要な理由は、支援を受ける者が増えたことだった。たとえば、教育支援を受ける学生、子供を持つ家族へのさまざまな産休制度、高齢者へのより多くの支援があった。別の理由としては、公的セクターがサービス業務をより多く引き受けるようになったからだった。たとえば、保育施設でより多くの子供が保育を受けるようになった。こうして、公的セクターは福祉にどんどんお金を使うようになった。そのため、より多くの税金を徴収することが不可欠となった。次第にデンマークは、国民が税金をヨーロッパでもっとも払っている国となっていった。1990年代から、政治家たちは、福祉国家のレベルを下げることなく、税金をどのように下げるかを議論するようになった。

　1800年代終わりに、国はさまざまな方法で貧しい者を世話し始めた。絵は1886年のもので、クリスチャンスハウンの警察署での、失業者と貧しい者への食糧配布が描かれている。

●●● カンスラーゲーデの合意

　1920年代にすでに、アメリカ経済は世界でもっとも影響力を持つようになっていた。10年間を通して、アメリカの株価は上がりに上がった。しかし1929年秋に、株価が落ちるという噂が出てきた。そのため、多くの株主は、株価がなんとかなっている間に株を売りたかった。だが株を買う注文よりも売られる株が多ければ、株価は下がる。数日で株価は暴落した。これはアメリカ経済の危機を招き、ヨーロッパに広がっていった。経済を守るために、多くの政府は輸入を厳しく制限した。これによって、国際貿易は3分の1にまで減少した。

　危機は1931年にデンマークに深刻な打撃を与えた。特に、イギリスとドイツへ輸出されていた農産物の価格が劇的に下がったせいだった。そのため、デンマークの農家は日々の生活が苦しくなり、差し押さえ件数が増加した。1932年にはほぼ4,500軒の農家が差し押さえられた。農業はデンマークの基幹産業だった。この困難さは、他の職種に広がっていった。失業者数は上がりまくり、1932年には全労働力の3分の1にまで達した。1932—33年の冬には、大衝突が目の前になった。雇用主は、労働者に賃金20％カットを強いるためロックアウトを予告した。

トーワルド・スタウニング（1873—1942年）は1924—26年と1929—42年に首相となった。写真は1935年の選挙ポスター。

　社会民主党－急進党政府はどうにかしなければならなかった。1月30日に政府と自由党はいわゆる、カンスラーゲーデの合意を結んだ。合意名は、両者が会合を開いたトーワルド・スタウニング首相のアパートにちなんで名づけられた。合意は農家に恩恵をもたらし、農家は借金清算と輸出の支援を受けられることとなった。労使協定を延長し、ストライキとロックアウトを1年間禁止する法が制定された。こうして、大衝突は回避された。

　長期的視野に立てば、社会改革は合意においてもっとも重要だった。これによって、高齢者と障害者がそれぞれ、高齢者年金と傷病年金、つまり公的セクターからの経済的支援を受ける権利を獲得した。疾病基金という制度が導入され、誰もが無料の医療を受けることができるようになった。そのうえ、失業救済が改善された。

いつだった？

1871年：パリコミューン

1872年：フェルデンの戦い

1891—92年：高齢者救済制度に関する法

1899年：大規模ロックアウトと９月合意

1929年：アメリカとヨーロッパの経済危機

1933年：カンスラーゲーデの合意

1924—26、1929—42年：トーワルド・スタウニング首相

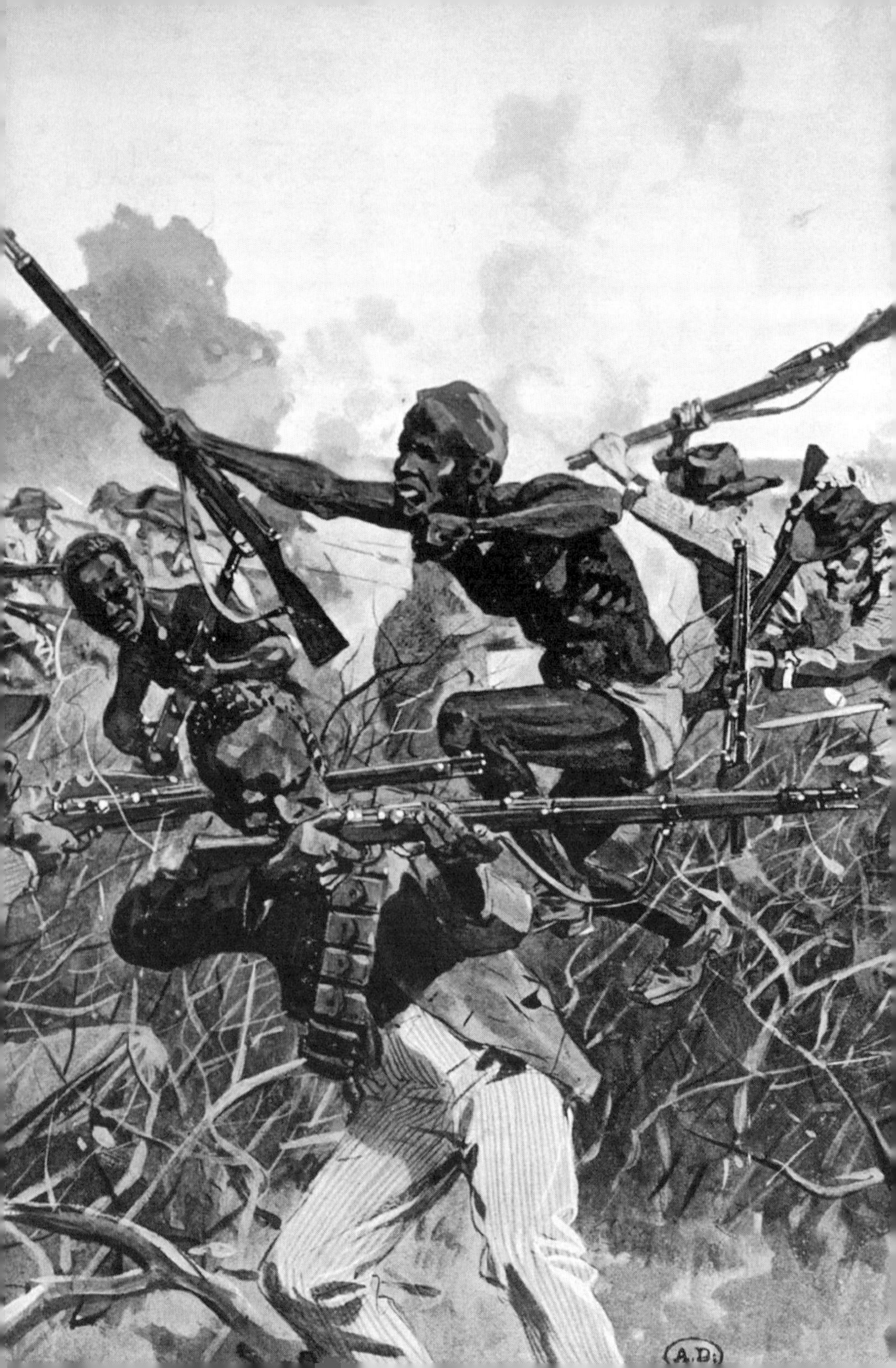
(A.D.)

第15章
世界の中のヨーロッパ
1870—1914 年

●●● 帝国

　1900 年ごろ、大英帝国は、かつて存在した国の中で最大の国となった。イギリス・ヴィクトリア女王は世界の人口の 4 分の 1 と地球上の陸地の 4 分の 1 を支配した。これは、ヨーロッパ諸国が世界中での植民地獲得に乗り出した 1500 年ごろにはじまった（139 頁参照）。最初の 2—300 年は、ヨーロッパ人は香辛料、絹、陶器、他のぜいたく品を取り引きした。1700 年代にはヨーロッパで産業革命がはじまり、工場で加工する植民地からの安い原料をもっと必要とした。

　1800 年代の最後の 10 年間まで、植民地と貿易するのは主に民間企業だった。これ以降、イギリスと他のヨーロッパ大国の国家権力（政府）が、植民地の利用に積極的に参加しはじめた。他の世界の地域を征服するのに軍隊が使われるようになった。軍隊の

←アフリカのヘレロ族は 1904 年にドイツの入植者に対して反乱を起こした。ドイツ軍はヘレロ族を砂漠に追いやり、6 万 5,000 人（ヘレロ族の 80％）が餓死した。

インドはイギリスの植民地のひとつだった。以下の写真は、イギリス・ヴィクトリア女王（1819—1901 年）。左には、女王の杖を持ったインド人の召使いが立っている。

第15章　世界の中のヨーロッパ

利用は、ヨーロッパの大国にとって、可能な限り多くの植民地を獲得し、大きな帝国を創造していくのに有効だった。こうして**帝国主義**と呼ばれる時代の幕が落とされた。

大国同士が同じ地域を要求することが頻繁に起き、ヨーロッパで戦争が起きる危険性をはらんだ衝突につながった。特に、ヨーロッパに1871年に新大国が生まれたとき、まったくおかしくなった。ドイツ皇帝、ヴィルヘルム1世は、ドイツも植民地を持たなければならないと主張した。1884年にヨーロッパ列強の代表がベルリンに集まり、世界の分割について話し合わなければならなかった。簡単なことではなく、アフリカの海岸部がどう分割されるかについてだけ一致をみた。その後も続けて植民地をめぐる衝突が列強間に起きたが、交渉を通して解決された。植民地獲得競争は、列強間の緊張を増していった。そのため、列強は陸海軍を増強するのに莫大な費用を使ったが、戦争を呼び起こすには十分ではなく、戦争は1914年に起きた（212頁参照）。

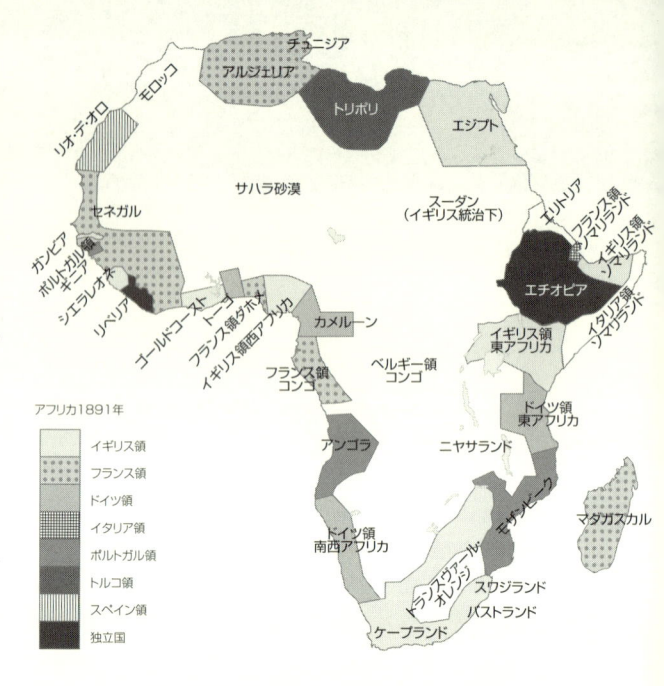

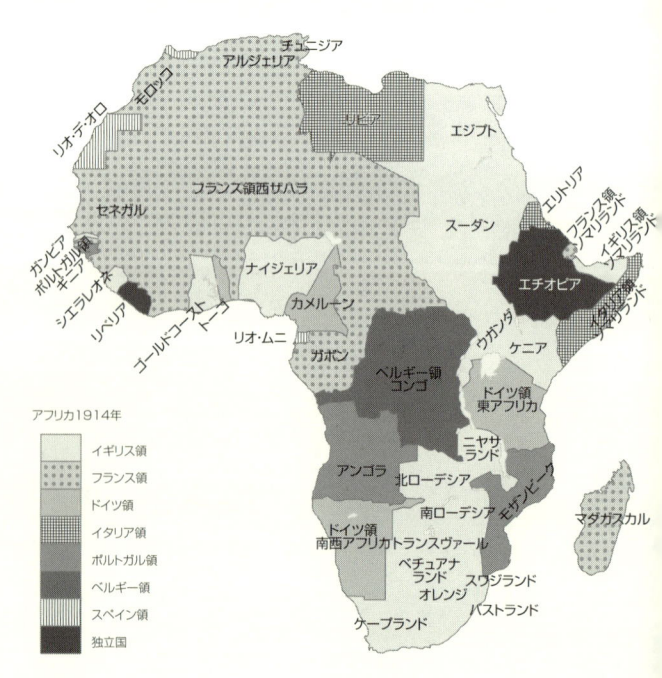

アフリカ1891年
- イギリス領
- フランス領
- ドイツ領
- イタリア領
- ポルトガル領
- トルコ領
- スペイン領
- 独立国

アフリカ1914年
- イギリス領
- フランス領
- ドイツ領
- イタリア領
- ポルトガル領
- ベルギー領
- スペイン領
- 独立国

●●● なぜ植民地？

　ヨーロッパ諸国が植民地を獲得したのは、第一に経済的理由からだった。ヨーロッパの多くの工場がどんどんものを製造したので、原料の必要性が高まっていった。同時に製品は販売されなければならず、自国の住民がこれ以上買うつもりがなくなったとき、残りは外国へ販売されなければならなかった。自国の製品を保護するため、ヨーロッパの国民国家は、外国製品に関税を課したため、外国製品は自国製品より高くなった。ここで植民地がその図式に入ってきた。ヨーロッパ諸国は植民地からより安い原料を手に入れ、ヨーロッパで販売できない完成品を植民地へ売り払うことができた。だから多くの植民地を持つことは地位を高めた。

　ヨーロッパの人口は1800年代を通して激増した。増加する人口が、植民地獲得の3番目の理由となった。人口増加はまさに、多くのところで不安定や暴動を引き起こす失業と貧困をもたらした。余剰人口を取り除くため、政府は国民を移民させることに努めた。植民地を支配する4番目の動機もあった。ヨーロッパ人は、非ヨーロッパ人は原始的で、自分たちが世界でもっとも文明的で発展している人種だと主張した。たしかに、工場や鉄道などの技術開発にはそういうことをみてとれた。ヨーロッパ人は有色人種をある種の子供とみなした。親が子供の世話をしてしつけをするように、白人は後進的有色人種を世話する義務があると考えた。これについて、キリスト教の宣教師が重要な役割を果たした。彼らは、正しい信仰とヨーロッパのあり方を広めることを欲した。

　白色人種の社会が有色人種の社会より高いレベルに達していたということは、チャールス・ダーウィンの進化論からも説明された。進化論では、自然と社会には常に淘汰があり、もっとも適した者が生き残るとされた。だから、白人はもっともうまくやってきたので、人種的、文化的に優れていた、とみなされた。人種学者が、肌が白ければ白いほど、より高い階層にあるという理論を提示した。しかしながらユダヤ人は例外とされた。まったくもってユダヤ人は白人だったが、"正しい"ヨーロッパ人としての同じような人種的な性質をまったく持たないとされた。

植民地はヨーロッパの経済発展に決定的な意味を持った。写真は、1922年のヤシ油を輸出するナイジェリアの港。

●●● 帝国主義の結末

ヨーロッパの大国にとって、植民地からの安い原料はメリットがあった。だが植民地は市場としては、大国が狙ったほどよくはなかった。加えて、植民地を持つには、たとえば軍隊、行政、港湾施設、道路、鉄道などに多額の費用がかかった。植民地にとっては、帝国主義は重大な結果をもたらした。植民地は母国のニーズに生産物をあわせなければならなかった。こうして鉄道が敷かれ、内陸と港町がつながれ、植民地政府はまず第一に安定と秩序を確保しなければならなかった。そのうえ、ヨーロッパの産業製品は植民地の職人を駆逐した。

1950年代と60年代を通して、ほとんどの植民地は独立国家となった。しかし多くはさまざまな問題を抱えていた。特にアフリカの植民地はもともと、住民の国民的、部族的帰属状況を考慮することなく設けられた。そのため、設置以来、騒動と血なまぐさい反乱が生み出されてきた。国々はしばしば経済的問題も抱えている。世界の最貧国は元植民地であるのが典型的である。ヨーロッパ大国の植民地からの搾取が、それらの国の貧困の本質的理由となっていることに疑いはない。

多くのアフリカ諸国の国境は帝国主義の時代に設けられた。同じ国に異なる国籍と部族からの住民が住んでいることを意味し、しばしばひとつの国籍は複数の国に散らばっている。これはアフリカの多くの問題に関する説明のひとつである。写真は、アフリカに多くある私兵グループのひとつの兵士たち。

いつだった？

1870–1914 年：帝国主義

1871 年：ドイツ帝国が、ヴィルヘルム 1 世を皇帝として誕生

1884 年：ベルリンで植民地分割に関する列強会議

1901 年：イギリスのヴィクトリア女王没

1904 年：アフリカのヘレロ族がドイツ入植者に反乱を起こす

1914–18 年：第 1 次世界大戦

1950 年代と 1960 年代：ほとんどのアフリカ植民地が独立

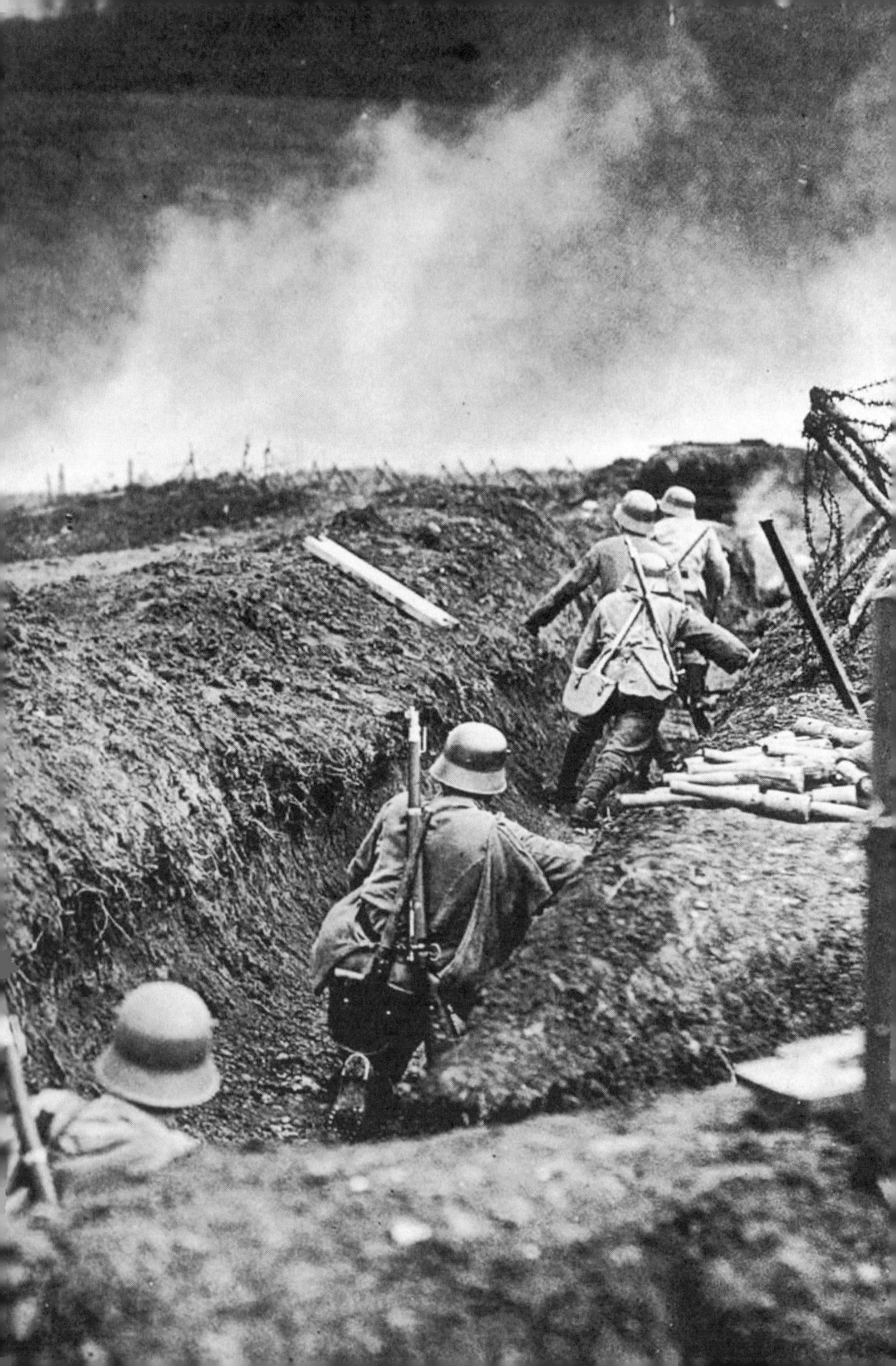

第16章
2つの世界大戦と1つの休憩
1914—1945 年

●●● くすぶる不満

　デンマーク (1864 年)、オーストリア (1866 年)、フランス (1870—71 年) に対する戦争の後、ドイツ帝国がヨーロッパの新しい大国として誕生した。このことはヨーロッパ諸国間に緊張をもたらし、1800 年代を通して緊張は増していった。平和は保たれたが、不満はくすぶっていた。フランス人はドイツ人に侮辱されたと感じ、復讐を願っていた。また、ヨーロッパ大国がアフリカとアジアで獲得した植民地や地域があったが、しばしば権益をめぐって大国同士は一致しなかった。新大国、ドイツもまた植民地をめぐる戦いに加わるつもりだった。

　それが戦争への引き金となった。大国は縦横に同盟を結びあい、陸海軍の軍備に莫大な額を費やした。ある国は戦争を恐れ、別の国は戦争は必要だと主張した。新しいバランス関係を作るために空気は清浄されなければならないと大国は考えた。

1800 年代終わりから、ヨーロッパ列強は軍備に莫大な額を費やしてきた。絵では 100 トン砲がイギリス艦に設置されている。

第 1 次世界大戦はオーストリアの皇太子夫妻がボスニアの首都、サラエボで 1914 年 6 月 28 日に殺害されたことではじまった。バルカン半島は以前からヨーロッパの不安定なコーナーであり、20 世紀初めに戦争が起きていた。写真は殺害寸前に撮られた。

●●● 第1次世界大戦

　こうして戦争になった。1914年に、ヨーロッパ人がこれまでに経験した中でもっとも凄惨な戦争がはじまった。一方は、**中央同盟国**：ドイツ、オーストリア・ハンガリー、並びに他の国々。もう一方は、**連合国**：フランス、イギリス、ロシア。1915年にイタリア、1917年にアメリカが連合国側で参戦した。いずれの側も決定的な優位に立ちえないまま、何百万人もの兵士が死んだ。しかしアメリカが参戦したとき、中央同盟国は継続できなくなり、1918年に休戦協定が結ばれた。

　戦争はヨーロッパで過去もっとも凄惨なものとなった。4年間で900万人の兵士が死んだ。加えて1,500—2,000万人が病気や飢えで死亡した。もっとも厳しい戦闘が北部フランスで行われた。広大な地域が破壊され、フランス人75万人がホームレスとなり、フランス兵140万人が命を落とし、ほぼ倍の数が負傷した。それゆえ、フランス人はドイツ人を憎んだ。「ドイツ人が戦争を始めた。いまやドイツは支払わなければならない！！」

　1919年の講和交渉で、フランス首相はドイツに、莫大な戦争賠償金の支払い、領土の大きな譲渡、軍隊の極小化を要求した。つまりフランス首相は、ヨーロッパに新しいバランス関係を築くよりも復讐について考えていた。イギリス首相は、厳しい講和条件はドイツに怒りと憎しみを生み出し、新しい戦争を引き起こす可能性があることを知っていた。しかし約75万人のイギリス兵が戦争で亡くなり、イギリス国内で反ドイツの声が強まっていた。そのため、イギリス首相はフランスの要求に賛同を示した。アメリカのウィルソン大統領はヨーロッパの継続的で公正な平和を確保するためのいくつかの要

THE BOILING POINT.

ヨーロッパ列強のロシア、イギリス、ドイツ、フランス、オーストリア・ハンガリーが、沸騰点に達した"バルカン問題"の大鍋のふたを抑えようとしている絵。

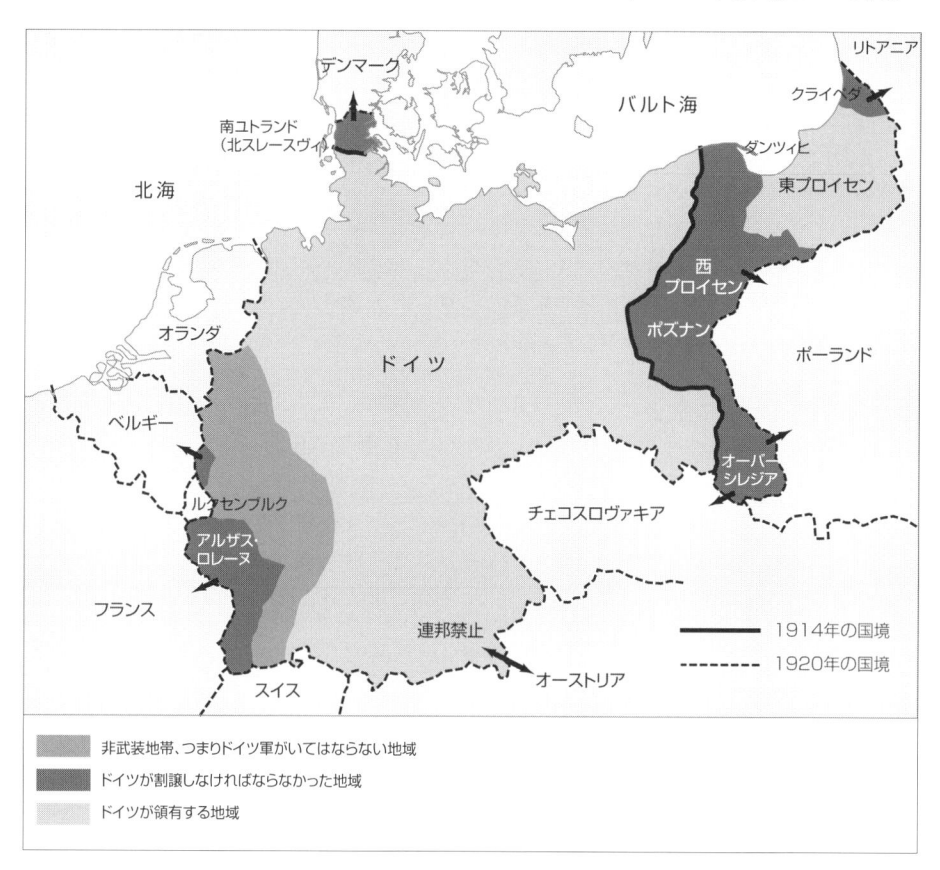

点を作成した。たとえば、あらゆる人種は、どの国に属したいか自分で決定する権利を有し、ヨーロッパ諸国は軍隊を縮小しなければならないと。また、ウィルソン大統領はドイツが戦争賠償金として膨大な額を支払うのは間違っていると主張した。すでに戦争で莫大な額がかかっており、多くのドイツ人は餓死寸前の状態で暮らしていた。ウィルソン大統領はフランスの要求を幾分緩くしたが、ドイツにとって講和条件は厳しいものだった。

- ドイツは戦争の全責任を負わなければならなかった。
- ドイツは隣国に、たとえば1871年にフランスから奪ったアルザス・ロレーヌのような領土を譲渡しなければならなかった。
- ドイツは武装解除されなければならず、最大10万人の軽装備の陸軍とより小さな海軍の所有だけが認められた。
- ドイツは莫大な戦争賠償金を支払わなければならなかった。

●●● 講和の結末

　ドイツにとって講和条件は破滅をもたらした。おかげで1920年代はじめは貧困、失業、悲惨さであふれた。そのため、ドイツ人は不満と怒りに満ちていた。ある者は、ドイツは戦争に勝つことができたが、将軍たちは停戦を求めるようにだまされてしまったと言った。誰がドイツを光の後ろへと導き、背中から刺すように言ったのか？　その答えをドイツ・ナチス党が持っていた。ユダヤ人、共産主義者、資本主義者の陰謀のせいである。おまけに戦後、陰謀を図った者たちは、ドイツ皇帝を追放するのに成功し、ドイツは大統領を戴く共和国となった。

　アドルフ・ヒトラーはナチス党の指導者で、不公平で屈辱的な講和、現在の悲惨な体制、ユダヤ人、共産主義者について話すことに長けていた。そして、ナチス党がドイツの栄光を再び生み出し、ドイツを暮らしやすい地にすると確信を持って話した。1920年代を通して、多くの者が、**国家社会主義ドイツ労働者党（NSDAP）**—ナチス党の公称—に参加していった。1933年に多数が同党に投票し、同党は権力を握ることができた。これはまさに、ナチス党が民主主義体制を無効にする前に起きた。アドルフ・ヒトラーは総統、つまり独裁者になった。ナチス党が国民、ドイツ、総統の敵とみなすユダヤ人、ロマ（ジプシー）、政治的反対者などは迫害された。

　ユダヤ人であることはひとつの信仰である。過去2000年に渡ってヨーロッパにはユダヤ人がいた。それぞれの時代でキリスト教徒から迫害された。

　次第に、特に1800年代には、多くの者がユダヤ人を、しばしば決まって悪い性格を特徴とする人間とみなした。ヨーロッパで、しかしアメリカでも、ユダヤ人は嘲笑にさらされ、多くの者に疑いの目でみられた。富をかき集めるユダヤ人のせいで、他の者が貧困の中で暮らさなければならないとされた。

　ユダヤ人はしばしば、肥って皮肉屋でがつがつした男として描かれた。ひとつの例がこのフランスの1893年の絵で、フランス人はユダヤ人に金を返すよう要求している。反ユダヤの声は、アドルフ・ヒトラーとナチス党がユダヤ人をドイツの不幸へのいけにえとするのを容易にした。

第16章　2つの世界大戦と1つの休憩

　第1次世界大戦後の講和条件では、ドイツは限定的な軍事力しか持てなかった。しかしナチス政権は、陸海空の軍隊を建設しはじめた。フランスとイギリスは抗議したが、真剣には妨げなかった。1930年ごろの世界的経済危機を理由として、ドイツは戦争賠償金の支払いを猶予された。ヒトラーが権力を握ったとき、ドイツは賠償金の支払いを停止した。

　次第にヒトラーは、第1次世界大戦後に譲渡され、ドイツ人が多数派として暮らす地域はドイツに戻されるべきだとも主張しはじめた。1936年にはライン川東側の非武装地帯（213頁の地図参照）に軍隊を進駐させた。1938年にはドイツ軍はオーストリアに侵攻した。大半のオーストリア人はドイツ軍を歓迎した。たしかにオーストリアもドイツ語を話す国だった。チェコスロヴァキアの国境地帯には多くのドイツ軍が住んでいた。1938年にはヒトラーは、この地域のドイツへの帰属を求めた。ヒトラーがフランスとイギリスの政府に、領土をこれ以上要求しないと約束したため、2大国はヒトラーの要求に屈した。しかしチェコスロヴァキアの政府はなにも聞かれなかった。

　多くのドイツ人がナチス党に加わったことにはさまざまな理由がある。何かが悪くいけば、人は生贄(いけにえ)を必要とする。ナチス党は、貧困と悲惨さの元凶はだれかについての答えを持っていた。それはユダヤ人、共産主義者、資本主義者だった。ナチス党は解決策も持っていた。それぞれのドイツ人は孤独なものではない。同じ総統の下で、1人の国民、共同体として一緒に立ちあがらなければならない。

　写真で、アドルフ・ヒトラー（1889—1945年）は車に立ち、国民に囲まれ、喝さいを浴びている。

●●● ドイツの陰で

　デンマークは、第1次世界大戦では戦争に加わらないでいることができた。商業的なメリットがあった。なぜならば、戦争をしている両サイドに物を売ることができたからだった。デンマークは小さな国であるため、もし隣国とよい関係を保てればものを売ることができた。ヒトラーが1933年にドイツで政権に就いたとき、デンマーク政府はナチスの要求に合わせるために特別な努力を払った。たしかにヒトラーはいやいやながらも、1920年の住民投票後にデンマークに戻って来た南ユトランドの返還要求を考えつくかもしれなかった。

　デンマークの新聞、本、雑誌がドイツの状況を批判しないことが大切だった。そのため、政府は編集者に、反ドイツと捉えられかねない記者の記事の一部を削除したり、書きかえたりするよう求めた。ほとんどのデンマーク人はドイツに対する政府の方針に賛同した。ドイツが豊かになればなるほど、ドイツはデンマークの農産物をより多く買うようになる。

　1930年代に敵とみなす者へのナチスの迫害は激しさを増していった。迫害は第一にユダヤ人とロマに対してだったが、共産主義者、社会民主主義者、他の政治的反対者も迫害された。そのため、ドイツを出て行く者の数は増えて行った。一部はデンマークとの国境を越えようと試みたが、デンマーク当局は何千人という外国人を歓迎する気はなかった。さらに、難民がデンマークに滞在することが認められれば、もしかしたらドイツ当局を挑発することになるかもしれなかった。どのようにデンマークへ逃げてきた者を扱うかは外国法に定められていたが、1934年に－ヒトラーが権力を把握した1年後－厳格化された。警察は国境で外国人を追い払うことができた。

　ナチスのユダヤ人への迫害が激しくなるのに伴って、ドイツを去るユダヤ人の数は増えて行った。ところがデンマークは外国法のさらなる厳格化で対応した。1938年にナチス政権の目標がユダヤ人をドイツ国外へ追い出すことにあることが世間に明らかになり、デンマークへの国境は完全にユダヤ人難民に閉ざされた。

ユダヤ人の迫害はドイツで1930年代にどんどん過激になっていった。写真では、ドイツ人が、年老いたユダヤ人にブラシで通りを磨くよう強制して楽しんでいる。

世間はどのようにユダヤ人をナチスが扱っているか知っていた。ヨーロッパ列強、またはアメリカが介入したときには時すでに遅しだった。1939年の写真では、ニューヨークのデモが当局に声をあげている。

●●● 民主主義の危機

　1930年代にはデンマークは経済危機にあった。失業率は高く、多くの農家は日々の暮らしが難しくなり、家や畑が差し押さえにあった。同時に多くの者が、民主主義体制、議会主義、に不満を持つようになった。民主主義体制の下では、国会で過半数が要求すれば、政府は解散しなければならなかった。この制度が政府を完全に国会依存の体質にさせたと考えられた。国会議員は国民に選ばれる。選挙で自身に投票してもらうため、候補者は選挙民に"金と緑の森"を約束した。だが政府は、個別のグループだけではない、全土に役立つ政策を実施しなければならなかった。さらに、国民の大部分には不利となる政策も実施する必要性はあるかもしれない。

　しかしそれは難しかった。国会議員は自分たちを不人気にする法案に反対票を投じた。そうしなければ議員は選挙で落とされた。そのため多くの者が、議会主義に経済危機が克服されない責任があると主張した。さらにある者は、民主主義的政治体制は間違いであるとまで言った。一部の者は、ソビエト連邦のように共産主義者がデンマークで実権を握ることを期待した。ソ連では、スターリンを長とする共産党が権力を握っており、経済危機はなかった。それどころか、すさまじい経済躍進があり、国民は物資をはるかによく受け取っていた。

　民主主義体制に不満を持つ別の者は、デンマークは、ファシズムの独裁者、ムッソリーニがイタリアで、ヒトラーがドイツでしたことから学ぶべきだと主張した。両国では生産活動が進み、大きく言えば失業は解消されていた。保守国民党の党員も民主主義に批判的で、とりわけ、ファシズムを賛美していた同党の青年組織がそうであった。

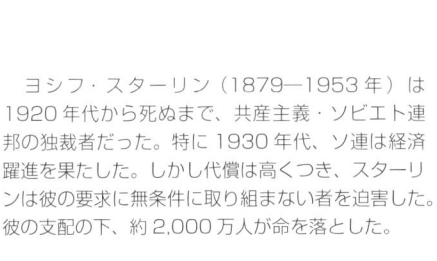

ヨシフ・スターリン（1879—1953年）は1920年代から死ぬまで、共産主義・ソビエト連邦の独裁者だった。特に1930年代、ソ連は経済躍進を果たした。しかし代償は高くつき、スターリンは彼の要求に無条件に取り組まない者を迫害した。彼の支配の下、約2,000万人が命を落とした。

第16章 2つの世界大戦と1つの休憩

1926年にベニート・ムッソリーニ（1883—1945年）は、イタリアで独裁権力を握り、称号「**ドゥーチェ（総統）**」を使った。ムッソリーニはイタリアに平和と秩序を生み出し、経済危機から国を抜けださせた。ムッソリーニはローマ帝国を復興することを夢に、北アフリカに侵攻し始めた。1936年にムッソリーニとヒトラーは同盟を結んだ。ファシストたちが1945年にイタリアの権力から追い払われたとき、ムッソリーニは処刑された。

ファシズム

ファシズムは、グループを意味するイタリア語の**ファッショ**に由来する。ファシズム運動は、1919年にベニート・ムッソリーニらによって組織された。ファシストは、すべての権力が国と総統、ムッソリーニ—ドゥーチェ—のもとに集まる国家を期待した。社会の誰もが社会に貢献するよう働かなければならなかった。労働者と工場主間の反目はなくならなければならなかった。そのため、ファシストは労働組合も雇用主組合も禁止した。ファシストは民主主義の敵対者だった。それゆえ、総統は選挙で選ばれないが、行動によって、もっとも強力でよく社会を導く能力があることを示さなければならなかった。

国家主義と軍国主義はファシストの別の表現だった。こうやってムッソリーニはローマ帝国を復興しようとし、さまざまな血なまぐさい侵略戦争を行った。

●●● 第2次世界大戦

　1938年にヒトラーは、これ以上領土を拡大しないと約束していたが、その約束を守らなかった。1939年にドイツとソ連は不戦条約を結ぶと同時に、ポーランドを分割する秘密議定書を交わした。1939年9月1日、ドイツは西から、ソビエトは東からポーランドに侵攻した。ヒトラーはイギリスとフランスが再び譲歩すると期待していたが、そうはならず、2日後に両国はドイツに宣戦を布告した。

　第2次世界大戦がはじまった。デンマーク政府と国民は、デンマークが戦争に加わらず、第1次世界大戦のように中立を維持できると期待した。ドイツにもまたデンマークを攻撃する計画はなかった。それどころか、戦争を行っているドイツは多くの農産物を買っていたデンマークとの良好な関係を維持したかった。しかしドイツはノルウェーを管理下に置きたかった。ドイツはノルウェーから鉄鉱石を輸入していた。また、ノルウェーを軍事的理由からも必要とした。ノルウェーに飛行場を設置し、そこからイギリスへ爆撃機を送るつもりだった。

1939年9月1日のドイツのポーランドへの侵攻は第2次世界大戦を引き起こした。写真は、粉々に爆撃されたポーランドの道を行くドイツ軍。

　ノルウェー侵攻は、コードネーム、ヴェーザー演習作戦と名付けられ、効果的で迅速な奇襲でなければならなかった。実施するには、ドイツは軍隊をユトランド半島を通って運ぶことができなければならず、さらにフレデリクスハウンとスケーエンの海軍基地からドイツ軍はノルウェーへと船で渡らなければならなかった。当時は航空機の航続距離は限られており、ドイツ空軍はオールボー飛行場も管理下に置かなければならなかった。それゆえ、ドイツ軍司令部はデンマーク占領も決定した。

第16章　2つの世界大戦と1つの休憩

●●● 1940年4月9日

　1940年4月9日午前4時、ドイツのデンマークへの攻撃ははじまった。ドイツ軍はユトランド半島に進撃し、コペンハーゲン港では1隻の船からドイツ軍が上陸した。爆撃機が首都上空に飛来し、国民に抵抗しないよう求めたチラシを投下した。

　デンマークのドイツ大使（代表）はデンマーク政府にドイツの計画を明らかにした。デンマーク政府が、国内でのドイツ軍の進駐を受け入れれば、デンマークは独立を維持することができる。ドイツはよい協力関係を継続することだけを願っている。すなわちドイツ側にとっては、デンマークを占領しているとはみなしていなかった。5時半に王と政府、軍幹部が会合を開き、わずかな話し合いの末、ドイツの要求を呑むことを決定した。

1940年4月1日のコペンハーゲン上空のドイツ爆撃機。デンマークが占領されたと書かれたチラシを投下した。

南ユトランドのデンマーク兵の装備は貧弱で、十分に装備したドイツの侵略軍に対して何かをすることは難しかった。王と政府が戦いをあきらめることを決断してから数時間経ってはじめて、南ユトランドの軍隊に通達が届いた。この結果、デンマーク兵11人が殺され、約20人が負傷した。アマリエンボー宮殿周辺でも戦闘が行われ、5人の兵士が殺された。

1940年4月9日のコペンハーゲンのドイツ兵。

第 16 章　2つの世界大戦と1つの休憩

●●● 良好な状況

ドイツが占領した他の国と比べて、デンマークの占領はとりわけ緩やかだった。ドイツ当局も、占領と呼ばなかった代わりに、ドイツ軍はデンマークを保護し、守るために進駐していると説明した。そのため、ドイツ軍と当局は、**国防軍**と呼ばれた。さらにデンマークは自らの陸軍と海軍を保持することを許された。デンマーク当局とドイツ当局間のすべてのやり取りは、占領前と同様に、外務省を通して行われた。現実には、**国権委任者**と称号を付けられた在デンマークのドイツ外務省大使とともに協力作業は行われた。

社民党と急進党が政権を担当していた。占領後、政府は保守党と自由党からの閣僚も受け入れて拡大されたため、集合内閣、と呼ばれた。デンマークが中立であり続け、同時にドイツに協力することが政府の方針だった。この方法でだけ、国は独立を維持できるとされた。そして、この方法によって、戦争を行っているドイツに物資を売って農業と食料品生産業者がしっかり稼ぐことができた。

第2次世界大戦のはじめには、ドイツが勝つだろうと多くの者が考えた。1940年5月にはフランスが降伏した。ヒトラーのドイツと戦っているのはイギリスだけだった。政府と大半のデンマーク人は、小国のデンマークは、強力な隣国に逆らって何かをすることができるとは思わなかった。なし得る最善の策は、協力とドイツの勝利の後に起きるヨーロッパの"新秩序"に対応することだった。

農産物の見返りに、デンマークはドイツから石炭と他の原料を受け取った。写真は、ドイツ向けの豚肉。

221

第16章　2つの世界大戦と1つの休憩

●●● 生活は続いた

ほとんどのデンマーク人にとって、占領は毎日の生活に大きな変化は与えなかった―少なくとも最初は。ドイツ兵は、占領軍が没収した兵営と飛行場にとどまっていた。もっとも大きな変化は、すべての窓に遮光カーテンを設けなければならないことだった。時間帯によって外出禁止になった。戦争のおかげで次第に物資が不足してきた。急激な物価高騰を防ぐために、肉、小麦、砂糖のような日用品は配給制となった。しかしながら食品と燃料の価格は上がる一方で、給料は上がらなかった。このため、多くの家庭では生活水準が大幅に低下した。

田舎に暮らす人々は原則として、よりよく凌ぐことができた。庭で野菜を耕し、ニワトリ、もしかしたら家畜を飼うことができた。農家は占領下でより裕福となった。農産物の価格は占領の最初の年に倍になった。禁止されているにもかかわらず、多くの農家は時折、"黒い"豚を売る誘惑に落ちた。

1940年にドイツ空軍はロンドンと他のイギリスの大都市への爆撃を開始し、ドイツのUボートはイギリスを行き来する途上の船を沈めた。この動きは、ドイツのイギリス侵攻計画であるゼーレーヴェ作戦のはじまりだった。イギリス軍はかろうじて防衛し、防空体制はどんどんよくなっていった。

1940年9月にヒトラーはゼーレーヴェ作戦をあきらめた。その代わり、本当の敵、スターリンの共産主義・ソビエト連邦への攻撃を準備しはじめた。ロンドンの多くが爆撃された。写真は地下鉄に避難している市民。

毎日の最も大きな変化は、占領のはじまりからすべての窓に遮光カーテンを敷かなければならなかったことだった。遮光カーテンは敵機が方向を定めるのを難しくした。

バルバロッサ作戦

1940年秋、ナチス司令部はソ連を攻撃、侵略するバルバロッサ作戦を準備し始めた。準備は半年間続いた。しかしながら、1941年6月に攻撃が開始されたとき、スターリンは明らかに驚いた。ドイツ軍300万人、航空機3,500機、戦車1,800台が、この戦争でのここまでで最も大きな戦いに参加した。

2週間でドイツ軍はソ連領内500kmまで侵攻した。秋にはドイツ軍はモスクワとレニングラード近郊まで達した。ドイツ軍の侵攻は市民とソ連兵に対する恐ろしい残

●●● 独立？

占領にもかかわらず、デンマークは独立国家だった。しかしながらドイツは、デンマーク政府が適応しなければならないさまざま要望を持っていた。強力な隣国との良好な関係は保持されなければならず、これはデンマークにとって経済的、政治的なメリットがあった。

ドイツが1941年にソビエト連邦を攻撃したとき、ドイツは、デンマークの共産主義指導者38人の名前が書かれたリストを渡し、逮捕を要求した。政府はためらいなく要求に従い、警察に行動に移るよう指示した。デンマーク警察は大きな配慮を示し、DKP（デンマーク共産党）の党員339人を逮捕した。しかしおよそ3分の2が再び釈放された。一カ月後、国会はDKPを禁止する法律を制定した。明らかに憲法違反だった。

ドイツ・ナチスはヨーロッパ人に共産主義者への戦いに加わるよう求めた。デンマーク政府は中立であることを堅持した。そのため、ソ連に宣戦布告するつもりはなかったが、配慮をみせるため、デンマーク将校がドイツ軍に加わる許可を出した。兵役に服する青年もドイツ軍に参加してもよかった。戦争を通して、約1万2,000人のデンマーク人がドイツのワッフェンSS（武装親衛隊）に加わった。そのうちおよそ半数がソ連での戦いに送られ、2,000人以上が戦死し、約400人が行方不明となった。

デンマークも1941年、ナチス・ドイツ、ファシスト・イタリア、スペインならびに日本が結んだ**防共協定**に加わった。

ドイツ国防軍配下の特別部隊として、自由部隊・デンマークが1941年に設立された。ソ連に対するドイツの戦争に派遣された。写真は、行進中の自由部隊・デンマーク。

忍さで行われた。そうするうちに、ロシアの冬が、零下30—40度の寒さを伴ってやってきた。ドイツ軍はロシア内深くに入り込んでいたので、ドイツから物資の供給を受けるのは困難だった。そのため、ドイツの侵攻は止まった。

1942年春には、ソ軍が反撃に出た。だがヒトラーは、スターリングラード—もっとも重要な敵にちなんで名付けられた町—を落とすよう命令を下した。スターリングラードの戦いは1942年の夏の終わりに始まり、ドイツ軍が退却を余儀なくされた1943年12月まで続いた。

ロシアの戦車が国を守るために進軍したが無駄だった。戦争の最初の3週間で、ドイツ軍は600—700kmもソ連領内に侵攻した。

●●● ナチスの大虐殺

　1939年にドイツは数日でポーランドの大部分を占領した。ポーランドの東部はソ連によって占領された。ナチスにとって、ポーランド人は劣等人種に属していた。ヒトラーの計画では、ポーランド人はドイツに役立つように働かなければならなかった。国家としてのポーランドは消滅し、ドイツは占領地域を2つ（ドイツに併合された西のヴァルテラントと東の総督府）に分割した。

　ポーランドでは、ユダヤ人が2番目に大きな宗教グループだった。ユダヤ人は、ゲットーという特別な地域に追っ払われ、劣悪な環境の中で暮らしていた。10—20人に1部屋が割り当てられ、毎日の食事の配給はわずか300キロカロリーだった。ドイツ人のために奴隷労働者のように働くことを強制された。死亡率は極めて高く、こうやってユダヤ人を絶滅させることがナチスの計画だった。

　1941年にドイツがソ連を攻撃し、東ヨーロッパ深くに侵攻していった。ここには何百万人というユダヤ人が暮らしていた。特別親衛隊がユダヤ人を殺すために派遣されたが、それはとてもゆっくり進んだ。ドイツはユダヤ人の抹殺には最低6年かかると計算していた。1942年1月にベルリンでナチスの高級幹部がユダヤ人問題の"最終的な解決策"を図るために集まった。そして解決策が見つかった。特別な絶滅収容所を設け、そこでユダヤ人を毒ガスで殺し、焼却するというものだった。

強制収容所と絶滅収容所

女性と子供が、アウシュヴィッツ・ビルケナウ絶滅収容所に到着した。

死の収容所

　ナチスは、政権を握ったほぼ直後に、最初の強制収容所を設置した。共産主義者と他の政治犯が送りこまれた。それ以来、同性愛者、エホバの証人の信者、ユダヤ人、ロマ、他の望まれない人々が送られた。収容所では、囚人はあくせく働き、ゆっくりと飢え死にした。

　1941年以降、ナチスは実際に絶滅収容所を設けた。ほとんどがポーランドと他の東ヨーロッパの国々に建てられた。それらの地域には多くのユダヤ人やナチスが"望まない"とみなす住民グループがいたためであった。ポーランドには約300万人のユダヤ人が暮らしていた。ドイツ国外に絶滅収容所を置いた別の理由は、ドイツ人が収容所で何が行われているかをみないようにするためだった。もっとも悪名高い絶滅収容所は、ポーランド南部のアウシュヴィッツ・ビルケナウだった。多くが飢えや病気で死んだが、大半は毒ガスによって殺された。85-90％の死者がユダヤ人だった。残りの死者のうち、ロマ、ポーランド人、ロシア人がもっとも多かった。

　どれだけの数の"望まれない者"をドイツが抹殺しえたのかは、誰も正確には分からない。ある学者はユダヤ人600万人とロマ50—200万人と見積もった。特にポーランドや東、中央ヨーロッパの国から膨大な数の人々が送られて来ていた。アウシュヴィッツ・ビルケナウだけで、約150万人が亡くなった。

絶滅収容所では、収容者はひどい状況の中で暮らした。写真は、アウシュヴィッツ・ビルケナウの女性棟。

●●● 抵抗

　最初のころは、占領に反対して積極的に何かをする者は少なかった。DKP（デンマーク共産党）が1941年に禁止されたとき、彼らは協力政策に抗議する非合法雑誌を発行しはじめた。また、ドイツへの品物を製造する会社それぞれへの活動も起こした。レジスタンスの声を聴く者は少なかった。ほとんどが彼らをトラブルメーカーと考えた。政治家は彼らを犯罪者と呼び、容疑者を警察に通報するよう国民に求めた。小さなレジスタンスグループは、お互いに意見が異なり、お互いを疑っていた。

　1943年はじめ、ドイツの戦運がひっくり返った。北アフリカとスターリングラードでドイツ軍は敗北を喫した。ほとんどが、戦争はまずドイツの勝利で終わることはないだろうと悟った。ゆっくりと協力政策とレジスタンス運動への考えが変わり始めた。少しずつドイツへの物資を製造する企業へのサボタージュが増えて行った。

　レジスタンスはイギリスから支援を受けた。イギリスはレジスタンスに武器を航空機から落とし、サボタージュのやり方を教えるエージェントを派遣した。1943年夏には、サボタージュの規模が大きくなっていった。同時に都市住民は劣悪な生活と労働条件にどんどん不満を持っていった。結果として、1943年8月に広範囲でストライキが起きた。

チャーチル・クラブ（イギリス首相、ウィンストン・チャーチルにちなんで名付けられた）はオールボー出身の少年で構成された。グループはドイツへのサボタージュを実行した。1942年に逮捕され、デンマークの刑務所に入れられた。

●●● 8月暴動

　ドイツのナチス幹部はデンマークの騒ぎに不満だった。ドイツの国権委任者はベルリンに呼ばれ、何をすべきかを知らされた。国権委任者はドイツの要求をデンマーク政府に示した。デンマークが例外的状態（通常の法が効力を失うなどの戦時下の特別な状態）にあると宣言し、ドイツ国防軍がメディアを検閲し、ストライキを禁じ、サボタージュに死刑を適用することを求めた。要求が呑まれなければ、ドイツ占領軍が自ら実施するとした。

　政府は同意するつもりはなく、1943年8月29日に内閣は辞職し、国会は解散した。ドイツ軍は即座にデンマーク軍の武装を解除しはじめた。多くの場所で戦いとなり、デンマーク兵24人が命を落とした。一定期間、ドイツ軍はデンマーク軍をとどめ置き、それから兵たちを家に帰らせた。

　ドイツはデンマークの全権を自ら引き継ぐことを選び、他の占領地と同じように手荒な支配を行うことができた。ところがデンマークの政治指導者とドイツの占領軍のいずれも全体的な破壊に興味はなかった。そのため、デンマークの管理は、各省の高級官僚、**事務次官**たちに委任された。内閣が解散したにもかかわらず、もっとも重要な大臣、たとえばブール首相は、管理のための会議に加わった。

　経済分野では協力関係は続き、ドイツの占領当局は事務次官たちと交渉した。だがドイツ警察、特にゲシュタポがレジスタンス運動を押さえるために送られた。占領当局は本腰を入れて、レジスタンスに対し、死刑という脅しを使った。1943年9月には、最初のレジスタンスが死刑判決を受け、銃殺された。

1942年から1943年にかけた冬から、ドイツ軍は本格的に後退していった。北アフリカでは、ドイツ・イタリア軍が敗北し、スターリングラード（現・ヴォルゴグラード）ではドイツ軍は粉砕された。写真は、連行されるドイツ人の戦争捕虜。1943年夏に連合軍はシチリア島に上陸し、数週間後にムッソリーニのファシスト政権が崩壊した。

1943年のユダヤ人作戦

　1943年10月にナチスは、デンマークのユダヤ人約7,000人を捕らえようとする作戦を実施した。しかし1人のドイツ人の役人が計画をもらし、ほとんどのユダヤ人がスウェーデンへ脱出することができた。

　デンマークのユダヤ人に対するナチスの作戦は1943年10月1日から2日にかかる深夜にはじまった。ところがその晩にドイツが逮捕できたのは約260人だけだった。多くのデンマーク人が大きな危険を冒してユダヤ人を隠し、スウェーデンへ逃げるのを助けた。だが、カテガット海とオアスン海峡で亡命者を運んだ漁師がかなり稼いだということも歴史のひとつだった。亡命者1人につき、運ぶ値段は平均2,000kr（現在の日本円で約65万円に相当）だった。

　デンマーク人はユダヤ人を救った業績で有名だが、もしデンマークが1930年代にオランダなどと同じくらい多くのユダヤ人亡命者に滞在権を与えていれば、救助活動は同じく成功し得ただろうか。ナチスがユダヤ人を抹殺しようとするのを積極的にサポートしたデンマーク人の役人もいたことは忘れてはならない。占領のはじめごろにはデンマーク警察は率先して最低20人のユダヤ人をドイツでの確実な死へと送ったことが記録に残っている。

スウェーデンへの逃亡中、倉庫に隠れる女性。

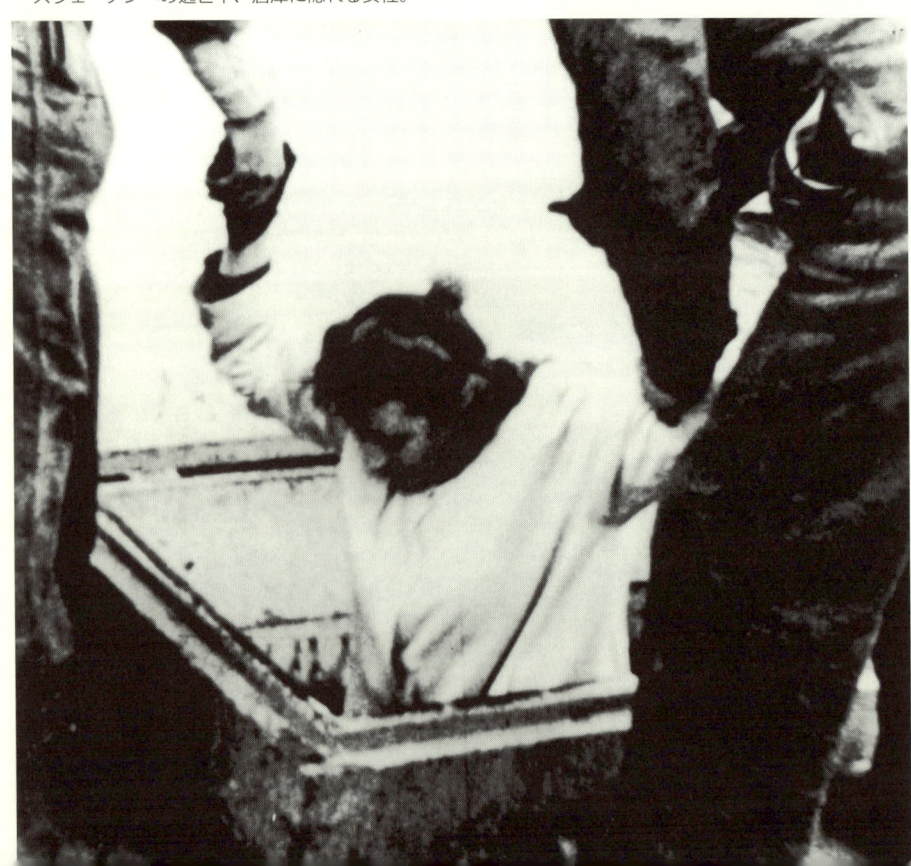

第16章 2つの世界大戦と1つの休憩

●●● 抵抗の増加

サボタージュへの死刑はもう平穏をもたらさなかった。それどころかレジスタンスグループはどんどん増え、サボタージュ活動は数を増していった。特に、いわゆるドイツ国防メーカー、つまりドイツのために働く企業で起きた。国民もレジスタンスにどんどん共感していった。多くの者がそれを自由の戦いと呼び始めた。レジスタンスへの考えの変化は第一に、1943年秋にすべての前線でドイツに逆風が吹き始めたことと関係していた。ナチスが戦争に負けるだろうとほとんどの者が疑わなかった。問題はただ、ドイツがどれだけ長く戦い続けるかだった。

1943年9月には、レジスタンス幹部は**自由委員会**を結成した。目的は異なったレジスタンスグループを一緒に活動させることだった。部分的には成功したが、最後には共産主義者と反共産主義者のグループの間に強い反目が生じた。

多くの者が、非合法雑誌を配布するなどして小さなレジスタンス運動を支持した。最高6,000―7,000人が積極的なレジスタンスとなり、そのうち、約1,000人がより大きな任務に参加した。武器と爆弾はスウェーデンから密輸されたり、イギリスの航空機から投下されたりした。占領中、レジスタンスグループは2,500―3,000件のサボタージュを実施した。

●●● 衝突は頂点に

1944年にドイツはすべての前線を後退させた。同盟仲間であるファシスト・イタリアは崩壊した。連合軍はイタリアの大部分を占領した。1941年にアメリカは連合国側で参戦し、アメリカ軍は1944年6月のノルマンディー上陸作戦に参加した。東部戦線

1944年6月、レジスタンスグループはボーパという会社を爆破した。同社はドイツ国防軍への武器を製造していた。

では、ロシア軍がドイツ軍を押し戻していた。まもないドイツ敗北の予感から、デンマーク人はどんどんレジスタンスの闘いを支援するようになっていった。サボタージュ活動はより大きく、大胆になっていった。

ドイツは再び、いわゆるシャルブルクターゲ（報復）で応えた。チボリ公園やツボルグなどの有名な施設や企業を爆破した。占領軍は、サボタージュが止まらなければ、逮捕したレジスタンスを処刑すると脅した。1944年夏にはドイツは本気で脅しをかけ、逮捕されたレジスタンスたちを銃殺した。しかしながら、サボタージュ活動の数は減らなかった。

占領軍はデンマーク警察がサボタージュ活動の捜査にどんどんやる気がなくなっていくのを感じた。ゲシュタポは、レジスタンス運動に積極的だった多くのデンマーク警官を逮捕した。ドイツは、すべてのデンマーク警察隊がある瞬間に抵抗運動に加わるのを恐れた。そこで、占領当局はデンマーク警察を逮捕することを決め、1944年9月に実行した。これによって、警官2,000人がドイツの強制収容所に送られ、このうち100人が亡くなった。7,000人は逃げることができ、一部がレジスタンス運動に加わった。

残りの占領期間にも、レジスタンスグループの活動は増し、占領軍への戦いはより激しくなった。ドイツへの物資を生産している工場は爆破され、ドイツへの物資と軍隊を積んだ列車は脱線させられた。ドイツ軍にレジスタンス仲間の名前を漏らしたデンマーク人は粛清され、何度もドイツ軍と銃撃戦となった。

1945年の年が変わるころ、ドイツが短期間のうちに敗北することを疑う者は誰もいなかった。1−2月に連合軍はドイツ国内に侵攻した。4月30日にヒトラーは自殺した。5月5日にデンマークのドイツ軍はイギリス軍に降伏した。自由委員会のメンバーと昔の協力政治家から成るいわゆる解放政府が樹立された。

法的清算

1945年に国会はドイツ占領軍に協力した者を罰することを可能にする法律を制定した。また、死刑判決を可能とする補則も刑法に加えた。死刑は本来は1930年に廃止されていた。

解放後、レジスタンス運動はほぼ4万人を逮捕した。そのうち、約1万5,000人が起訴され、約1万3,500人が有罪判決を受けた。78人が死刑判決を受け、このうち46人に執行された。

法的清算はそれ以来、強く批判されている。遡及することができる法を導入するのは問題がある。多くの者は良心からドイツ軍に協力していた。そのうえ、まず罰せられたのは"小さな魚"に過ぎなかった。

解放後、レジスタンスは平和と秩序への責任を引き継いだ。国土を破壊した活動の疑いで、約4万人を逮捕した。

いつだった？

1914−18年：第1次世界大戦

1919年：ヴェルサイユ講和条約

1933−45年：ドイツでヒトラーが独裁者に

1920年代−1953年：ソビエト連邦でスターリンが独裁者に

1926年：イタリアでムッソリーニが独裁者に

1939年：ドイツがポーランドに侵攻。第2次世界大戦はじまる

1940年：ドイツがデンマーク、ノルウェー、オランダとフランスの大半を占領

1941年：ドイツがソ連に侵攻

1942年：ナチスがヨーロッパのユダヤ人を絶滅させることを決定

1943年：ドイツがスターリングラードで敗北を喫する

1943年：デンマーク政府が解散

1943年：ユダヤ人の亡命

1944年：警察が逮捕される

1945年：解放−第2次世界大戦が終結

第2次世界大戦中、アメリカは極秘に原子爆弾を開発していた。1945年8月はじめの数日の間に、アメリカは日本の都市、広島と長崎に原子爆弾を落とした。まもなく日本は無条件降伏した。

　アメリカ大統領は、日本を降伏させるのに原子爆弾は不可欠だったと主張した。原子爆弾なくして、アメリカ軍は日本を占領してもよかった。しかし日本人は頑強な抵抗をするので、占領にはアメリカ兵100万人の命がかかると大統領は断言した。

　原子爆弾の実際の目的は、より早く、アメリカが世界の最強国であることをソ連に誇示することだった。

　このページの写真は、長崎の原子爆弾投下後に約20km上空にまで達したキノコ雲。233頁の写真は原子爆弾の投下後の破壊状況。

第17章
冷　戦
1945―1989 年

●●● 超大国

　第2次世界大戦後、イギリスとフランス、アメリカ、ソ連がドイツを占領した。ヨーロッパの大国、イギリスとフランスはドイツに対して単独で切り抜けることができなかった。そのため、実際の勝者はアメリカとソ連だった。ソ連が1980年代終わりに解体し始めるまで、世界で決めていたのは、これら2ヵ国のいわゆる超大国であった。はじめはアメリカがソ連よりはるかに強かった。アメリカの国土で戦いは行われなかったが、大戦はソ連に辛いものだった。約2,000万人のソ連市民が命を落とし、ドイツ軍はソ連の産業を破壊した。そのため、生産性は戦前の半分以下になっていた。

　大戦前、アメリカとソ連は緊張関係にあったが、ナチス・ドイツに対して一緒に戦った。2つの超大国の違いはとても大きかった。社会がどのように整備されるかでまったく見解を異にしていた。大戦後の数十年の間2国間のムードは同様に緊張していた。幾度も両国間に戦争の兆しがあった。アメリカとソ連のいずれも甚だしく武装し、より多く、より強力な核兵器を開発した。ついには両国はあまりに多くの兵器を手中にし、地球の人類を何度も絶滅させることができた。

　大戦後の数十年は冷戦と呼ばれた。言葉と脅しによる戦争と言える。アメリカとソ連の間で、直接の―または"熱い"―戦争には至らなかった。しかし両国がそれぞれのサイドを支援するいくつもの間接的な戦争―または代理戦争―があった。代理戦争以外にも、両超大国はそれぞれ、政治的と経済的に戦い、お互いを困らせようとした。

●●● 世界人権宣言

何百年に渡って人権については話されてきた。しかし第2次世界大戦まで人権は国際的に認められたものではなかった。権力者が自国民にすることはそれぞれの案件であり、他国が関わることではなかった。大戦と、ユダヤ人、ロマ、他の抑圧された人々へのナチスの残忍さから、人々はなにかしなければならないということで一致した。国家に対する個人の基本的権利を守る国際ルールを作ろうと考えた。

1945年秋、世界約50ヵ国が**国際連合**（UN）を創設した。国連の目的は、世界の平和、自由、正義を守ることだった。これに至る大切な手段は、全加盟国が尊重しなければならない人権を決めることだった。そのため、これらの権利へ提案を作成する業務を担う委員会が任命された。委員会の委員は西側の民主主義国と東側の共産主義・ソ連から出た。西側からの委員は、いわゆる**市民**と**政治**の権利に重きを置いた。それは、自由（たとえば表現の自由と信教の自由）、平等、財産の権利だった。ソ連の委員は、**社会的、経済的、文化的権利**がもっとも重要だと主張した。それはたとえば、労働、正当な賃金、教育、社会的安全の権利だった。委員会はほぼ3年間活動し、過半数に達する西側諸国は内容のほとんどを決めた。ソ連は、**世界人権宣言に社会的、経済的、文化的権利**が含まれないならば、委員会を辞めると脅した。西側諸国は同意し、ソ連の見解が第22条から第28条までに反映された。

1948年12月11日、国連総会は**世界人権宣言**を採択した。しかし賛成票を投じたのは国連の全加盟国ではなかった。たとえば、サウジアラビアは、第18条が宗教を変える権利を与えているとして投票しなかった。それはイスラム教と矛盾しているとサウジアラビアは主張した。

これらのストリートチルドレンの権利は今日、一体どれだけ満たされただろうか。市民権と政治権、または社会権と経済権？

第17章 冷戦

UN －国際連合

第2次世界大戦中、国家間に将来不一致が生じ、戦争に発展することを妨げる国際組織を創設しようという考えが生まれた。1945年にUN（国際連合）が、デンマークを含む50ヵ国によって創設された。今日、ほぼ200ヵ国、大きくいえば、世界の全ての国家が加盟している。

しかしながら組織は、超大国間の衝突を解決することには成功しなかった。だがしばしば、衝突を緩和、あるいは防ぐことに成功した。

ニューヨークの国連本部

```
軍縮委員会 ─┐         ┌─ 安全保障理事会 ─┐         ┌─ 平和維持軍
             │         │ 5常任理事国（アメリカ、ロシア、中国*、
国際司法裁判所 ─┤        │ イギリス、フランス）と2年ごとに選ばれる
             │         │ 10非常任理事国**
UNCTAD（国連貿易開発会議）┤  安全保障理事会では、提案は9ヵ国の賛成を
             │         │ 得られれば採択される。常任理事国が1ヵ国でも
UNHCR（国連難民高等弁務官事務所）┤ 反対すれば、提案は却下される。
             │         │                              ├─ 信託統治理事会
UNICEF（国連児童基金）─┤                              ├─ 経済社会理事会
                       │                              │
                     総会                              └─ 特別組織
                     全加盟国                              FAO：食糧と農業
                       │                                   UNESCO：教育、科学、文化
                     事務局                                 WHO：保健
                     5年ごとに総会で選ばれる                 世界銀行
                     事務総長が長                          IMF：通貨基金
                                                            WTO：関税と貿易
```

*1949年に毛沢東が中国で政権を獲ったが、安全保障理事会の椅子は台湾に任された。1971年にはじめて、中国は再び、安全保障理事会で常任理事国の椅子を獲得した。

**2006年にデンマークは3度目の安全保障理事会の非常任理事国になった。

第17章　冷戦

●●● 鉄のカーテン

　1945年2月－第2次世界大戦終結の数ヵ月前－に、ソ連の独裁者、スターリン、イギリス首相、チャーチル、アメリカ大統領、ルーズベルトが来たる平和を話し合うために会談を開いた。戦争はソ連にもっとも損害を与えた。スターリンは未来の攻撃から国を守ろうとし、ソ連の隣国はソ連に友好的でなければならないと要求した。ソ連がこれらの隣国を一種の管理下に置くことを意味したにもかかわらず、ルーズベルトはこの要求を呑んだ。

　ヨーロッパ分割の始まりだった。いわゆる鉄のカーテンがヨーロッパを東西に分けた。大戦後すぐに、スターリンが隣国との良好な関係を持つだけでは満足せず、隣国の実権を握り、ソ連と同様の体制（共産主義）を持たせようとすることがどんどん明らかになっていった。アメリカは共産主義が広がるのを防ごうと、長い目でみれば、ソ連と共産主義体制を崩壊させようとした。1947年にアメリカ大統領、トルーマンは、いわゆるトルーマン・ドクトリンを発表した。ドクトリンでは、アメリカは共産主義の権力継承を防ごうとする国、人々を支援する、とした。

　アメリカは、戦争で荒廃したヨーロッパが早く、経済的に立ち直ることに関心を持った。アメリカはまず、不満足で貧しい者は共産主義に加わりがちであると考えた。たしかに共産主義者は、よりよい生活状況、万人への仕事、必需品の低価格を約束した。次いで、ヨーロッパ人がアメリカともっと貿易できるようになることが大切だった。アメリカにとって、生産を増やすことが不可欠だった。さもなくば、戦争から引きあげてきた多くの兵士が仕事を得ることはできなかった。アメリカは、アメリカ外相から名づけられたマーシャルプランを採択した。プランで、無償の贈り物と低利子のローンで莫大な費用を提供し、ヨーロッパを支援した。支援は、西ヨーロッパが経済的に大戦から立ち直り、1950年代に経済躍進を遂げる決定的な意味を持った。

今は亡きイギリス首相、チャーチルが1946年にアメリカで演説した。ここで、鉄のカーテンがヨーロッパを横切って下りていると述べた。鉄のカーテンの概念は、ヨーロッパ分割の象徴となった。

写真では、アメリカ大統領、トルーマンが、演壇に向かうウィンストン・チャーチルを紹介している。

マーシャル・プラン

贈り物とローンの形で、アメリカは130億ドルをマーシャル支援として支出した。2006年換算で約1,000億ユーロに相当する。もっとも多く受け取ったのはイギリスとフランス。デンマークは約3億ドル受け取った。大部分がデンマークの機械化に使われた。写真は、最初のファーガソン・トラクターが1948年にコペンハーゲン港で荷揚げされた場面。1945年にはデンマークにトラクターは約4,600台あったが、1950年には約2万5,000台になった。マーシャル支援によって、多くの農家にトラクターを買う経済的余裕が生まれた。

●●●ドイツ分割

　アメリカとソ連、イギリス、フランスが大戦後にドイツをどう処分するかを取り決めたとき、2つの超大国間の不和は、さらに鮮明となった。戦争終結から数ヵ月後、ドイツは戦勝国4ヵ国―アメリカ、ソ連、フランス、イギリス―が管理する4つの占領地域に分割された。首都・ベルリンも4地区に分割された。4つの戦勝国からの代表から成る軍事政権が占領ドイツを統治することになった。戦勝国は、最終的な講和条約―ドイツが無条件で同意しなければならなかった―に合意すれば、占領は終了すると想定していた。

　ちょうど講和条約をめぐって問題が生じていた。スターリンは、ドイツは多額の賠償金を支払うべきだと要求した。賠償金はソ連の復興に使われるべきものだった。フランスも、ドイツは多額の賠償金を支払うべきだと主張した。賠償金はドイツを弱体化させ、フランスへの未来の脅威とならないと考えた。アメリカは全く別の観点からみていた。アメリカは全ヨーロッパに―ドイツもまた―なるべく早く、購買力を持った協力仲間となってもらいたかった。イギリスはアメリカの見解に賛同した。フランスはぐずぐずしながらも従った。アメリカのトルーマン・ドクトリンとマーシャル・プランの決定で、超大国2ヵ国が意見を同じにすることはもはや不可能になった。

　条約では、占領軍は、それぞれの地域で賠償金を徴収できると決められた。アメリカはフランスとイギリスに、賠償金の要求を諦めさせるよう、マーシャル支援で莫大な額を約束した。ソ連は、自分の東地域から補償を手厳しく取り立てた。物資、機械、すべての工場設備はソ連へ運び去られた。これによって、東地域の復興はとてもゆっくりし

第17章 冷戦

たものとなった。同時にドイツ住民とソ連の占領軍との間の関係がとても悪化した。アメリカは自分の地域の復興に莫大な額を費やし、フランスとイギリスの地域の復興も支援した。アメリカは3つの西側地域間の協力関係構築に精力的に働いた。アメリカの目的は、3つの地域を1つの新しい国としてまとめ、ソ連と共産主義への防御とすることだった。

1948年春、4つの占領軍の協力関係が完全に崩れた。チェコスロヴァキア共産党が、クーデターとソ連からの支援によって政権を獲った。同じ年にもソ連は、4地区に分割され、ソ連の東地域深くに入り込んでいたベルリンから、西側連合国（アメリカ、フランス、イギリス）を追い出そうと試みたが、失敗した。

1949年に西側地域は、ドイツ連邦共和国（BRD）に合併した。数ヵ月後、ソ連の東地域と地区は、ドイツ民主共和国（DDR）になった。日常の言葉の中では、それぞれ西ドイツと東ドイツと呼ばれた。ドイツ人は、分割についての考えを問われることはなかった。1949年に東ドイツで社会主義統一党（SED）が政権に就いた。ソ連の影響の下、SED政府は東ドイツをソ連をモデルとして再編しはじめた。西ドイツは他の西ヨーロッパの民主国家を思わせる民主主義となった。

ベルリンと他のドイツの都市は、粉々に爆撃され、食糧が不足していた。写真は1946年のもので、破壊された国会の建物の前でドイツ人が野菜畑を耕している。

第17章 冷戦

空の橋

4つの占領軍の間で分割されたベルリンは東ドイツに位置していた。1948年春、ベルリン内の西側連合軍の地区への鉄道輸送にソ連は制限を加えた。こうやってソ連はアメリカ、イギリス、フランスを首都から押し出すつもりだった。

西側連合国は数ヵ月後、自分たちの占領地に、ドイツ・マルクという新しい共通通貨を導入した。そのため、ソ連は完全に、川、鉄道、国道の交通を閉鎖した。西側連合国は再び、空の橋を架ける、つまりベルリンの西側地区に供給物資を空輸することで対抗した。10ヵ月後にソ連は諦め、ベルリンへ入る道を開放した。写真は、供給物資を乗せてベルリンに向かう航空機の積み荷風景。

1945年夏に戦勝国はドイツの縮小を決めた。ポーランドとソ連はオーデル川、ナイセ川より東の地域と東プロイセンを引き継いだ。11万5,000平方キロメートルの広さで、デンマークの2.5倍に相当した。

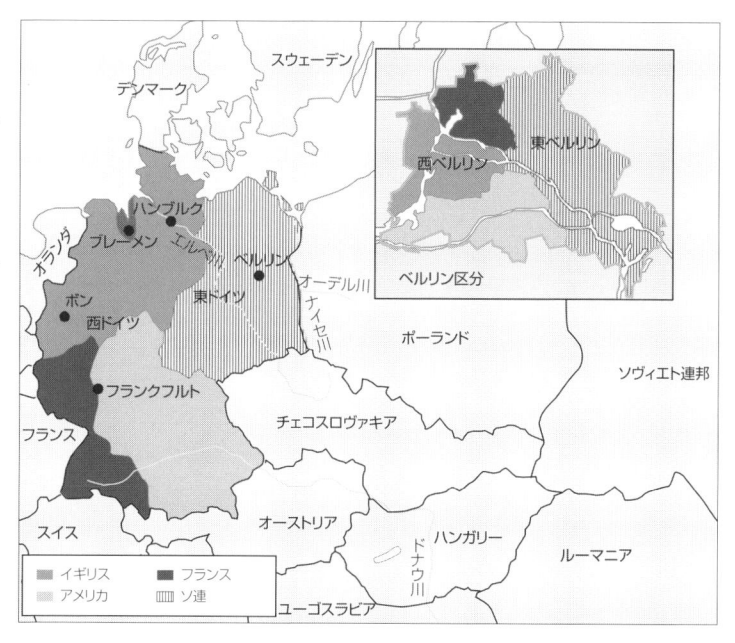

第17章 冷戦

●●● 世界分割

トルーマン・ドクトリンで、アメリカは、世界の他の国々が共産主義となることを防ごうとした。そのためアメリカは1940年代終わりから、干拓政策を実施した。これは、ソ連の影響力と共産主義の拡大を止めるのを手伝う国と同盟を結び、経済的支援を行うものだった。

しかし中国では、アメリカが望むようにはいかなかった。中国は1946年半ば以来、毛沢東・共産党と蒋介石将軍・国民党との間で血みどろの内戦が続き、荒廃していた。アメリカが支援したにもかかわらず、蒋介石は1949年に戦いを諦め、中国は毛沢東を主席とする指導体制の下、共産主義国家となった。

同じ年にアメリカは、ソ連に対抗する軍事同盟、NATOを設立した。大部分の西ヨーロッパ諸国同様、デンマークもNATOに加わった。1955年に西ドイツもNATOに参加した。NATOの一員として、軍事攻撃を外から受ければ相互に助ける義務があった。これを受け、ソ連は共産主義の軍事同盟、ワルシャワ条約機構を設立した。ソ連以外に、以下の東ヨーロッパ諸国が同盟に加わった。アルバニア、ブルガリア、ポーランド、ルーマニア、東ドイツ、チェコスロヴァキア、ハンガリー。世界が、アメリカ主導とソ連主導のブロックに分割されたことは明らかだった。

凄惨な内戦後、毛沢東（1893—1976年）は1949年に中華人民共和国を打ちたてた。

彼の同僚－我々の同盟者。1950年代終わりのNATOのポスター。

●●● 朝鮮戦争

　冷戦はわずか数年続いただけで、ソ連・中国とアメリカとの間の直接戦争へと発展していった。

　朝鮮半島は1945年に、北緯38度付近で、北の共産主義国と南の右指向の体制を持った国に分割されていた。両国は軍備を固め、いずれの国も、抑圧された体制から相手の国民を"解放"する考えを隠そうとしなかった。いくつかの国境での衝突の後、本物の戦争が1950年、両国の間にはじまった。北朝鮮軍は韓国の奥深くに侵攻した。アメリカは朝鮮半島全土が共産主義となることを恐れた。アメリカ軍は、国連安全保障理事会から韓国への軍事支援への支持を取り付けることに成功した。形式的には国連は、北朝鮮に対する戦争を行うことで、朝鮮半島に平和をもたらすつもりだった。実際に戦ったのは主にアメリカ軍だった。ソ連は北朝鮮に武器と装備を援助したが、直接的には戦争に関わらなかった。

　北朝鮮への強力な空爆後、アメリカ軍は北朝鮮にまで侵攻した。共産主義・中国は、アメリカ軍が自国に接近するのが気に入らず、北朝鮮側に立って参戦した。250万人が命を落とした3年間の激しい戦争の末、休戦協定が結ばれた。2013年でも国境は同様に北緯38度線にあり、いまだ南北間に最終的な講和は結ばれていない。

　朝鮮戦争は、両超大国間の緊張感が高まれば、いつなんどき戦争が勃発するかもしれないことを示した。続く10年間で、アメリカとソ連は核兵器を開発するのに莫大な労力を費やした。

　アメリカの海兵隊が朝鮮戦争の最中、燃える家を通り過ぎている。中国が参戦したとき、アメリカの将軍は、中国を核兵器で攻撃し、一気に共産主義体制を全滅させるよう提言した。アメリカのトルーマン大統領はその考えをまったく拒否したわけではなかったが、イギリスと他のヨーロッパ同盟国が、中国への攻撃は第3次世界大戦の引き金となると激しく抗議した。トルーマンはその考えに屈した。

●●● ベルリンの壁

ヨーロッパではベルリンが同じく、ソ連とアメリカ間の衝突の発火点だった。1958年にはソ連は再び西側諸国、アメリカ、イギリス、フランスをベルリンから追い出そうと試みたが、失敗した。市の中で地区から地区へ移動するのは比較的簡単だった。たくさんの東ドイツの人々はDDRから逃げようと考え、その可能性を利用した。まずベルリンの西地区に来れば、さらに西ドイツへ行くことができた。毎年約10万人が東ドイツから去って行った。しばしば、教育を受けた若者が西ドイツへ移って行った。しかしそれは東ドイツ、ひいてはソ連にとっても問題だった。一方で、それだけ多くの東ドイツ国民が西ドイツへ移ることは、アメリカと西の同盟国に利点となった。そして西ヨーロッパの人々が共産主義はとても恐ろしいものとみるかもしれず、移住は東ドイツを弱体化させ、体制を崩壊させるかもしれなかった。

1960年ごろの東ドイツの経済危機の後、亡命者数は著しく増えた。1961年の上半期には、毎月約3万人が国を去った。東ドイツ政府にとって亡命を止めることは不可欠なことだった。ソ連からの許しを得て、東ドイツ軍と警察はベルリンの西地区－西ベルリンの周囲にほぼ160kmの壁を築いた。西ベルリンに住む者は外に出てもよかったが、東ベルリンと東ドイツの者は西地区に立ち入り、そこから西ドイツへ逃げることはできなくなった。

ベルリンの壁は東ドイツからの大量亡命を止めた。大半の東ドイツ人は次第に状況に

西ベルリンの男性が壁の反対側の東ベルリンに手を振っている。

第17章 冷戦

満足していき、亡命を考える者は少なくなっていった。共産主義国家は、まさに揺りかごから墓場まで国民の面倒を見た。もし、体制批判は許されず、西への旅行の許可を得るのは難しいということに我慢すれば、安心できる社会だった。東ドイツの国民は、たとえば西ドイツの国民ほど、多くの者に余裕はなかった。しかしながら、教育、労働、安全な社会状況は保障されていた。表現の自由はなく、他の共産国での休暇だけが許されるのを受け入れることができれば、もしかしたら悪くはないと多くの者が思った。壁の構築でベルリン問題は解決されたと言われた。これによって、ソ連とアメリカ間の緊張は緩和された。

ベルリンの壁はベルリンの西地区をほぼ160kmに渡って取り囲んでいた。最初の壁は1961年8月12日から13日にかけての夜に急いで建てられた。後に新しくより効果的な遮蔽物に取りかえられた。

西ベルリンの人々は自由に西ドイツへ出かけることができた。しかしながら、DDRを通過する際、完全に決められた道を車で通らなければならなかった。国境まで停車してはならず、停車すれば東ドイツの警察が即座に現れた。

ベルリンの壁が出来てからも、人々は亡命を試みた。人々はさまざまなアイデアを思いついた。写真では、東ベルリンの女性が西ベルリンの地下室に運ばれてきた。逃走路が発見されるまで、この方法で57人が亡命した。

第17章 冷戦

●●● 核戦争のふち

アメリカとソ連のもっとも大きな緊張緩和は1962年のキューバ危機後にやって来た。フィデル・カストロを指導者とする反乱によって、キューバの腐敗した独裁者が1959年、追放された。カストロのクーデター後、キューバ国家はキューバにあったアメリカ企業を没収した。これにアメリカ人は激怒した。アメリカは反カストロのクーデターを支援した。これが失敗に終わったとき、アメリカはキューバとのすべての取引をボイコットした。

カストロは、援助と共産国との取引を増やす可能性についてソ連に問い合わせた。ソ連のリーダー、ニキータ・フルシチョフはアメリカから200km未満に位置する国に影響力を持つことに強い関心を持った。ソ連が極秘に島にロケット施設を建てることをキューバは受け入れた。これからのミサイルはアメリカのどんな目標にも数分で到達する。ところがアメリカの偵察機がソ連の建造物を発見した。アメリカ大統領、ジョン・F・ケネディはキューバのロケット施設の撤去を要求した。フルシチョフはそれを拒否した。

ソ連の艦船がミサイルを積んでキューバへ向かっていた。ケネディはアメリカ海軍にキューバへの入国を阻止するよう通告した。そして、フルシチョフに、ソ連船が封鎖を突破しようとすれば、戦争となるだろうと通告した。ほぼ1週間の間、ソ連とアメリカの間に戦争がはじまるという恐怖が続いた。最後の瞬間にフルシ

フィデル・カストロ（1926年生まれ）は最初、1953年にキューバの実権を握ろうと試みた。その試みは1959年に成功した。カストロは2008年に国家元首を引退した。

写真は、アメリカの偵察機からの撮影。1962年のキューバにあるソ連のミサイル施設。

チョフはソ連艦船に引き返すよう命じた。

　キューバ危機は、超大国を、核兵器で戦われることになる戦争のふちまで追い込んだ。ほとんどの者が、そうした戦争は、人命の損失と破壊規模において、あらゆるこれまでの戦争をしのぐだろうことを知っていた。フルシチョフとケネディはだからこそ、将来の戦争を防ぎ、軍備競争を緩和しようとすることで一致した。フルシチョフは、2つの超大国はとても異なっているが、お互いを受け入れ、平和的な競争でやって行かなければならないと主張した。

　こうして、ベルリンの壁とキューバ危機は、両超大国間の15—16年間の緊張緩和への誘因となった。アメリカとソ連は引き続き反目し、核兵器や軍事力を近代化するのに大量のお金を費やした。しかしゆっくりと協力し合い始めた。1970年代には両超大国のリーダーは何度も会合を持ち、核兵器の制限の取り決めを行った。

●●● 冷戦－後半戦

　超大国間の緊張緩和は1979—80年に止まった。冷戦の後半戦がはじまった。アフガニスタンとヨーロッパでの出来事が原因だった。また、アメリカが、共産主義とソ連に対してとても敵対心を持ったロナルド・レーガンが大統領となったせいでもあった。

　アフガニスタンは、遅れたイスラム教社会で、部族と軍閥が数百年に渡って権力を握っていた。1970年代終わりに、アフガニスタンでは共産主義政権が樹立され、国を近代化しようとした。これは部族長にとって、権力を失うことを意味し、好ましくなかった。そこで、部族長たちは政府と軍を攻撃した。ムジャヒディン（イスラムの反乱

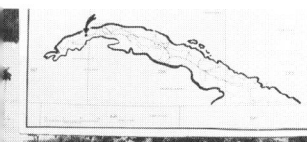

ソ連はムジャヒディンとの戦いに大敗を喫した。10年後の1989年、ソ連はついにアフガニスタンから撤退した。アフガニスタン国内には、国土の多くを廃墟にした長い凄惨な内戦で使われた武器があふれていた。写真では、ムジャヒディンが地図で調べている。

第 17 章 冷 戦

者たちをそう呼んだ）に参加するため、イスラム諸国から若者がアフガニスタンに殺到した。アフガニスタン政府と軍は窮地に陥ったため、ソ連に助けを求めた。しばらく躊躇した末、ソ連は1979—80年の年が変わるころからアフガニスタンに大軍を送った。アメリカは抗議し、1980年にモスクワで開催されたオリンピックをボイコットした。

アメリカはオリンピックのボイコットに満足していなかった。ソ連がアフガニスタンに侵攻し、ペルシャ湾、たとえばイランとイラクに影響力を持つことを恐れた。この地域からアメリカは多くの原油を得ていた。ソ連が原油の管理権を握れば、アメリカにとって破滅となるだろう。そこでアメリカは、ムジャヒディンを戦費と武器で支援した。

ヨーロッパのミサイルはアメリカとソ連の関係を悪化させるもう一つの問題だった。ソ連は1970年代終わりに、東ヨーロッパに設置され、西ヨーロッパに目標を定めていたミサイルを更新しはじめた。アメリカもミサイルを持っており、それらはたとえば西ドイツに設置され、東ヨーロッパの共産主義国とソ連に目標を定めていた。しかしアメリカと残りのNATO加盟国は、新しいソ連のミサイルは、ソ連をヨーロッパで優位に立たせると主張した。そこで、NATOは1979年に、以下のいわゆる**二重決定**を取り決めた。ソ連がミサイルを3年以内に撤去しなければ、NATOは近代的核ミサイルほぼ600基を西ヨーロッパに設置する。もしソ連がミサイルを撤去すれば、NATOは見返りに西ヨーロッパの核防衛の軍備を削減する。

しかし両者の意見はまとまらなかった。1981年にレーガンがアメリカ大統領となった。特に1981から84年までの1回目の任期中、レーガンは共産主義とソ連に激しい敵意を燃やしていた。自国を守るためにアメリカが武装するのは不可欠であるとした。レーガンの主導で、新しい対ミサイルシステム、いわゆる**スター・ウォーズ計画**がはじまった。この計画は簡単にいえば、衛星の助けを借りて、ソ連のミサイルを、アメリカ大陸に到達する前に発見し、撃ち落とすというものだった。

1983年にレーガンがソ連を"**悪の帝国**"と呼んだとき、両国間の危機が頂点に達した。その年の後半、ソ連の戦闘機が、誤ってソ連領空に侵入した大韓航空機を撃墜した。約300人の全搭乗者が亡くなった。レーガンは、コースから外れた民間機を撃ち落としたとソ連を非難した。ソ連は偵察機と思ったと弁解した。同じ年、アメリカは西ヨーロッパに最初の核ミサイルを設置し始めた。超大国間の関係は再びきわめて険悪となった。

1970年代終わりに、ソ連はSS-20ミサイルを東ヨーロッパに配置しはじめた。ミサイルはトラックに積まれたため、どこにあるのかを見つけるのは難しかった。それぞれのミサイルは、広島型原爆の10倍強力な核弾頭3個を備えていた。

第17章 冷戦

●●● 1989年の壁崩壊

　1980年代終わり、東ヨーロッパで大きな変動が起きた。これは、ヨーロッパを東西に分けていた鉄のカーテンをゆっくりと柔らかくしていった。1980年代にはソ連と東ヨーロッパの残りの社会主義国は深刻な経済問題を抱えていた。ソ連では、ミハイル・ゴルバチョフが新しいリーダーとなり、ソ連と共産主義体制を救う改革（変化）に取り組んだ。

　1940年代の終わり以来、ソ連は東ヨーロッパ諸国を管理下に置いていた。ゴルバチョフの改革の一つの方向性は、それぞれの国により独立性を与え、それぞれが自国の問題を解決できるようにすることだった。しかしソ連や隣国のいずれも、経済、または共産主義体制を改善することに失敗した。1989年にポーランドで、反対派（民主主義を導入するつもりだった者たち）が共産党に、権力独占を放棄し、他の党も選挙に立候補できるよう圧力をかけた。数年後、ハンガリーが東ヨーロッパ諸国の中でもっとも自由な国となった。共産党は自ら、自由選挙を導入し、オーストリアへの国境を越えた旅行を容易にした。

　東ドイツでは、指導部は改革を実行するつもりがなかったため、大きなデモが起き、政府は力づくでやめさせることを真剣に考えた。しかしそうはならなかった。なぜならば、何千という東ドイツの人々がハンガリーを通って西ドイツへ逃げていたからかもしれない。可能だったのは、東ヨーロッパの人々は比較的自由に他の共産国へ旅行することができたからだった。1989年11月に東ドイツの指導部は諦め、東ドイツの国民に西ドイツへ行くことを認めた—壁が崩壊した。体制に抗議していた多くの東ドイツの国民は、DDRは民主主義国家へ発展し、国民のためになる変化が起きるだろうと考えた。こうして数年後には東西ドイツは再統合することができるかもしれなかった。

　しかし、東ドイツ国民のほとんどがそのときを待つほどの忍耐心を持ち合わせていなかった。1990年10月2日、東ドイツは崩壊し、州国家が形成された。翌日、それらは連邦共和国（BRD—西ドイツ）に編入された。

1989年11月9日から10日にかけての夜、東ドイツの当局はベルリンの壁の通路を開放した。その晩と続く日々は国民的祭典となった。壁とともに東ドイツも崩壊した。

第17章 冷戦

●●● ソ連の崩壊

ソ連は、かつてのDDRを放棄し、ドイツの再統合を受け入れたことで、ドイツ連邦共和国（BDR）から莫大な額を手にした。しかしソ連ではゴルバチョフに対する不満が高まっていた。ゴルバチョフは、ソ連が深刻な経済問題を抱えていた1985年にソ連の指導者となり、共産主義体制を近代化することに取り組んでいた。しかし試みは失敗に終わり、おまけに経済問題は膨らんで行った。そのうえドイツの再統合を許し、ソ連の利益を損なった。そしてソ連から抜け出そうとしたエストニア、ラトビア、リトアニアの勢力に厳しく対処しなかった。

1991年には共産党内のグループがゴルバチョフに対してクーデターを試みた。失敗に終わったが、多くの共和国は、独立を宣言するのにこの騒動を利用した。数ヵ月後にソ連

1990年代には3分の1のロシア人が貧困限界以下の状態で暮らしていた。毎月生活するのに最高で約400kr（約7,000円に相当）相当しか持っていなかった。写真は屋外で寝なければならないホームレスの母と子供。

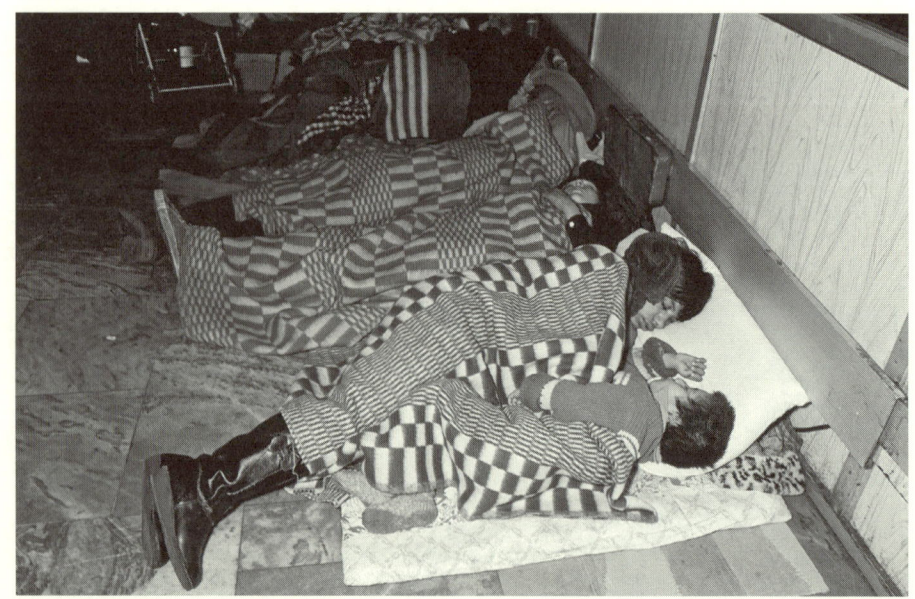

第17章 冷戦

は崩壊し、これによってゴルバチョフは権力基盤を失った。超大国の廃墟に12の新しい国が誕生した。もっとも大きいのがロシアで、ボリス・エリツィンが大統領となった。エリツィンの最初の仕事のひとつは共産党を解体することだった。冷戦は最終的に終わった。

エリツィンの下で、ロシア人は政治の自由と民主主義を獲得した。ロシアの悪い経済状態を改善する大きな改革が実行された。この激変はごく一部のロシア人をとても裕福としたが、ほとんどは貧しくなった。1998年に経済はほぼ崩壊した。2000年代はじめになってはじめて、ゆっくりとよくなりはじめた。

何百万人ものロシア人が共産主義の崩壊後に赤貧を洗っていた一方で、数千人はとてつもなく裕福となった。

●●● 冷戦下のデンマーク

　デンマークは共産主義国、東ドイツとポーランドに近かった。NATOとワルシャワ条約機構の間に戦争が勃発すれば、デンマークは不可避的に戦場となるだろう。冷戦下のデンマークの軍事演習はしばしば、NATOのパートナーとともにワルシャワ条約機構からの攻撃をどのように防ぐかについてだった。1991年のソ連の崩壊とワルシャワ条約機構の解体後、共産主義国家が実際に、デンマークへの攻撃の詳細な計画を持っていたことが明らかになった。相応のやり方で、NATOもどうやってワルシャワ条約機構に対する戦争をもっともうまく遂行できるかを考慮した計画を持っていた。

　しかしデンマークの国民は冷戦中、どんな防衛方針を取るべきかまとまらなかった。大半は、デンマークはNATOのメンバーであることで十分守られていると考えた。多くは、使っている以上のお金をさらに軍事費に使いたかった。別の者は、デンマークはNATOから脱退し、非同盟国、つまりアメリカとソ連に対して中立な国のグループに加わるべきだと主張した。非同盟国が十分なだけ増えれば、もしかするとアメリカとソ連の間を仲介し、核兵器の主な部分を廃止するよう説得できるかもしれない。

　デンマークにも、冷戦下にソ連にとても忠実だった共産党（DKP）があった。DKPはデンマークが共産主義国となるよう働いた。ところが同党には限定された国民しか参加しなかった。時期によっては国会に議席を持たず、議席を持ってもわずかにすぎなかった。

249

第17章 冷戦

●●● 沈黙の戦後

　デンマークもマーシャル支援（237頁参照）を受けた。大部分のお金はトラクターとほかの機械の購入に使われた。しかし戦後はデンマークの農家が生産物を売るのは難しかった。ドイツの敗北後、ドイツ人には多くの農産物を買う余裕がなかった。戦前は大量のベーコンとバターを買った、あれだけ豊かだったイギリスももはや裕福ではなかった。デンマークが農産物を売らなければならない他の国々では農家は国から大きな補助を受け取った。そのため、デンマークの物よりも安く自分たちの農産物を売ることができたので、デンマークの農業がそれらの国に輸出するのは難しかった。

　農業の新しい機械は、農家が自分で以前していたことをすることができた。1950年代には約10万人の労働者が仕事を失った。その多くは、工場での仕事を手にすることを期待して都市へ移った。工業もまた1950年代はじめはうまくいかなかった。生産は老朽化した機械で行われた。同時に、外国から購入しなければならなかった鉄や他の原料の価格が上がった。これによって、多くの工場は閉鎖されなければならず、失業率は7%から12%に上がった。

1950年代には住居が不足した－とりわけ都市では。アパートには広い場所はなかった。この小さな居間では、大きな子供が宿題をこなし、母親が服を繕っている。一方で、父親が工場での仕事を終え、ソファーに寝て寛いでいる。

1950年代終わりからデンマークの多くの家族には、より大きな消費をする余裕が出てきた。もしかしたら車を買うことができ、日曜日ごとに車で出かけ、緑地で昼食を食べることができたかもしれない。

●●● 喜びの60年代

　しかし1957年ごろから、デンマーク産業を著しく活性化させることが起きた。原料の価格が下がり、外国はデンマーク製品をどんどん買い始めた。同時に企業がお金を借りるのがより簡単になった。いまや新しい機械を購入し、新しい工場を建てる余裕が生まれ、工場はどんどんものを作った。

　1960年代には仕事を持った者の数が、毎年2万人以上も増えた。これは多くの女性が職を得たせいであった。同時に特別多くの子供が1945年ごろに生まれていた。これらの大きな年代のほとんどが1960年代に仕事に就いた。労働者は生産が増加する以外になにかを得ることを望んだ。多くの工場ではストライキが起きた。なぜならもっと賃金が欲しかったからだった。ほとんど失業はなかったので、雇用主は新しく安い労働力を獲得できなかった。そのためかれらは労働者の要求を呑まなければならなかった。

　賃金は上がったが、企業には必ずしもデメリットではなかった。労働者は稼いだ金すべてを家賃、食料、衣服に使う必要はなかった。ほかのものを買う余裕もできた。そうして最初に買ったもののひとつはテレビだった。冷蔵庫と洗濯機のような日用家電、家具、他の"永久消耗品"を買う余裕も生まれた。それらはデンマークの工場で製造されていた。自分の家を買う余裕を持つ者もどんどん増えて行った。1960年代にはデンマークの多くの地域が住宅街になっていた。

●●● 1973年のエネルギー危機

　1973年10月、エジプトとシリアはイスラエルを攻撃した。1967年の戦争以来、イスラエルが占領していたガザ地区とヨルダン川西岸地区からイスラエルを追い出そうとした。10月戦争と呼ばれ、アメリカとソ連がすぐに休戦協定を結ばせることに成功したので、数日間だけ続いた。アラビアの産油国はアメリカとヨーロッパにイスラエルが占領地区から撤退するよう説得を試みた。不首尾に終わった時、産油国は原油の生産量を削減し、同時に価格を上げた。こうやってアメリカとヨーロッパ諸国にイスラエルへの圧力をかけさせようとした。

　産油国の決定は西の産業国には衝撃だった。原油はとても安かった。たとえば、デンマークの平均世帯は家庭の年間エネルギー消費量を給与の1週間分で賄えた。この頃は大きく言えば、住居は断熱構造になっていなかった。まもなく冬だった。デンマークは3ヵ月分の原油とガソリンしか貯蔵していなかった。そのため、政府はエネルギーの節約を決断した。街灯は夜には消され、日曜日に車に乗るのは禁じられた。同時に家に断熱設備を施すように求められた。また、高価な温水で浴槽を満たす代わりに、素早くそして望ましいのは、冷水のシャワーも使わなければならなかった

　原油価格が高くなり、工場が物品を製造するのはより高くついた。必要なエネルギー需要を賄うのに多くお金を使わなければならず、人々はもはや多くのものを買う余裕はなかった。これによって強かった経済成長は停止し、失業率は1970年代と80年代を通して増加した。

1973年の10月戦争で前進中のイスラエルの戦車。2005年にイスラエルはガザ地区から撤退したが、長く大きなヨルダン川西岸地区はいまだ占領されている。

エネルギーを節約するために、車禁止の日曜日が導入された。しかし別の移動手段は使われた。

●●● なぜおかしくなった？

　石油ショックは経済危機を引き起こしたが、本当の理由ではなかった。1960年代にデンマーク企業は、工場を拡大し、作るものすべてを売ることができた。しかし60年代終わりにその状況は縮小しはじめた。解雇にもつながり、それにもかかわらずいくつかの企業は閉じられなければならなかった。しかし失業は増えなかった。1970年ごろには、多くの者が国や自治体で仕事を得ていた。公的セクターがさらに多く雇用するので、企業の労働力は不足した。そのうえ、その時代には、公的セクターが道路を敷き、多くの住宅、病院、施設を建てた。何万人という土木建設労働者に仕事が与えられた。
　1960年代にデンマークが外国から得たものの金額が、外国へ供給された金額を超過した。収支バランスの赤字だと言われた。もっとも重要な理由は、輸出よりも多くのものを輸入したということだった。なんとかするには、外国からお金を借りなければならなかった。1960年にはデンマークはほとんど外国に借金はなかったが、1975年には外債は250億krに増えた。輸出が輸入より大きくなりさえすれば、借金は返すことができる。そのため政府は1973年に輸出品を製造する企業を援助することを決めた。お金は公的な建設を減らして手に入れなければならなかった。政府は、失業する建設労働者が輸出企業で職を得ることを期待した。しかしそうはいかなかった。国からの経済援助にもかかわらず、デンマーク企業が外国にものを売るのはまだまだ難しかった。他の国も、経済危機と失業による打撃を受けていた。
　1990年ごろになってはじめて、輸出額が輸入額より大きくなり、デンマークは多額の借金を減らすことができた。1990年代に失業率は下がった。しかし即座に1960年代のような完全雇用にはならなかった。重要な理由は、機械と新しいコンピューター管理技術が生産過程のより多くの部分を受け継いだため、人的労働力の使用が減った。2000年代の最初の10年間で、失業率はさらに下がった。多くの企業にとって、労働力を手に入れるのは難しくなった。しかし18歳から65歳までの年代の多くが同様に労働市場の外にいた。彼らが、たとえば教育の点から、高い要求にこたえることができなかったのが第一の理由だった。

●●● デンマークとヨーロッパ

　1972年の国民投票後、デンマークはECまたはEEC（欧州共同体）—EUの以前の名称—の一員となった。ECについての国民投票前後の議論からは、デンマーク人の自己理解とデンマークとヨーロッパについての見方が部分的に見え隠れする。

　国民の大部分は、独立国家としてのデンマークの立場の維持を望んだ。だから、Yesの支持派は、デンマークがECの一員となることで商業的、経済的メリットを得ると主張した。一方で、Yes派は、デンマークがECに権限を譲渡しなければならないことについてはトーンダウンし、軽く見た。ECの反対派はデンマーク人のナショナリズムについて言及した。ポスターには、"大きくなったとき、私はデンマーク人でありたい"と"私のために、ママ、Noに入れて"のようなテキストとともに子供が描かれた。ホルガー・ダンスクとドゥッブル風車のような国民的シンボルもNoキャンペーンで使用された。

　またECは、デンマークの憲法に逆行する官僚的（仕事が遅い）で非民主主義的組織であり、国際活動に利するが、一般の労働状況を損なう組織として作られたとみられた。反対派は新しいナショナリズムの波を生み出し、古きデンマークの伝統を復興することになった。

ECに反対する国民運動のNoポスター。ポスターは、EC（デンマーク語でEF）の代替として北欧の協力関係を強調している。5羽の白鳥を示し、そのうちの1羽（デンマーク）が切り離されている。

喜ぶ自転車の少女のYesポスター。

いつだった？

1945年：広島と長崎に原子爆弾。第2次世界大戦終結。

1945年：国際連合発足

1946年：チャーチルが鉄のカーテンについて演説

1947年：トルーマン・ドクトリンとマーシャル・プラン

1949年：毛沢東が中国を共産主義国に転換

1949年：ドイツ分割

1950—53年：朝鮮戦争

1959年：フィデル・カストロがキューバで権力を握る

1961年：ベルリンの壁建設

1962年：キューバ危機

1967年：中東の6月戦争。イスラエルがシナイ半島、ガザ地区、ヨルダン川西岸地区を占領

1973年：10月戦争と石油ショック

1973年：デンマークがEC（EU）に参加

1979年：ソ連がアフガニスタンに侵攻

1979年：NATOの二重決定

1981—89年：アメリカにレーガン大統領

1989年：壁崩壊

1990年：ドイツ再統合

1991年：ソ連崩壊

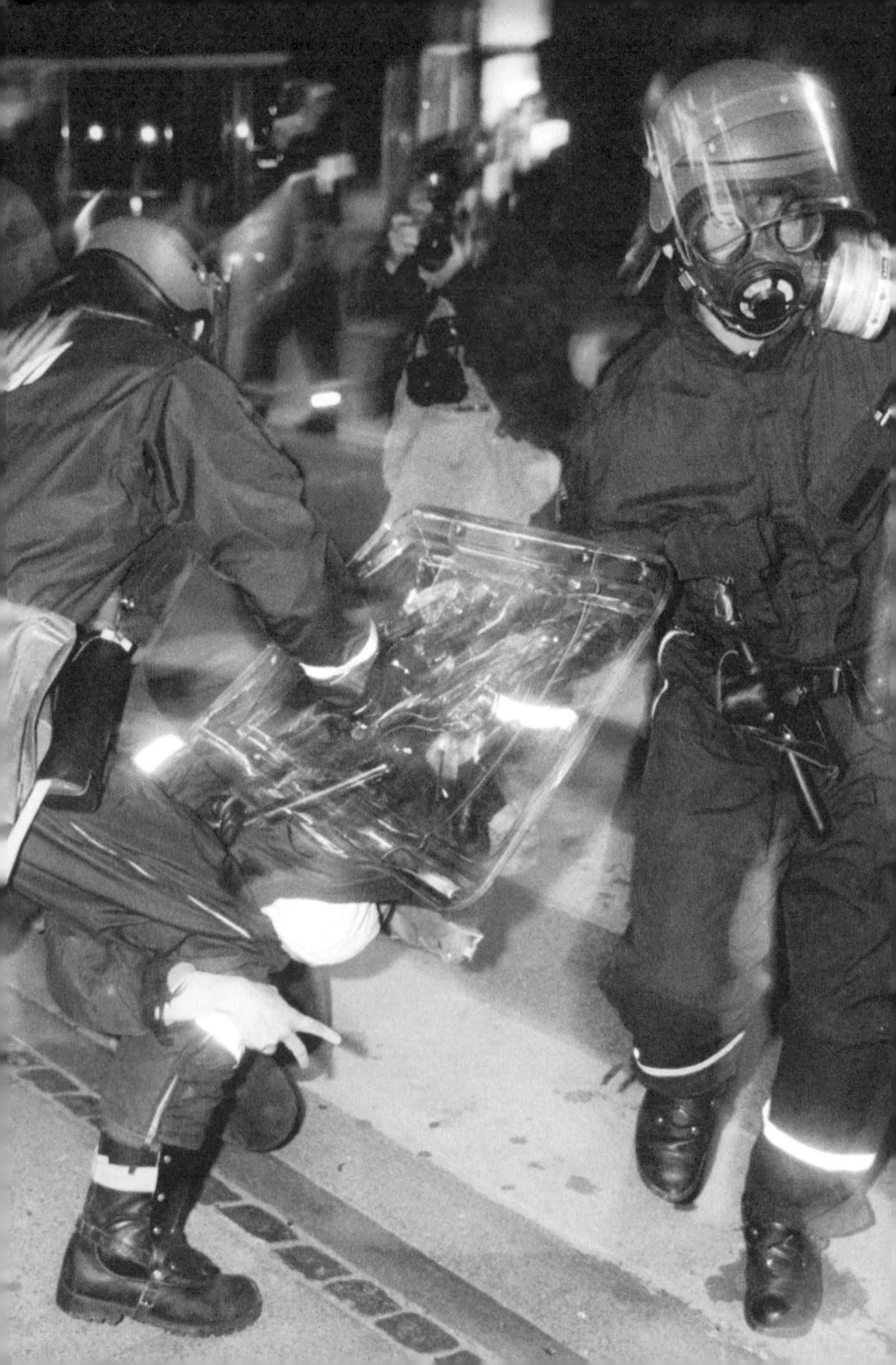

第18章
世界の中のデンマーク
1989年以降

●●● 1992年のマーストリヒト条約

　1980年代終わり以来、EC加盟国は、ECを政治連合とする密接な協力関係について交渉してきた。その結果、欧州連合条約が出来た。各国元首は、オランダの都市、マーストリヒトで署名したので、マーストリヒト条約としてよく知られている。デンマークでは、ECの規定の変更は、国民が賛成するときだけ、可能となる、そこで、デンマークの国民は、1992年の国民投票で条約についての態度を示さなければならなかった。

　ベルリンの壁が1989年に崩壊し、東西ヨーロッパが再統合され始めると、デンマーク人のECへの反対は小さくなっていった。ほとんどの政党と国会の過半数は条約に賛成していたので、ほとんどの政治家は、国民は"Yes"に投票すると考えていた。しかしほとんどの者が驚いたことに、"No"の投票が僅かに過半数を上回った。デンマークのNoはヨーロッパ中で注目を浴びた。ECは、それぞれの国の議会に関連してあまりにも大きな権限を持つと言われた。フランス人は常にEC信仰が強かったが、数ヵ月後、条約に対して"Yes"の投票は僅かに過半数を上回っただけだった。これは、ヨーロッパ連合国家への発展はあまりに早いとのECへの明らかな信号だった。

　しかしながら、ECにとってもっとも大きな問題はデンマークのNoだった。すべての加盟国がマーストリヒト条約にYesと言わなければ、連合は成し遂げられなかった。1992年秋に他のEC諸国はデンマークが特別条項を持つことに同意し、条約からそれぞれの要点を外した。1993年5月に新しい国民投票が行われた。すべての党—進歩党は別として—はYesへの投票を推奨し、今度はYesが過半数となった。

　元デンマーク外務大臣、ウッフェ・エレマン・イェンセン（1941年生まれ）は、デンマーク人が1992年にマーストリヒト条約にNoの投票をしたことにきわめて不満だった。

← 1993年5月18日に過半数がYesを投票した際、激しい暴動がコペンハーゲンのノアブロで起きた。

第18章 世界の中のデンマーク

●●● 却下された条約

　ロシアのように共産主義国だった東ヨーロッパの国々は、市場経済、つまり、売ることができる価格で品物の価格が決まるという形に自国の経済を転換しなければならなかった。価格は政府によって決められるものではなかった。これによって、ほとんどの国で、失業、賃金低下、生活状況の悪化のような問題が出てきた。2007年時点で問題は解決されていないが、前向きには進んでいる。かなりうまく進んでいるので、ほとんどの東ヨーロッパの国々はEUにそれぞれ、2004年と2007年に加わった。

　ところがEU内では、協力関係の発展は立ち止まっていた。21世紀はじめには、各国の元首はEU内での決定をより容易にし、協力関係を強化する新条約について同意した。2005年には新条約がEU諸国で国民投票にかけられることになった。まずフランスとオランダで行われたが、政治家が驚いたことに、結果はNoとなった。そのためほとんどの他の国、デンマークでも、国民投票は延期された。その後、EUは条約を修正し、採択され得るようになっている。

　EU―またはより正確にはEC―が1957年に設立されてから、目標は一種のヨーロッパ連邦国家だった。いまでは多くのとても異なった国々が加盟しており、この目標はほとんど現実的ではない。EU内での相違、そう、不一致は、個別のEU諸国、たとえばイギリスとデンマークがアメリカ主導のイラクへの攻撃に参加した2003年、鮮明になった。フランスとドイツなどの国は、イラクへの戦争は国連が認めていないとして反対した。

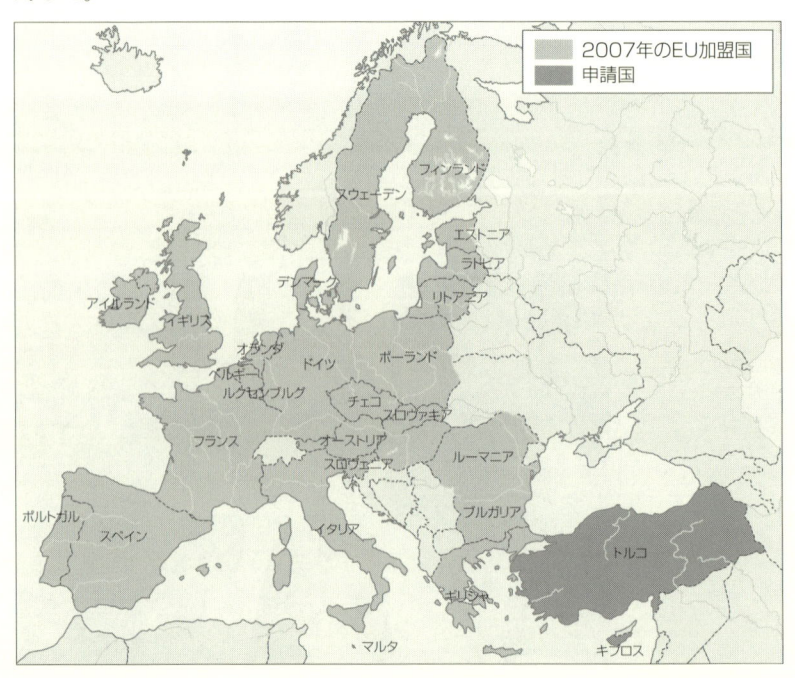

●●● 新しい世界の秩序？

　ソ連の崩壊で、たったひとつの超大国—アメリカ—が残った。アメリカ大統領は新しい世界秩序について言及した。「自由主義（177頁参照）、民主主義、人権は持続する価値観でなければならない。多くの者が、数年の間に、これらの価値観に賛同する政府を世界のすべての国が持つだろうと主張する。それが分からない国があれば、アメリカは世界最強の軍事国として、一種の世界警察の機能を果たそう」。これは最初、機能したようにみえた。1990年にイラクの独裁者、サダム・フセインは隣国・クウェートに侵攻した。国連の支持を受け、アメリカ主導の反撃が行われた。フセインは数週間で諦めなければならなかった。

　しかしユーゴスラビア連邦共和国ではまったくうまくいかなった。スロヴェニア共和国とクロアチア共和国が独立した。これにセルビアは我慢できず、戦争になった。1992年に血なまぐさい内戦がボスニアで、クロアチア人、セルビア人、イスラム教徒のボスニア人の間ではじまった。各グループは、暴力と殺りくによって、民族的浄化、つまり他の者たちを"狩り"たてて国外へ追いやろうとした。EUと国連は両者を話し合わせようとしたが、特にセルビア人は従わなかった。NATOが1995年に軍事介入してはじめて内戦は止んだ。その時点で25万人が命を落としていた。

　数年後、セルビアの州、コソヴォで暴動が起きた。同州の住民の中心はアルバニア系イスラム教徒だった。セルビアは市民を厳しく抑えつけ、100万人を国外へ追い出した。NATOがセルビアを空爆してはじめて攻撃がやんだ。

1998—99年のコソヴォで、セルビア軍は脅迫、暴力、テロでアルバニア人を追い出した。

1995年7月、セルビアの準軍事組織などはボスニアの街、スレブレニツァで7,500人の男と少年を虐殺した。これによってアメリカとNATOは内戦に軍事介入し、両者を交渉の席につかせた。

第18章　世界の中のデンマーク

●●● 2001年9月11日

　9月11日にハイジャックされた航空機2機が世界貿易センタービルに衝突し、ビルは炎上、崩壊した。数時間後、ハイジャックされた3機目がアメリカの国防省・ペンタゴンに激突した。同じくハイジャックされた4機目は、乗客が犯人を制圧するのに成功し、森に墜落した。このテロ攻撃で3,000人以上が亡くなった。ウサマ・ビン・ラーディンのイスラム教過激テロネットワークであるアルカーイダがテロの背後にいることが即座に解明された。アルカーイダは、アフガニスタンにトレーニングキャンプを持ち、イスラム教・タリバーン政権に保護されていた。

　アフガニスタン政権は、ウサマ・ビン・ラーディンをアメリカに引き渡すことを拒否した。そこで、世界のほとんどの国は、タリバーンへのアメリカの戦争を支持した。デンマーク兵はアメリカ側で参戦した。数ヵ月に渡る激しい爆撃と地上部隊の投入で、アフガニスタンのタリバーン政権を追い払うことに成功した。しかし、アフガニスタンとパキスタンの間の人跡未踏の山中に身を隠すウサマ・ビン・ラーディンを捕まえることはできなかった。

　タリバーン政権を追い払うことだけではアメリカにとって十分ではなかった。ブッシュ大統領はテロリズムへの戦争を宣言し、悪の枢軸と、北朝鮮、イラク、イランを非難した。ブッシュによれば、それらの国では、テロリストを支援し、自ら大量破壊兵器を開発しているとされた。

　アメリカと西ヨーロッパにとって、ソ連が崩壊するまで、ソ連が脅威だった。10年後には国際テロリズムが大きな脅威の役を取って代わった。

2001年9月11日のテロ攻撃。国際貿易センターのツインタワーに2機が激突した。激突直後の写真。

第 18 章 世界の中のデンマーク

グアンタナモ

　テロへの戦いの中で、アメリカは、人権を明らかに侵害した手法を取った。嫌疑をかけられたテロリストには拷問を使った尋問が行われた。

　アメリカ兵はアフガニスタンで多くの捕虜を捕まえた。一部はキューバのグアンタナモ基地に移送された。アメリカは、彼らを戦争捕虜と認めず、そのように扱うつもりはなかった。アメリカはまた、テロ、つまり犯罪行為の疑いがある容疑者としても扱うつもりはなかった。もしそうであったならば、24時間以内に拘留の理由が決定され、裁判所が案件を裁くことになっただろう。アメリカ当局は、捕虜に、"不法戦闘者"（つまり不法兵士）という名称を使った。そのため当局は、裁判所にかけることなく、捕虜を拘留する権利があるとした。

　数年後、捕虜の何人かは釈放されたが、2007年時点で、数百人が、裁判所にかかることなく、グアンタナモに5—6年間、収容されている。

●●● イラク戦争

　1990—91 年のイラクのクウェート侵攻後、イラクの独裁者、サダム・フセインは大量破壊兵器（核兵器、化学・生物兵器）の開発を止めると約束しなければならなかった。すでに開発していたストックは破棄されなければならなかった。国連査察団が実際に実行されているかを監視することになっていたが、サダム・フセインは、何度も査察団を妨害した。2001 年のテロ攻撃以降、アメリカとイギリスは、イラクが査察団をだまし、大量破壊兵器の開発を続けていると確信していた。だが、サダム・フセインは否定した。
　しかしアメリカは、大量破壊兵器が破棄されたかを確認するために、イラクへの戦争の支持を国連安全保障理事会（235 頁参照）から取り付けようとした。ところが安保理は同意するつもりはなく、再び査察団にイラクを監視させようとした。アメリカは待つつもりはなく、イギリスとともに、他の国、たとえばデンマークと結託し、2003 年秋にイラクを攻撃した。7—8 週間で、わずかに負けただけで多国籍軍は軍事的勝利を得た。
　新たに大量破壊兵器の捜索が行われたが、見つからなかった。明らかにサダム・フセ

イラクで頻繁に起きた自動車爆弾のひとつ

第18章　世界の中のデンマーク

インは危険な兵器を破棄するという1991年からの約束を遵守していた。いまやアメリカと多国籍軍の攻撃の根拠は、残酷な独裁者からイラク人を開放し、国土の復興を助け、民主主義を導入させることとなった。しかし平和な状態をイラクに生み出すのは明らかに不可能だった。いまや占領軍となった多国籍軍はイラクの抵抗グループからの攻撃にさらされた。異なる宗派のグループが、市民を標的にしたテロ攻撃を行う軍事組織を持っていた。

　数年してイラクは解体し、内戦寸前になった。2010年には同様に凄惨な爆弾攻撃が続いていた。しかしながら暴力は収まりつつあり、苛まれている国に平和と発展が再び訪れる希望がある。

デンマークはイラクに兵士400—500人を派遣した。2007年夏にデンマーク軍はイラクから撤退した。1990年代のはじめから、デンマーク軍は世界中の平和維持活動に参加してきた。活動の中で、多くのデンマーク兵士が死傷した。

●●● グローバリゼーション

　グローバリゼーションという言葉は1990年代からしばしば何度も使われる。異なった地域の人と社会が国境を越えてよりお互いに依存するようになっていることを意味している。

　国際テレビチャンネルとインターネットを通して、世界中の出来事について即座に情報を得ることができる。電話、メール、他のコミュニケーションシステムで、地球の裏側にいる人に直接コンタクトを取ることができる。音楽、流行、食習慣—ファーストフードなど—は国際的になっており、**文化的**グローバリゼーションの一例である。

　また、**政治的**グローバリゼーションについても言われる。共産主義の崩壊後、自由競争を伴った自由経済と民主主義政体が唯一受け入れられるものとみられている。アメリカとEUはこの社会モデルを全世界に広めようとしている。

　経済的グローバリゼーションはもっともグローバリゼーションの分野で顕著だ。国際貿易は増加し、ものの生産は国境を越えて行われている。アジアなどの賃金が低い国でものは生産されるのが一般的で、一方で開発部門は引き続き、西ヨーロッパ諸国に置かれている。

グローバリゼーションはさまざまなレベルで起きている。写真は、中国の大都市で中国人がコンピューター機器を運んでいる。

●●● 新デンマーク人

　グローバリゼーションは、人が国から国へ移動することも意味する。1960年代終わりにはデンマークの企業では労働力が不足した。そしてきつく汚い仕事を引き受ける者はごくわずかだった。しかし仕事は実行されなければならない。そのため、政府は、企業がトルコ、ユーゴスラビア、その他の貧しいヨーロッパ諸国から労働者を雇うことを許した。はじめは新しい労働者は外国人労働者と呼ばれたが、それ以来ゲスト労働者と称された。時とともに、多くのゲスト労働者はデンマークに家族を呼んで暮らしたいと思うようになった。こうして彼らは移民となった。1970年代以来、一部の難民がデンマークで滞在許可を得て、保護施設で暮らすようになった。

　デンマークには1983年時点で、人口のほぼ2%にあたる約10万2,000人の移民がいた。2007年時点では、ほぼ9%にあたる約48万5,000人が移民やその子孫となっている。これは、移民や難民への多くのデンマーク人の寛容さを窮地に追い込んでいる。異なった外国の宗教と生活習慣を受け入れるのは難しかった。数十年後には外国人が過半数を占め、彼らがデンマークをイスラム国家にしてしまうことを恐れる者は多かった。外国人の数を制限することを望む政党と運動が大きな支持を獲得した。

　デンマーク国民党が1995年に設立された。同党は、移住―特にイスラム諸国から―を完全にやめさせ、デンマークにいる難民を可能な限り早く送り出さなければならないとした要求を掲げた。2001年9月11日のテロ攻撃の後、イスラム教とイスラム文化に対する同党の声はより過激になった。それによってデンマーク国民党によい結果がもたらされた。数年後の総選挙で、同党は22議席を獲得し、自由党と保守党で構成する新政府の支持政党として、影響力ある役割を担った。2005年の選挙でも同様だった。

　デンマーク社会での移民の統合は成功しなかった。ひとつには、統合の意味するものがはっきりしなかった。移民は自分の昔の文化を否定し、完全にデンマーク社会に順応する、つまり、仕事を得てデンマーク語を話し、普通のデンマーク人のように生きなければならないのだろうか？　また、移民が自分の文化を保ち、デンマークと外国文化の出会いが実りあるものになりうるとしたら、それは利点にならないだろうか？

　さまざまな環境の中で、別の背景を持つ者がデンマークを正しく受け入れるのは容易ではない。多くの移民と難民は決まった町の街区に居住しており、そこでは次第に彼らが住民の大半を占めるようになっている。デンマークはさまざまな文化を抱えた国となっている。だが、ある者は、文化とはお互いから離れたもので、限定的な範囲でだけ、お互いに関わり合うと示唆している。

ムハンマド危機

　デンマークでは2000年代はじめ、移民とイスラム教についての議論の声がより生々しくなっていた。周囲の人々は、導入された法の厳格化や表現に現れたデンマークの考え方に気付き、批判した。デンマークメディア―特にユーラン・ポステン紙―はたびたび、移民が生み出す社会的問題について記事を掲載し、1紙だけは、イスラム文化は西の民主主義文化とまったく矛盾しないと強調した。2005年秋には、ユーラン・ポステン紙はイスラム教の預言者、ムハンマドの風刺画12枚を掲載した。ユーラン・ポステン紙は、掲載の理由について、民主主義と表現の自由がある社会では、侮辱、皮肉、嘲笑を我慢しなければならない、とした。

　イスラム教の教えに従えば、預言者・ムハンマドの肖像を描くのは禁止されている。2006年1－2月に風刺画の件がイスラム諸国に伝わり、激しいデモが起こった。写真では、デンマーク国旗が燃やされている。

いつだった？

1989 年：ベルリンの壁崩壊

1990—91 年：第 1 次イラク戦争

1991 年：ソ連崩壊

1992 年：マーストリヒト条約

1992—95 年：旧ユーゴスラビアで内戦

1995 年：スレブレニツァの虐殺

2001 年：アメリカでテロ攻撃

2001 年：アメリカと他の国がアフガニスタンのタリバーン政権を攻撃

2003 年：アメリカと他の国がイラクを攻撃

2006 年：ムハンマド危機

訳者あとがき

「一冊の本はないね」

　デンマークの国民学校（日本の小中学校に相当）の歴史科教師に、デンマークの歴史が一冊に詰まった歴史教科書はないか、と尋ねたところ、即座に冒頭の言葉が帰って来た。教科書検定が騒がれ、学校では一冊の教科書にもとづいて教科は教わるものと考えていた日本人としての固定観念が打ち崩された瞬間だった。

　デンマークでは、歴史だけでなく、教師それぞれが教える教材を自由に選ぶことができる。もちろん、教育省が定める要点に沿わなければならないが、教える手法や教材は自由に選ぶことができる。デンマークでは、暗記試験を想定した日本の授業と違い、固有名詞や年号を覚えさせることが授業の狙いではなく、歴史をきっかけにしてデンマーク人のアイデンティティを考えることに重点が置かれている。従って、授業は、生徒が考えるための、さまざまな仕掛けや道具が必要となってくる。そのため、一冊の教科書に拘泥していては可能性は極めて小さなものとなるのである。

　話は逸れるが、そもそも現在のデンマークの教育の在り方は、デンマークの哲学者、ソーレン・キルケゴールの次の言葉に凝縮されている。

　「一人の人間を決まった場所へ導くのに真に成功するとき、まず第一に、その人間が自ら、どこにいて、どこではじめるのかを理解するよう注意しなければならない」

　つまり、本人の自主性がなければ学びは起きない、というスタンスである。このスタンスゆえに、教師は、一冊の教科書に捉われることなく、クラスや生徒の状態に応じて授業のあり方を変えなければならないのである。

とはいえ、なにがしかのまとまった教科書はあるだろう、と歴史科教師に喰い下がると、本書「歴史概観」を薦めてくれた。「歴史概観」の対象は、国民学校高学年（日本の中学生相当）。内容は、ヨーロッパや世界の歴史を踏まえながら、それらの流れに大なり小なりの影響を受けながら動いていくデンマークの歴史を紹介している。デンマークの教師は「単独のデンマーク史なんて存在しない」と一様に言うが、一読すればむべなるかなである。

　ただ、この教科書の使われ方として、生徒がそれぞれ一冊を所有するということはない。この教科書に従って最初から最後まで授業が行われるということもない。教師は、「アウグストゥス皇帝」「1849年の憲法」「1992年のマーストリヒト条約」などの教育省が定める要点を押さえながら、各要点を深めていく教材として、「歴史概観」の一部をコピーしたり、参考書として貸し出して使うことが"あり得る"。従って、通常は「歴史概観」は図書館の書庫に眠っているのである！！

　型に捉われない、なんとも柔軟な教え方である。今回の翻訳を通して、教育の在り方を改めて考えさせられた。「歴史概観」が少しでも日本の教育の在り方のヒントにならんことを切に願う。

　最後に、編集にあたっていただいた明石書店の神野斉氏ならびに本郷書房の古川文夫氏他、関係者の方々に深く感謝いたします。

2013年8月

銭 本 隆 行

【索引】

【あ行】

アウグストゥス 50-53
アクロポリス 35
アステカ帝国 112,113
アダム・スミス 155
アテネ 35-37
アフガニスタン 245,246,255,260,261
アブサロン（大司教） 83,84
アフリカ 5,6,25,34,51,62,76,105,107,108,112,114,139,150,166,205,206,208,211,218,226,227
アメリカ独立宣言 162
アルコナ 83,84
安全保障理事会 235,241,262
イェリング石碑 71
イスラム教／イスラム教徒 62,63,76-79,92,108,234,245,259,260,265,266
移民／移住 17,28,30,58,68,70,150,162,194,242,265
イラク 21,23,77,246,258,259,260,262,263
インカ帝国 110-112
印刷 117,120-122
ヴァルデマー再興王 83,93,94,99
ヴァルデマー勝利王 83
ヴァルデマー大王 82-84
ヴィレンドルフのヴィーナス 8
ウィリアム征服王 72
ヴェーザー演習作戦 219
ヴェストファーレン講和条約 130
ヴェルサイユ 137,189
ヴォルテール 154,155
エーグデ 149
エーリク 68,73,81,85-86,94,96-97,100,131-132
エーリク切り詰め王（5世） 85
エーリク鋤税王（4世） 85

エーリク人間通王（6世） 86
エクトヴィズの少女 42
エジプト 21,24-26,33,43,44,52,62,78,170,252
エネルギー危機／石油危機 252
エリツィン 249
エルサレム 76-79,82,105
エルテベレ文化 16
エンリケ（航海王子） 107
オスマン帝国 92,105

【か行】

カール5世 102
カール10世 134
カール11世 145
カール12世 146,147
カール・グスタフ戦争 133,134,140,142,145
カール大帝 64,65
カール・マルテル 62,63
カエサル 50,52
壁（ベルリンの壁） 242,243,245,247,255,257
カルマル戦争 133
カルマル同盟 97,100,101,148
カロリング朝 64
カンスラーゲーデの合意 202
岩面彫刻 38,39,41
ギイェッデ 114
キヴィック 41
キューバ／キューバ危機 110,244,245,255,261
教皇 61,64,71,76-83,91,114,121-123
協同労働連合（LO） 199
キンブリ族 56
グーテンベルグ 120
クヌーズ 70,80,81,83

クリスチャン2世　101,102,125
クリスチャン4世　105,114,119,128-130, 133,140,142,148,150
クリスチャン6世　157,160
クリスチャン7世　157,161,166,173
クリスチャン8世　178
クリスチャン9世　186,187,190
クリスチャン10世　190
クリストファ　85,86,95,100,108,109, 125
グリッフェンフェルド　143,145
グローバリゼーション　264,265
クロマニヨン人　8
啓蒙時代　153,154,156
ゲシュタポ　227,230
ゲットー　224
ケルト人　47,49
ゲルマニア　41,51,52,57
憲章　96,124,140,142
憲法　142,177-179,182,185,186,196,223
工場　36,54,105,117,120,149,150,155, 157,185,193,195,196,198,199,205, 207,218,230,237,250-253
国王法典　142,143
国民自由主義　177-179,185,186
国連（国際連合）　234,235,241,258,259, 262
小作農　75,159,161
コソヴォ　259
国会　155,180,182-184,186,190,217, 223,227,230,238,249,257
国会（戦前）　155,180,182-184,186,190, 217,223,227,230,238,249,257
国家クーデター　140
コペンハーゲン砲撃　172
コルテス　110-112
コルドバ　62,76
ゴルバチョフ　247,248
コロンブス　68,108-110
コンスタンティノープル　53,61

コンスタンティヌス大帝　53

【さ行】
再統合　190,247,248,255,257
サクソ　83,84
三角貿易　139
産業革命　185,193,195,196,205
30年戦争　129,130
自然権　153
資本主義者　198,214,215
シャルブルグターゲ　230
自由委員会　229,230
11月憲法　186
宗教改革　117,122,124,128
集合内閣　221
十字軍　76-79,82,83,91,117
重商主義　138,148
10分の1税　80
重量有輪鋤　74,75
狩猟石器時代　11,12,15,16,29,30,41
上院　182
蒸気機関　185,194,195
植民地　34,47,109,138,139,148-150, 158,162,166,170,205-208,211
贖宥状／贖宥状販売　91,121,122
ジョン・F・ケネディ　244,245
ジョン・ロック　154
人権　164,165,234,261
神聖ローマ帝国　78,129,130
スヴァントヴィット　84
スヴェン双叉髭王（1世）　70
枢密院　95-97,101,102,124-126,128, 129,131,140,142,150
スターリングラード　223,226,227
スタウニング　202
ストックホルムの血浴　101,102
ストライキ　196,197,199,202,226,227, 251
スレースヴィ　65,71,81,100,125,141, 145,147,173,174,177-182,185-190

青銅器時代 33,38-44
ゼーレーヴェ作戦 222
世界人権宣言 234
世界貿易センター 260
絶対王政／専制君主制 137,138,141-143,153,154,156,157,163,165,177,178
絶滅収容所 224,225
セルジューク人／朝 76-78,105
選挙権 177,178,180,182,184
村落共同体／耕作共同体 159

【た行】
ダーウィン 207
ダーネヴィアケ 187
第1次世界大戦 212,215,219
第2次世界大戦 149,201,219,221,232-236,255
大北方戦争 146,147
太陽の馬車 44
タウセン 124
チャーチル 226,236,255
中央同盟国 212
朝鮮戦争 241,255
ツタンカーメン 25-27
帝国主義 206,208
停泊地の戦い 170,171
テウトネス族 56
デーンゲルド 70,72
デーンロウ 70
鉄器時代 54,55,56
デンマーク雇用主組合 199
ドイツ連邦 173,179,180,189,238
ドゥッブル 181,187,188
ドゥッブルの戦い 187
トルステンソン戦争 133
都市国家 23,24,35-37,47,117
土地緊縛制 160,161
トーマス・ホッブス 137
トルーマン・ドクトリン 236,237,240,255

奴隷／奴隷貿易 24,34,36,37,48,54,65,107,112,113,139,150,162,164,166,224

【な行】
ナポレオン／ナポレオン戦争 130,164,169,170-177
ニキータ・フルシチョフ 244,245
西インド諸島 150,166
西ドイツ（BRD） 238,240,242,243,246,247
ネアンデルタール人 5,6
農家 196,202,217,222,237,250
農業 21-23,28,30,39,41,48,68,75,82,89,90,113,128,143,156,160,161,178,196,202,221
農耕石器時代 28-30,39,41

【は行】
ハーラル青歯王 71,80
バイエルンのクリストファ 95
バイキング／バイキング時代 64-70,72,82,98
バイヨーのタペストリー 72
伯爵の争乱 125
バスコ・ダ・ガマ 107
バスティーユの襲撃 163
パリコミューン 198
バルバロッサ作戦 222
ハロルド・ゴッドウィンソン 72
ハンザ／ハンザ同盟 93-95,97-102,125
ピオ 196,197
ピサロ 110-112
ビザンチン帝国 53,61,77,92,105
ビスマルク 189
ヒトラー 214-219,221-223,230
ヒムリンオイェ 58
氷河期 7,13
ピラミッド 25,26,39
フェルデンの戦い 197

武装親衛隊　223
部族長／酋長　24,30,40-43,54,55,57,58,
　　66,68,82,150,166,245
フランク王国　64
フランス革命　163,164,169
フランチェスコ・ペトラルカ　117,118
フレデリク1世　102,124,125
フレデリク2世　131,132
フレデリク3世　134,140-143,145,150
フレデリク4世　146,149,160
フレデリク5世　157
フレデリク6世　171,173,174,177
フレデリク7世　178,179,181,185,186
プロイセン　156,158,170,174,177,180,
　　181,185-187,189,190,239
ヘーゼビュー　65
防共協定　223
北方7年戦争　132
ホモサピエンス　6,7
ホルステン　93,100,141,145,173,174,
　　177-181,185-187,189
ホロコースト（大量虐殺）　224,225

【ま行】

マーシャル支援　237,250
マーストリヒト条約　257
マルクス　198
マルグレーテ1世　93,95-98,100
ミケーネ　33,34,44
民主主義　35,37,41,154,164,169,183,
　　199,214,216-218,234,238,247,
　　249,259,263,264,266
ムッソリーニ　217,218
ムンク　114
メクレンブルグ　93-99
メソポタミア　23
毛沢東　235,240,255
モンテスキュー　154,155

【や行】

ユダヤ人　77,207,214-216,224,225,228,
　　234

【ら行】

ルイ13世　137
ルイ14世　137,143,145
ルイ16世　163,164
ルター　5,6,49,79,92,122-127
冷戦　233,241,245,249
レーガン　245,246,255
レオナルド・ダ・ヴィンチ　118,119
レジスタンス運動　226,227,229,230
連合王国　174,182,185,186
連合国　178,212,229,238,239
ローマ帝国　48,51-53,56-58,61,62,64,
　　78,129,130,218
ロックアウト　199,202

【わ行】

ワルシャワ条約機構　240,249

【A-Z】

DDR（東ドイツ）　238,242,247
DKP（デンマーク共産党）　223,226,
　　249
EC／EU　255,257,258,259,264
KGH（王立グリーンランド貿易会社）
　　149
NATO　240, 246, 249, 255, 259
NSDAP（国家社会主義ドイツ労働者党）
　　214

＊写真リスト

4: Gyldendals Billedbibliotek
5ø: The Natural History Museum
5n: © Scanpix/Corbis
6: Gyldendals Billedbibliotek
7: Gyldendals Billedbibliotek
8: Naturhistorisches Museum, Wien
10: Gyldendals Billedbibliotek
11: Dansk Skolemuseum
14: Museum für Naturkunde, Berlin
16: Gyldendals Billedbibliotek
17: Gyldendals Billedbibliotek
18ø: Gyldendals Billedbibliotek
18n: Polfoto
20: Gyldendals Billedbibliotek
21: © Scanpix/Corbis
23ø: Polfoto
23n: © Scanpix/Corbis
24ø: Gyldendals Billedbibliotek
24n: Louvre
26ø: Mathilde Foto/Søren Lauridsen
26n: © Scanpix/Corbis
27: © Scanpix/Corbis
28: Lejre Forsøgscenter
32: © Scanpix/Corbis
34ø: Arkæologisk Museum, Heraklion
34n: © Scanpix/Corbis
35: Gyldendals Billedbibliotek
36: Antikensammlung, Berlin
37ø: © Scanpix/Corbis
37n: © Scanpix/Corbis
38tv: Gyldendals Billedbibliotek
38th: Polfoto
39: Gyldendals Billedbibliotek
40: © Scanpix/Corbis
41: © Scanpix/Corbis
42: Foto Lennart Larsen, Nationalmuseet
43: Foto Kit Weiss, Nationalmuseet
44: Foto John Lee, Nationalmuseet
46: Bridgeman Art Library
47: © Scanpix/Corbis
48: © Scanpix/Corbis
49: Foto Kit Weiss, Nationalmuseet
50: Bridgeman Art Library
51: © Scanpix/Corbis
52: Alinari
54: Lejre Forsøgscenter
55: Thomas Borberg, Polfoto
60: © Scanpix/Corbis
63ø: © Scanpix/Corbis
63n: Mathilde Foto/Søren Lauridsen
64: © Scanpix/Corbis
67: CDanmark/Gyldendals Billedbibliotek
68: © Scanpix/Corbis
69n: © Scanpix/Corbis
70ø: Bridgeman Art Library
70n: Det Nationalhistoriske Museum på Frederiksborg
71: Gyldendals Billedbibliotek
72: Musée de la Tapesserie, Bayeux
74: Det Kongelige Bibliotek
75: © Scanpix/Corbis
76tv: Gyldendals Billedbibliotek
76th: Bridgeman Art Library
77: © Scanpix/Corbis
79: © Scanpix/Corbis
81: Det Nationalhistoriske Museum på Frederiksborg
83: Foto Thorkild Jensen, Gyldendals Billedbibliotek
84: Det Nationalhistoriske Museum på Frederiksborg
85: Det Nationalhistoriske Museum på Frederiksborg
86: Foto Ole Laasby, Gyldendals Billedbibliotek
88: Gyldendals Billedbibliotek
89: Bridgeman Art Library
91ø: Bridgeman Art Library
91n: Mathilde Foto/Søren Lauridsen
92: Bridgeman Art Library
93: Det Nationalhistoriske Museum på Frederiksborg
94: Nationalmuseet, Stockholm
95: Staatsarchiv Schwerin/ Gyldendals Billedbibliotek
96: Det Kongelige Bibliotek
99: Gyldendals Billedbibliotek
100tv: Gyldendals Billedbibliotek
100th: Rigsarkivet
101: Det Kongelige Bibliotek
102: Foto Hans Petersen, Statens Museum for Kunst
104: Bridgeman Art Library
106: Bridgeman Art Library
107tv: Gyldendals Billedbibliotek
107th: Bridgeman Art Library
108: Bridgeman Art Library
109: Gyldendals Billedbibliotek
111ø: Mary Evans Picture Library
111n: Bridgeman Art Library
113: Bridgeman Art Library
116: Bridgeman Art Library
117: Bridgeman Art Library
118: Bridgeman Art Library
119: Bridgeman Art Library
121: Foto Jens Jørgen Frimand, Gyldendals Billedbibliotek
122tv: © Scanpix/Corbis
122th: Gyldendals Billedbibliotek
123: Scanpix/AKG/Wartburg
124tv: Foto Jens Jørgen Frimand, Gyldendals Billedbibliotek
124th: Det Nationalhistoriske Museum på Frederiksborg
125: Gyldendals Billedbibliotek
126: Foto Nils Hartmann, Gyldendals Billedbibliotek
127: © Scanpix/Corbis
128: Bridgeman Art Library
130: Bridgeman Art Library
131: Martin Lehmann, Polfoto
133: Det Nationalhistoriske Museum på Frederiksborg
134: Det Kongelige Bibliotek
136: Bridgeman Art Library
137: Det Kongelige Bibliotek
138: Bridgeman Art Library
141: Rosenborg Slot
142: Gyldendals Billedbibliotek
143: Det Kongelige Bibliotek
144: Gyldendals Billedbibliotek
145: Statens Konstmuseer, Stockholm

146: Bridgeman Art Library
148: Bridgeman Art Library
149: © Scanpix/Biofoto/Morten Rasmussen
150ø: Bridgeman Art Library
150n: Gyldendals Billedbibliotek
152: Statens Museum for Kunst
153: Bridgeman Art Library
154: © Scanpix
155tv: © Scanpix/Corbis
155th: Gyldendals Billedbibliotek
156: Gyldendals Billedbibliotek
157: Gyldendals Billedbibliotek
158: Bridgeman Art Library
159: Gyldendals Billedbibliotek
160: Gyldendals Billedbibliotek
161: Statens Museum for Kunst
162ø: Bridgeman Art Library
162n: Gyldendals Billedbibliotek
163: Det Kongelige Bibliotek
164: Bridgeman Art Library
165: Gyldendals Billedbibliotek
166: Det Kongelige Bibliotek
168: Bridgeman Art Library
169: Bridgeman Art Library
170: Bridgeman Art Library
171: Willemoesgaard, Assens
172: Gyldendals Billedbibliotek
173: Bridgeman Art Library
174ø: Det Nationalhistoriske Museum på Frederiksborg
174n © Scanpix/Corbis
176: Københavns Bymuseum
177: Bridgeman Art Library
179: Gyldendals Billedbibliotek
180: © Scanpix/Corbis
181: Det Nationalhistoriske Museum på Frederiksborg
182: Foto Hans Petersen, Den Hirschsprungske Samling
184: Bridgeman Art Library
185: Keystone Photo
186: Det Kongelige Bibliotek
187: Det Nationalhistoriske Museum på Frederiksborg
188ø: Det Nationalhistoriske Museum på Frederiksborg
188n: Det Kongelige Bibliotek

189: Bridgeman Art Library
190: Gyldendals Billedbibliotek
195tv: Københavns Bymuseum
195ø.th: Bridgeman Art Library
195n.th: Gyldendals Billedbibliotek
196: Bridgeman Art Library
197: Gyldendals Billedbibliotek
198ø: Gyldendals Billedbibliotek
198n: © Scanpix/Corbis/Allinari Archives
199: Gyldendals Billedbibliotek
200: Det Kongelige Bibliotek
201: Illustreret Tidende 1886, Gyldendals Billedbibliotek
202: Polfoto
204: Bridgeman Art Library
205: National Portrait Gallery, London
207: © Scanpix/Corbis
208: Polfoto
210: Gyldendals Billedbibliotek
211ø: © Scanpix/Corbis
211n: Gyldendals Billedbibliotek
212: © Scanpix/Corbis
214: Bridgeman Art Library
215: Gyldendals Billedbibliotek
216: © Scanpix/Corbis
217: Gyldendals Billedbibliotek
218: Polfoto
219: © Scanpix/Corbis
220: Gyldendals Billedbibliotek
221: Gyldendals Billedbibliotek
222ø: © Scanpix/Corbis
222n: Frihedsmuseet
223ø: Gyldendals Billedbibliotek
223n:© Scanpix
224: "Vejen til Auschwitz", Karl Christian Lammers
225: © Scanpix/AFP
226: Gyldendals Billedbibliotek
227: © Scanpix/Corbis
228: Frihedsmuseet
229: Københavns Bymuseum
230: Gyldendals Billedbibliotek
232: © Scanpix/Corbis
233: Gyldendals Billedbibliotek
234: © Scanpix/Corbis

235: Gyldendals Billedbibliotek
236: © Scanpix/Corbis
237: Gyldendals Billedbibliotek
238: © Scanpix/Corbis
239: Gyldendals Billedbibliotek
240: Gyldendals Billedbibliotek
241: © Scanpix/Corbis
242: © Scanpix/Corbis
243: Polfoto
244tv: © Scanpix/Corbis
244th: Gyldendals Billedbibliotek
245th: © Scanpix/Corbis
246: © Scanpix/Corbis
247: © Scanpix/Corbis
248: © Scanpix/Corbis
249: © Scanpix/Corbis
250: Gyldendals Billedbibliotek
251: Gyldendals Billedbibliotek
252: © Scanpix/Corbis
253: Polfoto
254: Gyldendals Billedbibliotek
256: Polfoto
257: © Scanpix/Corbis
259ø: © Scanpix/Corbis
259n: © Scanpix/EPA
260: © Scanpix/Corbis
261th: © Scanpix/Reuters
262: Polfoto
263: Polfoto
264: © Scanpix/Corbis
266: © Scanpix/EPA

Gyldendals Forlag har forsøgt at finde frem til alle rettighedshavere til de anvendte illustrationer. Skulle der være rettighedshavere, som det ikke er lykkedes at finde frem til, vil disse ved henvendelse få udbetalt honorar i henhold til gældende regler.

【訳者略歴】

銭本隆行（ぜにもと　たかゆき）

日欧文化交流学院学院長。
1968年生まれ、早稲田大学政治経済学部卒業後、時事通信社、産経新聞社で11年間の記者生活を送ったあと、2006年にデンマークへ渡る。デンマークの国民高等学校「日欧文化交流学院」にて、福祉、教育、医療に関する研修を日本から受け入れたり、講演・執筆活動をしながら、デンマークの事情を日本に伝えている。2011年に学院長に就任。2013年からは学校法人つしま記念学園特別講師も務める。

〈主な著書〉

『デンマーク流「幸せの国」のつくりかた』（明石書店、2012年）

世界の教科書シリーズ㊳
デンマークの歴史教科書　【古代から現代の国際社会まで】
──デンマーク中学校歴史教科書

2013年9月20日　初版第1刷発行

著　者		イェンス・オーイェ・ポールセン
訳　者		銭　本　隆　行
発行者		石　井　昭　男
発行所		株式会社　明石書店

〒101-0021　東京都千代田区外神田6-9-5
電話　03（5818）1171
FAX　03（5818）1174
振替　00100-7-24505
http://www.akashi.co.jp

組版　　　本郷書房
装丁　　　上野かおる
印刷　　　株式会社文化カラー印刷
製本　　　協栄製本株式会社

（定価はカバーに表示してあります）　　　　ISBN978-4-7503-3885-9

◆ 世界の教科書シリーズ ◆

20 **インドネシアの歴史**
インドネシア高校歴史教科書
石井和子監訳
イ・ワヤン・バドリカ著
椚座英雄、菅原由美、田中正臣、山本肇訳
◎4500円

21 **ベトナムの歴史**
ベトナム中学校歴史教科書
今井昭夫監訳
ファン・ゴク・リエン監修
伊藤悦子、小川有子、坪井未来子訳
◎5800円

22 **イランのシーア派イスラーム学教科書**
イラン高校国定宗教教科書
富田健次訳
◎4000円

23 **ドイツ・フランス共通歴史教科書【現代史】**
福井憲彦、近藤孝弘監修
ペーター・ガイス、ギヨーム・ル・カントレック監修
◎4800円

24 **韓国近現代の歴史**
検定韓国高等学校近現代史教科書
韓哲昊、金基承、金仁基、趙王鎬著
三橋広夫訳
◎3800円

25 **メキシコの歴史**
メキシコ高校歴史教科書
国本伊代監訳
ホセ=デ=ヘスス・ニエトロペスほか著
島津寛共訳
◎6800円

26 **中国の歴史と社会**
中国中学校新設歴史教科書
課程教材研究所、綜合文科課程教材研究開発中心編
並木頼寿監訳
◎4500円

27 **スイスの歴史**
スイス高校現代史教科書 中立国とナチズム
バルバラ・ボンハーゲ、ペーター・ガウチほか著
スイス文学研究会訳
◎3800円

28 **キューバの歴史**
キューバ中学校歴史教科書 先史時代から現代まで
キューバ教育省編
後藤政子訳
◎4800円

29 **フィンランド中学校現代社会教科書**
15歳 市民社会へのたびだち
タルヤ・ホンカネンほか著
高橋睦子監訳
◎4000円

30 **フランスの歴史【近現代史】**
フランス高校歴史教科書 19世紀中頃から現代まで
マリエル・シュヴァリエ、ギヨーム・ブレル監修
遠藤ゆかり、藤田真利子訳
福井憲彦監訳
◎9500円

31・32 **ロシアの歴史**
ロシア中学・高校歴史教科書
[上]古代から19世紀前半まで
[下]19世紀後半から現代まで
A・ダニーロフほか著
吉田索、T・A・クラフツェヴィチ監訳
◎各6800円

33 **世界史のなかのフィンランドの歴史**
フィンランド中学校歴史教科書
ハッリ・リンタ=アホ、マルヤーナ・ニエミほか著
百瀬宏監訳
石野裕子、高瀬愛訳
◎5800円

34 **イギリスの歴史【帝国の衝撃】**
イギリス中等教育歴史教科書
ミカエル・ライリーほか著
前川一郎訳
◎2400円

35 **チベットの歴史と宗教**
チベット中央政権文部省著
石濱裕美子訳 福田洋一訳
◎3800円

36 **イランのシーア派イスラーム学教科書Ⅱ**
イラン高校国定宗教教科書【3・4年次版】
富田健次訳
◎4000円

37 **バルカンの歴史**
バルカン近現代史の共通教材
CDRSEE企画 クリスティナ・クル総括責任
柴宜弘監訳
◎6800円

38 **デンマークの歴史教科書**
デンマーク高校歴史教科書
古代から現代の国際社会まで
イェンス・オーイェ・ポールセン著
銭本隆行訳
◎3800円

──以下続刊　〈価格は本体価格です〉

◆ 世界の教科書シリーズ ◆

1. 新版 韓国の歴史〔第二版〕
国定韓国高等学校歴史教科書
大槻健、君島和彦、申奎燮訳
◎2900円

2. わかりやすい 中国の歴史
中国小学校社会科教科書
小島晋治監訳 大沼正博訳
◎1800円

3. わかりやすい 韓国の歴史〔新装版〕
国定韓国小学校社会科教科書
石渡延男監訳 三橋ひさ子、三橋広夫、李彦叔訳
◎1400円

4. 入門 韓国の歴史〔新装版〕
国定韓国中学校歴史教科書
石渡延男監訳 三橋広夫共訳
◎2800円

5. 入門 中国の歴史
中国中学校歴史教科書
小島晋治、並木頼寿監訳
大里浩秋、川上哲正、小松原伴子、杉山文彦訳
◎2800円

6. タイの歴史
タイ高校社会科教科書
中央大学政策文化総合研究所監修
柿崎千代訳
◎3900円

7. ブラジルの歴史
ブラジル高校歴史教科書
C・アレンカール、L・カルピ、M・V・リベイロ著
東明彦、アンジェロ イシ、鈴木茂訳
◎4800円

8. ロシア沿海地方の歴史
ロシア沿海地方高校歴史教科書
ロシア学アカデミー極東支部歴史・考古・民族学研究所編
村上昌敬訳
◎3800円

9. 概説 韓国の歴史
韓国放送通信大学校歴史教科書
宋讚燮、洪淳権著 藤井正昭訳
◎4300円

10. 躍動する韓国の歴史
民間版代案韓国歴史教科書
全国歴史教師の会編 三橋広夫監訳
日韓教育実践研究会訳
◎4800円

11. 中国の歴史
中国高等学校歴史教科書
人民教育出版社歴史室編著
小島晋治、大沼正博、川上哲正、白川知多訳
◎6800円

12. ポーランドの高校歴史教科書〔現代史〕
アンジェイ・ガルリツキ著
渡辺克義、田口雅弘、吉岡潤監訳
◎8000円

13. 韓国の中学校歴史教科書
中学校国定国史
三橋広夫訳
◎2800円

14. ドイツの歴史〔現代史〕
ドイツ高校歴史教科書
W・イェーガー、C・カイツ編著
小倉正宏、永末和子訳 中尾光延監訳
◎6800円

15. 韓国の高校歴史教科書
高等学校国定国史
三橋広夫訳
◎3300円

16. コスタリカの歴史
コスタリカ高校歴史教科書
イバン・モリーナ、スティーヴン・パーマー著
国本伊代、小澤卓也訳
◎2800円

17. 韓国の小学校歴史教科書
初等学校国定社会・社会科探究
三橋広夫訳
◎2000円

18. ブータンの歴史
ブータン小・中学校歴史教科書
ブータン王国教育省教育部編 平山修訳
◎3800円

19. イタリアの歴史〔現代史〕
イタリア高校歴史教科書
ロザリオ・ヴィッラリ著 村上義和、阪上眞千子訳
◎4800円

〈価格は本体価格です〉

エリア・スタディーズ76 デンマークを知るための68章

村井誠人【編著】

四六判/並製 ◎2000円

デンマークの地理・歴史・言語の特質を専門の執筆陣が懇切に記述。さらに政治・外交・軍事・教育・福祉に関し、北欧ならではの特徴を具体的に紹介。映画・文学・買い出しツアー・食生活、留学案内など暮らしと文化にも触れた実践的デンマーク案内。

Ⅰ デンマークの地理――浅海に散らばった土塊の国/ほか
Ⅱ デンマーク語とは――壮麗でも、浩渺でも、堅牢でも、優美でもなく/ほか
Ⅲ デンマーク政治の特徴――草の根民主主義の伝統/ほか
Ⅳ デンマークの歴史から――ヴァイキング時代のデンマーク――スカンディナヴィア世界の先進地として/ほか
Ⅴ デンマークの文学・文化――「本当に読みたかったアンデルセン童話」――珠玉の二九話/ほか
Ⅵ デンマークの芸術――デンマーク王立音楽院/ほか
Ⅶ デンマークの暮らしと社会――デンマーク社会福祉事情（1）――要介護高齢者の住まいを保証する/ほか
Ⅷ 彼我のデンマークと日本――文化の翻訳――森鷗外とアンデルセン/ほか

デンマーク流「幸せの国」のつくりかた
――世界でいちばん住みやすい国に学ぶ101のヒント

銭本隆行 著

四六判/256頁 ◎1600円

幸福度世界第一位に輝いたデンマーク。その秘密は何なのか。日本が見習うべき点は？ 現地在住で両国の交流にかかわる著者が、デンマークの福祉、社会政策、教育、文化について、101のキーワードからやさしくコンパクトに読み解く。

●内容構成●

はじめに
1章　童話の国の姿
2章　ゆりかごから墓場まで
3章　第一の人生・デンマークの子ども
4章　第二の人生・デンマークの成人
5章　第三の人生・デンマークの高齢者
6章　デンマークが抱える問題
7章　幸せへの道のり
8章　日本にいま必要なもの

〈価格は本体価格です〉